面向工商管理专业“十三五”规划教材

工商管理专业课程改革项目一体化精品系列教材

内容提要

本书系统地介绍了与沟通有关的基本理论与基本技巧，以及时间管理的方法与应用。全书共分十个项目，分别为沟通的概述、沟通的过程、组织中的沟通、沟通的障碍、书面沟通、危机沟通、时间管理概论、时间管理方法、时间管理的错误观念与方式、时间管理的应用。

本书内容翔实、案例丰富、通俗易懂、体例结构清晰，为读者提供了一个全面而简洁的时间管理与沟通技巧的知识架构，是一本兼具理论性与操作性的教材。本书适用于高等院校工商管理专业相关课程的教学，也可作为各类工商管理培训班相关课程的教材，还可供对管理沟通有兴趣的广大朋友参考与阅读。

图书在版编目(CIP)数据

管理沟通:有效沟通与时间管理/章文燕，崔兴伟，章林京主编.--上海:上海交通大学出版社，2017(2019 重印)

ISBN 978-7-313-17440-6

Ⅰ.①管… Ⅱ.①章… ②崔… ③章… Ⅲ.①管理学 Ⅳ.①C93

中国版本图书馆 CIP 数据核字(2017)第 166165 号

管理沟通

主　　编:章文燕　崔兴伟　章林京

出版发行:上海交通大学出版社　　地　　址:上海市番禺路 951 号

邮政编码:200030　　电　　话:021-64071208

印　　制:安徽新华印刷股份有限公司　　经　　销:全国新华书店

开　　本:787mm×1092mm　1/16

字　　数:307 千字　　印　　张:15.5

版　　次:2017 年 7 月第 1 版　　印　　次:2019 年 8 月第 3 次印刷

书　　号:ISBN 978-7-313-17440-6/C

定　　价:48.00 元

前　言

沟通交流与人际关系的维系是一门深不可测的艺术,不管我们置身于哪个行业,这门艺术对我们来说都发挥着至关重要的作用。在现今这个以全球经济化为主题的时代,真正获得成功的往往不是那些最聪明的,或者工作最勤勉的,或者技术最熟练的人。即使那些对本行业的所有技术都能应用得得心应手的业务骨干,在工作中同样需要采取适当的策略和其他工作人员进行有效的沟通,这样才能赢得其他同事的尊重、信任及赞赏。实际上,只有这样,我们才能在工作中收获真正意义上的成功。毫不夸张地说,出色的沟通能力是一个人在工作中获取成功的先决条件。

随着现代生活节奏的加快,时间已经成为极其宝贵的资源。很多人总感觉时间不够用。《管理沟通》将帮助读者最大限度地利用时间,并由此提升个人工作效率和有效性。通过本书,读者将学会判断哪些工作是最重要的,哪些是不重要的,并且根据优先程度进行处理;学会辨识高效和有效的区别;发现如何才能将时间集中在最为关键的工作上,从而避免浪费时间。

本书可作为沟通技巧与时间管理的指南。首先,本书将提高读者思考的能力,教大家学会分类思考、深度思考、潜意识思考,提高结构化思维能力,帮助大家思考得全、准、快、久,在同样的时间里创造更多的成就。其次,本书将优化读者办事的技巧,教大家从时间的角度重新看待授权、批复、汇报、请示、合作等日常工作,分清有效社交与无效社交,使你不被周围的人和事任意摆布,掌控自己的一天24小时。本书还能培养读者有效沟通的能力,明白每件事的价值,摆脱低效、无序、拖延、盲目、茫然的状态。

本书共分十个项目,分别是沟通概述、沟通的过程、组织中的沟通、沟通的障碍、书面沟通、危机沟通、时间管理概论、时间管理方法、时间管理的错误观念与方式、时间管理的应用。在编写中汇总了多项实例,涵盖了各种各样的情境,指导读者在工作和生活中如何有效地管理时间、如何有效地进行沟通。

由于编写人员专业知识所限,并且时间仓促,书中存在谬误之处。在此恳请各位同行专家和广大学者及读者提出宝贵意见。

编　者

2017年5月

目 录

项目一

沟通的概述

☞**知识要点**

(1)了解沟通的含义。

(2)了解沟通的意义。

(3)了解沟通的三要素。

(4)了解沟通的基本方式。

☞**关键词**

沟通　沟通的目的　沟通的三要素　沟通的方式

松下幸之助有句名言:“企业管理过去是沟通,现在是沟通,未来还是沟通。”因此,管理离不开沟通,沟通已渗透于管理的各个方面。正如人体内的血液循环一样,如果没有沟通的话,企业就会趋于衰亡和倒闭。

在实际工作中,一个人的沟通协调能力是很重要的,善于沟通,良好的沟通效果往往会使人很快在工作中打开局面,赢得宽松的发展空间,并且有较高的成就感;而不善于沟通,沟通不畅则经常会让人感到举步维艰,有较强的挫折感。在实际工作中,每个人都或多或少地会碰到一些沟通障碍,如果我们放弃沟通了,那么我们可能就真的失败了。

【情境导入】

沟通中语言的运用

林小姐是一家广告公司的总经理,公司与电视台签订了合同,承办了电视台半个小时的汽车栏目。为了更好地办好这个栏目,公司引进了一个新的合伙人,新的合伙人非常有能力,但优点明显的人,缺点往往也同样明显。林小姐与新合伙人在工作中产生一些摩擦,有时会因为一些小事情产生争执。一天,因为林小姐修改了他的方案,两个人产生了争执。林小姐随口说出:“不行就散伙吧。”合伙人听了后没有再说什么,但是,从那天起,两个人的矛盾逐渐加深。

后来,合伙人对林小姐讲述了自己的看法,觉得林小姐说出“散伙”二字他听起来特别刺耳。林小姐才知道,这个合伙人几年前离了婚,所以对“散伙”特别敏感。

其实林小姐也不是真的想“散伙”,而只是随口说出,她也没有想到对合伙人会有这样大的伤害。

在沟通前应该认真思考对方能够接受什么样的语言,什么样的方式,要选择对方能够接受的方式方法进行沟通,这是沟通获得成功的第一个步骤。在实际中,在企业中的沟通,往往会忽视这一点。

【思考】

通过本案例,我们可以知道沟通中语言多么重要。另一方面,林小姐在沟通中语言运用的错误也说明了其对合作伙伴的不了解。

任务一　沟通的含义

【至理名言】

将自己的热忱与经验融入谈话中,是打动人的速简方法,也是必然要件。如果你对自己的话不感兴趣,怎能期望他人感动。

——戴尔·卡内基

一、什么是沟通

(一)沟通的含义

沟通是一种通俗的说法,沟通应属于传播中的人际传播。广义的沟通是指信息自我传承或个体间信息的有效传递与接受,并影响和产生实质的行动或结果。狭义的沟通是指不同个体间信息的有效传递与接受,如图 1-1 所示。

沟通就是人与人的接触。沟通其实不是一种本能,它是一种能力,不是生下来就具备,而是训练出来的,但也有可能我们具备这种能力被压抑住了,如果我们常常训练自己沟通讲话,面向很多人说话,对我们将来会有很大影响。

人际传播也称人际交流,是指人与人之间进行直接信息沟通的一类交流活动。这类交流主要是通过语言来完成,但也可以通过非语言的方式来进行,如动作、手势、表情、信号(包括文字和符号)等。人际传播是人类最早的、最原始的传播方式。自从有人类以来,这类传播活动就开始了,而且直到今天,甚至将来,人际传播也是人类的主要传播形式。

图 1-1　沟通的定义

沟通包括语言沟通和非语言沟通,语言沟通是包括口头和书面语言的沟通,非语言沟通包括声音语气(例如音乐)、肢体动作(例如手势、舞蹈、武术、体育运动等)。最有效的沟通是语言沟通和非语言沟通的结合。

人类的祖先最早仅仅是用声音、动作、手势、表情来传递信息,表达感情。随着人类文明的再发展,人类就懂得用符号(如刻木、刻石、结藤等)来传递信息。正是当人类有了语言和文字以后,才使这类交流活动变得方便、丰富、广泛而久远。而近代随着传播技术的发展,特别是媒介技术的发展,人际传播的方式也发生了很大的改变。人们不仅可以通过书信来交流,而且还可以通过电话来交流,现在又可以通过互联网来交流,人际传播这种直接的交流形式逐渐扩大到间接交流的范围。

沟通的要素包括沟通的内容、沟通的方法、沟通的动作,就其影响力来说,沟通的内容占 7%,影响最小;沟通的动作占 55%,影响最大;沟通的方法占 38%,居于两者之间。

《韦氏新世界英语词典》对于“沟通”一词的定义是:“通过谈话、手势或文字给予或交换信息、信号或口信。”这个定义把“沟通”的特点说成单方面的行动,但事实并非这样,沟通不仅仅是发出信号,更是两个人之间的相互交流。要使沟通顺利进行,双方都要不停地发出和接收口头或非口头的信息。最成功的沟通会达到一个完全不同的境界,其中一方能体会到另一方当时的感觉,并接受或适当地反馈这种感觉。

所以我们可以将沟通简单描述为:人与人之间的信息交流。

人是很复杂的,人首先是一个感情动物,而不是机器,在交换信息的过程中必然掺和着各自的情绪。人是有思想、有自己价值观的,对同一个信息可能会有不同的理解和看法。

人与人之间的信息交流实际上包含了多个方面的内容。一般而言,它包括:事实、情感、价值取向、意见观点。

沟通包含着信息的传递,如果信息或想法没有被传送到,则意味着沟通没有发生。也就是说,说话者没有听众或写作者没有读者都不能构成沟通。因此,哲学问题“丛林中的一棵树倒了却无人听到,它是否发生了声响?"在沟通的背景下,其答案是否定的。

但是,要使沟通成功,信息不仅需要被传递,还需要被理解。如果写给我的一封信使用的是葡萄牙语,这种语言本人一窍不通,那么不经翻译就无法称之为沟通。完美的沟通,应是经过传递之后接受者感知到的信息与发送者发送的信息完全一致。

(二)沟通的种类

(1)在沟通过程中,根据沟通符号的种类分别有语言沟通和非语言沟通,语言沟通又包括书面沟通与口头沟通。

(2)根据是否是结构性和系统性的,沟通分为正式沟通和非正式沟通;根据在群体或组织中沟通传递的方向分为自上而下沟通、自下而上沟通和平行沟通。

(3)根据沟通中的互动性分为单向沟通与双向沟通。

(4)从发送者和接收者的角度而言,包括自我沟通、人际沟通与群体沟通。

二、沟通的目的

21 世纪是一个充满激烈竞争的时代,想要作为一名成功的职场人士,不仅要有应对问题和挫折的能力,还要与客户、同事、合作伙伴和供应商建立良好的人际关系。因此,提升沟通艺术,并对人际关系进行良好的运作,就成为事业成功的重要保证,如图 1-2 所示。

沟通并不是一种本能,而是一种能力,是在工作实践中培养和训练出来的;也有另外一种可能,即我们本来具备沟通的潜在能力,但因成长过程中的种种原因,这种潜在能力被压抑住了。所以,如果人一生当中想要出人头地,一定要学会沟通。

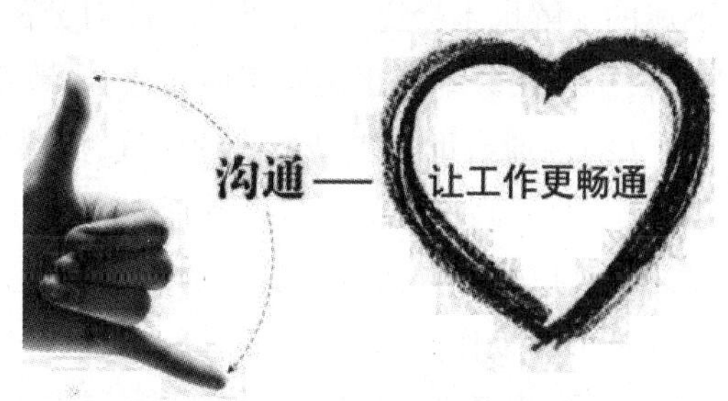

图 1-2 沟通的目的

在现代人力资源管理理论中,一个基本观点就是:人力资源在企业中的作用是最具有潜力,也是最具有弹性的,只有通过管理者和员工的沟通,使的员工确立共识的理念(对组织的认同),使全体成员的一切思维、行动都要在此理念的指导和照耀下,让组织更有向心力、凝聚力,让每一个成员都能改变工作态度,激发工作热情,更具有战斗力,这就是沟通的目的。

沟通的目的有以下几点。

(1)实现信息共享。特别是现代这个社会,信息非常发达,甚至于发达到让我们无所适从的境地,如果在这种信息泛滥的时代,能够信息共享的话,能共享有用处的信息,屏蔽那些垃圾信息,沟通就显得尤为重要。

信息的采集、传送、整理、交换,无一不是沟通的过程。通过沟通,交换有意义、有价值的各种信息,生活中的大小事务才得以开展。

掌握低成本的沟通技巧、了解如何有效地传递信息能提高人的办事效率,而积极地获得信息更会提高人的竞争优势。好的沟通者可以一直保持注意力,随时抓住重点内容,找出所需要的重要信息,他们能更透彻地了解信息的内容,拥有最佳的工作效率。

(2)表达情感和情绪,改善人际关系。现在这个社会压力太大,人们通过沟通来缓解这种压力,来表达各自的情感,使这个情绪得到释放,从容应对工作和生活的压力。

社会是由人们互相沟通所维持的关系组成的网,人们相互交流是因为需要同周围的社会环境相联系。

沟通与人际关系两者相互促进、相互影响。有效的沟通可以赢得和谐的人际关系,而和谐的人际关系又使沟通更加顺畅。相反,人际关系不良会使沟通难以开展,而不恰当的沟通又会使人际关系变得更坏。

(3)沟通有助于提高决策的质量,任何决策都会涉及干什么、怎么干、何时干等问题。每当遇到这些急需解决的问题,管理者就需要从广泛的企业内部沟通中获取大量的信息情报,然后进行决策,或建议有关人员做出决策,以迅速解决问题。下属人员也可以主动与上级管理人员沟通,提出自己的建议,供领导者做出决策时参考,或经过沟通,取得上级领导的认可,自行决策。企业内部的沟通为各个部门和人员进行决策提供了信息,增强了判断能力。

(4)沟通促使企业员工协调有效地工作,企业中各个部门和各个职务是相互依存的,依存性越大,对协调的需要越高,而协调只有通过沟通才能实现。没有适当的沟通,管理者对下属的了解也不会充分,下属就可能对分配给他们的任务和要求他们完成的工作有错误的理解,工作任务不能正确圆满地完成,导致企业在效益方面的损失。

(5)沟通有助于提高员工的士气,沟通有利于领导者激励下属,建立良好的人际关系和组织氛围,提高员工的士气。除了技术性和协调性的信息外,企业员工还需要鼓励性的信息。它可以使领导者了解员工的需要,关心员工的疾苦,在决策中就会考虑员工的要求,以提高员工的工作热情。人一般都会要求对自己的工作能力有一个恰当的评价。如果领导的表扬、认可或者满意能够通过各种渠道及时传递给员工,就会造成某种工作激励。同时,企业内部良好的人际关系更离不开沟通。思想上和感情上的沟通可以增进彼此的了解,消除误解、隔阂和猜忌,即使不能达到完全理解,至少也可取得谅解,使企业有和谐的组织氛围,所谓"大家心往一处想,劲往一处使"就是有效沟通的结果。

小贴士

职场沟通的三个关键点

1.祝福最好当场表达

当听到别人有好消息、完成一件重要任务或受到奖励时,最好直截了当地说出你的祝福和称赞。不要因为"现在很忙,下次见面再说吧""一堆人围着他,我就别凑热闹了"等顾虑而延后。及时的赞叹,能给对方"你和他一样喜不自禁"的感觉,让祝福格外真诚。而错过时机的恭喜,则可能让人产生你对他人不关心,甚至心存嫉妒等误解。

2.道歉要在事发当天

与家人、朋友、同事闹了矛盾，即使自己认为没有错，也建议大家在冷静之后，尽快说上一句表示歉意的话，比如“我上午情绪有些激动”“给你添麻烦了”等，不要等着过几天再去解决。一句客气的话，即使不能“立竿见影”，也会大大改善对方的情绪。如果一直僵持着，则可能“越想越生气”，错过和好的机会。

3.提醒他人越早越好

当局者迷、旁观者清，每个人都难免陷入困境，让身边的人心里着急。此时，不要犹豫，而要尽早点醒他，并给出你的建议。你的“醍醐灌顶”，也许就能让他少走弯路、摆脱苦恼。即使对方没有采纳意见，也会对你的关怀心存感激。

三、沟通的意义

沟通是人类组织的基本特征和活动之一。没有沟通，就不可能形成组织和人类社会。家庭、企业、国家，都是十分典型的人类组织形态。沟通是维系组织存在，保持和加强组织纽带，创造和维护组织文化，提高组织效率、效益，支持、促进组织不断进步发展的主要途径。

有效的沟通让我们高效率地把一件事情办好，让我们享受更美好的生活。善于沟通的人懂得如何维持和改善相互关系，更好地展示自我需要、发现他人需要，最终赢得更好的人际关系和成功的事业。

有效沟通的意义可以总结为以下几点：

(1)满足人们彼此交流的需要。

(2)使人们达成共识，促成更多的合作。

(3)降低工作的代理成本，提高办事效率。

(4)能获得有价值的信息，并使个人办事更加井井有条。

(5)使人进行清晰的思考，有效地把握所做的事。

资料链接

有效沟通的意义

沟通无处不在，而有效的沟通对提升和促进我们的工作水平、生活质量有着不可替代的作用。那么何谓沟通呢？沟者，构筑管道也；通者，顺畅也。沟通的目的是让对方达成行动或理解你所传达的信息和情感。下面我将分“要不要、有没有、会不会”三个层次谈谈我对有效沟通的认识。

1.高度重视日常沟通，充分认识有效沟通的重要意义

其实这也是解决要不要沟通的思想问题。某位心理学家曾经说过：“我们每一个人

均有与他人沟通的需要,人类可利用沟通克服孤单隔离之痛苦,我们有与他人分享思想与感情的需要,我们需要被了解,也需要了解别人。”沟通不管是对一线服务人员还是对各级管理人员的工作有十分着重要的意义,现代管理学上有一种说法叫“管理就是沟通,任何问题都可以通过沟通得以解决或改善”。对于管理人员来说,什么能力是最重要的呢?很多管理学家和公司领导都认为是“沟通能力”。因此各级管理人员需重视沟通的作用,将培养自己的沟通意识和提高沟通技能上升到战略高度来加强,只有这样我们的企业才能够发展得更顺畅更高效。平时由于没有及时沟通或者沟通不畅导致部门之间、同事之间、上下级之间产生误解、隔阂,甚至猜疑的情况相信大多数人都遇到过,因此一定也是感触颇深。而一些重要部门或者岗位如果沟通不到位有可能会产生严重的事故或者后果。因此及时有效的沟通不仅能最大限度地消除误解、减少隔阂和猜疑,更是调节人际关系的润滑剂,提高工作效率的催化剂。

现在我们企业提出的“公开是原则,不公开是例外”其实也是在强化“公开”这种沟通方式的重要性,有些人认为不宜让员工知道太多的信息。但你要相信他们迟早都会发现事情的真相。如果你不告诉员工实情,那么,他们就会自己去编造答案,这是人类的本性。而且他们虚构出来的情况可能远远比你没有告诉他们的简单事实更跌宕起伏、更无中生有,可能更吓人。故作神秘和遮遮掩掩只能助长小道消息的泛滥。因此不管是现在一些企业的“公开制度”也好,一些部门的新闻发言人制度也好,其实都是体现出大家重视沟通的不同表现方式而已。

2.养成及时、主动沟通的良好习惯

其实这也是解决有没有沟通的行动问题。知道了沟通的重要性就要勇于实施,否则就永远不可能感受到沟通给我们带来的好处。一些人知道了沟通的重要性也很想沟通却迟迟不见行动,其根本原因主要有这么几类:一部分人是对自己缺乏信心,不知道怎么去沟通或者对自己的语言表达能力及可能收到的效果没信心;另一部分人是过于自信,认为这件事不需要沟通了,很有把握;第三种人是居高临下不愿放下身价去倾听;也有一些懒得去沟通的人纯粹是因为工作态度或者责任心的问题。

不管哪种情况,既然我们认为学会“沟通”是一种良好习惯,那么我们就要杜绝各种借口、克服害羞心理勇敢地跨出这一步。当然养成这一习惯也需要一个渐进的过程,不可能一蹴而就。在这一过程中有收获也会有付出,有喜悦也会有困惑,但绝不能沟通一次不成功就放弃。沟通要百折不挠,一次又一次,不断地沟通。沟通的最高指导原则是——没有不能沟通的事。通过沟通,可以化干戈为玉帛;可以让敌人变成朋友;可以让被割让的土地物归原主;可以让战争走向和平;可以让不可能变成可能……总之这是个沟通的时代、合作的时代、共享的时代。只要我们有坚定信心、积极的心态就能拨云见日、修成正果,最终“让行为成为习惯”。

3.只有掌握好的沟通技巧,才能达到双赢的效果

这也是解决会不会沟通的技巧问题。沟通的最终目的是要有效果,而影响沟通效果的直接因素取决于你是否采取了恰当的沟通方式并掌握了一定的沟通技巧。不是有一句古话叫:“一句话说了人笑,一句话说了人跳”。可见沟通方式对于效果有多么重要。而在日常生活中我们经常会看到一些不当的沟通方式以致效果一般,甚至适得其反。常见的沟通误区主要有:一是宣泄式的,纯粹是为了表达而表达,近似于倾泻,而不管你的沟通对象理解了多少、认同了多少,其结果往往是欲速则不达;第二种是居高临下式的,这种沟通方式首先让你的沟通对象笼罩在一种压抑的氛围中,沟通不会透彻,因为它不可能充分调动被沟通对象的积极性,也就不可能取得预期的效果;第三种是教条式的,这种沟通方式往往容易使人产生逆反情绪,妨碍沟通对象对你所要传达信息的认同度和接受度,做过父母的人也许会对这一点有更深的体会。

要想取得更好的沟通效果,我觉得应该掌握以下几个点:一是要积极主动。不管是与我们客户沟通还是与我们的上级或同事沟通,首先要积极主动,才能把握时机。因为有些事情的沟通有很强的时效性,错过了就失去了机会。二是要真心诚心沟通。有人说:“什么‘沟通’不‘沟通’,不就是‘忽悠’么,‘忽悠’不就是‘骗经’么。”回过头来变成了沟通能力等于欺骗能力;其实这是不对的,真心的沟通不是欺骗,而是以“诚”当头,即使竞争对手之间时沟通不也经常说“没诚意就不要谈”,沟通的过程中不能一味地只顾自己的利益或立场,而是要既有原则底线也要有妥协和包容,懂得求同存异。三是能控制自己的情绪。即使对方看上去是在对你发脾气,也不要还击。别人的情绪或是反应很可能和你一样是由于畏惧或是受到挫败而造成的。做一个深呼吸,让对方尽情发泄情绪,直至他愿意说出他真正在想的是什么。四是能营造氛围、懂得倾听。不管你与谁沟通,如果有了好的氛围可以说沟通已经成功了一半,好的氛围能使紧张得以松弛,更容易让对方接受你的观点,也更能让对方讲出真心话,而好的氛围不仅与谈话的环境有关也与你的谈话语气语调密不可分。有些人喜欢以自我为中心,不懂得倾听。五是要有明确的沟通目标或者主题。不要天南海北到后来人家都不知道你要说的是什么。六是不同的事不同的人可以采取不同沟通方式。会议、QQ、电话、短信、通知、公告、面对面等都是我们可选择的沟通方式,就看哪一种更有效。

总之沟通是成为一名优秀人士必备的习惯,我们只有想沟通、去沟通、会沟通才能真正做到“沟通最大化,误解最小化”,才能真正提升我们的生活质量促进我们的社会和谐。

任务二　沟通的要素

【至理名言】

恰当地用字极具威力，每当我们用对了字眼……我们的精神和肉体都会有很大的转变，就在电光石火之间。

——马克·吐温

一、沟通的三要素

在实际沟通中，彼此认同即是一种可以直达心灵的技巧，同时又是沟通的动机之一。沟通的三要素主要包括以下三点：

(1)沟通的基本问题——心态。

(2)沟通的基本原理——关心。

(3)沟通的基本要求——主动。

(一)心态

很多人都以为，沟通是一种讲话的技巧，其实这样说是不对的。一个人的心态如果不对，他的口才再好也不能很好地沟通，所以沟通的基本问题其实是心态的问题。

企业在发展过程中，就有几个心态出问题的例子。心态有三种，自卑、自信、自傲。往往心态变坏都是循着自卑——自信——自傲的路径的。当一个人素质能力不够、业绩不突出时，容易陷入自卑的状态；随着工作环境的改善、有了用武之地的平台，素质能力得到提升，业绩也随之提高时，往往进入一种自信的状态，这是最好的状态；但随着能力的提高、坐上较重要的位置、功绩突出(或自认为突出)时，就容易陷入自傲的状态。

心态是动态的，是可以改变、调整的。沟通，就是帮助一个人改变和调整心态的有效方法之一。拒绝沟通，其实就是掐断了自己前进和进步的路，就是毁灭自己。因为，变坏的心态，犹如一个人的机体得了癌症，早期良性的时候，是可以发现而且不难得到治疗的。很多心态出了问题的人，往往都并不认为自己心态有问题的，而且拒绝心态方面问题的沟通，如同得了癌症的人早期很少是愿意去检查和发现的。心态变坏到了一定的阶段，结果也只有一个，那就是走向自我毁灭之路。

(二)关怀

有这样一句名言：“你(指管理者)是怎样对待员工的，员工就是怎样对待顾客的。”在企业管理中，每一个管理者都想管好手下的员工，进而成为一名优秀的管理者，那么，管理者如何对员工进行关怀呢？

一个企业,管理者拥有一般员工所没有的权利和地位。如果总是在员工面前板着脸,或者动不动就呵斥、责骂员工,这样的管理者是没法让员工主动去亲近的。反过来讲,一个没有架子、平易近人、关心员工并且有人情味的管理者,是每一个员工都喜欢并甘愿供其驱遣的。只有尊重员工、爱护员工,把员工当成兄弟姐妹,主动与员工交心,主动关心员工疾苦,这样的管理者才能得到员工的信赖和支持。无论是从经济上还是从法律上讲,管理者与员工的地位都是平等的,没有高低贵贱之分。

也许身为管理者的你可能发现,每次会议上,员工都是一潭死水,没有人响应计划,没有人对方案提出异议,没有人提出管理上的建议和意见,没有人提出任何创新想法,只等着散会;员工每天到点上下班,没有人愿意在公司多待一分钟,一听到加班就怨声连连,工作俨然成了煎熬;每天按部就班,像是流水线上的工人,可到了就餐休息的时候又是另一派景象。

很多基层领导承受着指标完不成的压力,一方面还得不到员工的信任和支持。上级不断施压,却拿不出成果证明自己的领导能力。团队工作没有效率,业绩平平。自己的领导力毫无用武之地,团队成员永远遥不可及,你不信任他们能做出出色的成绩,他们也不信任你是一个为员工考虑的管理者。你无法真正了解他们需要什么,无法调和他们之间的矛盾冲突。造成这一切的原因是:你没有重视员工的工作,没有给予员工心灵上的关怀。

人是感性的,只要我们真诚地打动,用心去关怀,得到的将会是更多的感激和沟通。

(三)主动

主动和管理者沟通一方面是管理者对员工的了解和关注,另一方面则是表示对管理者的尊重。和管理者多沟通所产生的“另眼相看”效应,很容易使员工获得被动升职的机会,因为领导在沟通中发现员工的潜质,发现员工能胜任更多的工作。

懂得和管理者主动沟通的人,总能借沟通的渠道,更快更好地领会领导的意图,把自己的好建议潜移默化地变成领导的新思路,从而把自己的工作做得更完美,又深得管理者的欢心。

管理者处事看人,并不是事事能做到理智思考,情感很多时候会占上风,绝对的客观是做不到的。当然,管理者也会不拘泥于个人的见解和主观印象,会更多地了解其他人对员工的看法,对员工作客观、全面、多角度、深层次的考察。所以,还要关注和处理好与领导身边的人的关系,和管理者关系十分密切的人会对管理者的决策、用人及一些看法产生很重要的影响,而且可能是决定性的影响。

人与人之间的好感是要通过实际接触和语言沟通建立起来的。员工只有主动和管理者面对面的接触,让员工真实地展现在管理者面前,才能让管理者认识到员工的工作才能,得到赏识的机会。

平时把握机会多和管理者多沟通、增进双方了解,在举止自然中成为管理者的“圈内人”

达到和管理者心往一处想、劲往一处使的境界。

主动的背后是责任心和抓机会。管理者比员工拥有更多的资源，包括关系、信息、协调、调度、方法等。怎么让资源发挥更大的作用，沟通是一个重要的手段。谁找管理者沟通谁就先得到、多得到，员工不找管理者沟通的话，怎么能得到呢？当然可以等管理者告之和安排，但毕竟管理者有更重要的工作要做，面对的员工很多，还存在越级管理的限制。从这个角度上讲，员工主动找管理者沟通是一个好办法。不主动找管理者沟通的原因，多是虚荣心强，害怕暴露自己的不足，被管理者批评或不被领导认可。万不得已来找管理者的，有的是出于礼节，有的是找理由解释或解脱。怎么才能打破这些顾虑或障碍，想想不沟通的话这些资源将被浪费，个人将失去进步的机会，工作和人（包括自己和同事）的进步将被耽误，要对自己和别人负责的话，主动沟通就不是问题了，机会是给会沟通的人准备的。

资料链接

论沟通的重要性

沟通，是建立人际关系的桥梁，如果这个世界缺少了沟通，那将是一个不可想象的世界。

可以这样说，没有沟通就没有人际的互动关系，人与人之间的关系，就会处在僵硬、隔阂、冷漠的状态，会出现误解、扭曲的局面，给工作和生活带来极大的害处。信息时代的到来，工作、生活节奏越来越快，人与人之间的思想需要加强交流；社会分工越来越细，信息层出不穷，现代行业之间迫切需要互通信息，这一切都离不开沟通。

对个人而言，良好的沟通可以使我们很坦诚地生活，很有人情味地分享，以人为本位，在人际互动中充分享受自由、和谐、平等。不难想象，在一个家庭，一个单位，人与人之间，如果没有沟通，那是多么闭塞、无聊、枯燥、乏味。事情难以处理，工作难以展开。

现代的世界是个沟通的世界，通过沟通可以拓展个人关系的网络，发展人际关系中的支持系统；使交谈富有意义而且轻松愉快，使对方感受到你的尊重和理解，能够迅速激发他人对你的接受，让他人自愿地提供更多的协助，发展互惠互利的合作关系；另外还可以避免人与人之间无谓的争论，不伤双方的感情，减少因误解所造成的压力，克服愤怒、恐惧、害羞等有害情绪，促进身体健康。沟通如同黑暗中的一缕阳光，让一切有了生机和活力。多少爱情、婚姻、友谊、同事之间、上下级之间的关系，因没有沟通或沟通不良，而濒临破裂，因良好的沟通而冰释前嫌，真是世界上没有沟通不了的事。

1.沟通的品质决定了生活的品质

人与人之间的关系，是由事情联系起来的，人在世上一定要做事。要想做好事，必须要先做好人，因为事的主体就是人，成功做事，就先要成功地做人。“人对了世界就对了”，要想“人对了”最重要的是要沟通。

2.沟通的品质决定了做事的品质。

对一个组织而言,良好的沟通可以使成员认清形势,使决策更加有理、有效,建立组织共同的愿景。主管可以通过沟通,引导成员更好地工作;成员可以通过沟通,更好地理解、执行领导的意图和决策;同事之间可以通过沟通,更加精诚团结密切合作。

3.所有的决策和共识,都是通过沟通来达成的

沟通是管理工作的灵魂,是提高工作效率,实现共同目标,满足各种需要的重要工具。我们所做的每一件事情都是在沟通,如上情下达或下情上传等。不论沟通是否有效,沟通构成了我们日常工作中的主要部分。管理工作中70%的错误是由于不善于沟通造成的。成功的公司管理人士通常会将90%以上的工作时间用于部属之间的良性沟通之中。通过清晰的指导与决策节省时间与精力,减少重复劳动,提高工作效率。提升他人和自己对工作的满意度,用非强制性策略影响或激励他人。美国通用电气公司就是靠着感情沟通式的管理,以惊人的速度发展起来的,这种沟通式管理给人以深刻的启迪。国内外事业有成的名企,无不视沟通为管理的真谛。

企业实现高效率和充满生机,赖于下情能为上知,上意能迅速准确地下达,部门之间互通信息,互知甘苦。这就需要沟通,需要高速、有效的沟通。良好的沟通让员工感觉到企业对自己的尊重和信任,因而产生极大的责任感、认同感和归属感,此外,良好沟通还能减少冲突,化解矛盾、澄清疑虑、消除误会,增强团队的内部凝聚。人的因素是企业成功的关键所在。企业管理说到底就是做人的工作,其中观念整合是先导,所有的管理问题归结到最后都是沟通问题。Z理论认为人是文化人,管理之道在于以情度理,特别强调企业内部的沟通。

沟通的品质决定了企业的品质。以沟通管理企业,就是以成功锻造企业丰碑。孙武云:“上下同欲,士可为之死,为之生。”只有沟通才能创造如此和谐的境界,从而赢得人心,凝聚出一股股冲天士气,支撑起企业大厦。

二、沟通的方式

沟通的方式有很多种,可以分为狭义上的沟通方式和广义上的沟通方式。狭义上的方式就是指沟通的媒介,比如口头沟通、书面沟通等;广义上的沟通方式是指沟通技巧上的方式。

(一)狭义上的沟通方式

狭义上的方式就是指沟通的媒介,包括口头沟通、书面沟通、非语言沟通和借助电子媒介的沟通,如表1-1所示。

表 1-1　沟通的方式

沟通方式	举　例	优　点	缺　点
口头沟通	交谈、讨论、电话、讲座	快递传递、快速反馈	信息失真严重
书面沟通	报告、信件、文件、期刊	持久、有形、可以核实	效率低、缺乏反馈
非语言	体态、语调	内涵丰富、意义明确	传递距离有限
电子媒介	电视、电子邮件	信息容量大、成本低	单向传递

不同的沟通方式有各自的优缺点，以下列举几种方式的特点。

1.通过文档沟通

优点：不受文字数量的限制，内容具体；便于查阅存档及日后的统一管理；适合描述功能多、业务复杂的项目；适合跨部门协作的项目。

缺点：不容易建立统一标准；面向不同角色，阅读时不容易找到重点；费时；理解成本高，沟通效率低。

2.通过邮件沟通

优点：打破时间和空间的限制；便于查阅记录；方便为多人发送附件；比较正式，适合报告工作进度或通报项目状况等。

缺点：正文不适宜太长；传递信息不即时（有时容易被忽略或丢失）；不清楚语言环境有时容易误读；不利于处理争议或敏感问题。

3.通过电话沟通

优点：即时、有效，沟通效率较高；适合解决紧急但不太重要的问题。

缺点：不利于传达微妙的情感；特别复杂的问题仍不容易说清楚，有可能引起误会；不方便查看图片等；不便查找记录。

4.面对面沟通

优点：真实、拉近距离（很多误会可由此解开）；便于说明复杂问题；沟通效率高。

缺点：无记录；沟通成本略高；多人沟通时效率可能较低；一旦陷入僵局回旋余地较小（面对面沟通时心态一定要平和，以解决问题为目的）。

5.会议沟通

优点：集思广益、开拓思路，更多角度了解他人的观点；适用于跨部门、协同解决问题、头脑风暴等。

缺点：若方法不得当会导致效率极低（如果需要在会上做出决定，最好先提前一对一沟通，有备而来）。

（二）广义上的沟通方式

做好企业思想政治工作中有一个重要的方式，即对员工进行思想沟通，要获得满意的思想沟通效果，思想政治工作者运用正确的科学的沟通方式及技巧至关重要。否则，即使用心良苦，也将难以奏效。搞好员工思想沟通须做到“四要”。

1.要了解对象，抓住时机——思想沟通的重要前提

对员工进行思想沟通前，思想政治工作者要充分了解自己要达到的思想沟通的目的，这种了解是基于对对方个性分析和自己对对方熟悉程度之上的了解。只有达到了了解的程度，才能在思想沟通过程中抓住要点，切中利弊，才能把问题讲深、讲透。同时，要抓住和员工思想沟通的“契机”，择机而发，因势利导。

言贵在精，更贵在时，当其时一言值千金，反其时，则一言不计半文钱。不宜进行思想沟通有几种情形：一是当思想政治工作者对要沟通的思想认识还处于模糊阶段时；二是当对方思想情绪还处于波动中时；三是当有第三者在场或有其他因素干扰时；四是当时间仓促时。那么，何时是思想沟通的最佳时机呢？一般来说，在一定时间里，或因某种不利于对方成长的因素暂时消失，或因某种有利对方进步的因素突然出现，就会形成思想沟通的有利时机的到来，进而取得谈话的主动权，这是思想沟通有利的关键时刻，抓住这个火候，思想沟通的成功就有了把握。

2.要热情诚恳，善于启发——思想沟通的坚实基础

思想沟通，是说理的艺术、交心的渠道。古人说“人之相交，贵在交心”。思想政治工作中思想沟通，要达到“推心置腹”的境地。推心置腹的过程，应是平等的思想交流，真挚的感情交流。思想政治工作者在和员工思想沟通中不能盛气凌人，说酸话、辣话，应当以诚相见，以理服人，想方设法把自己的一片真情坦露给对方，使对方真诚地感受到你的热情、诚恳和关心，从而点燃自己内心自尊的火焰，产生“反省自我”的自觉性。

同时，还要善于以光引光，以热引热，把对方随时反映出来的消极思想引向正面，达到无形之中见成效的佳境。要达到这一点，思想政治工作者首先诚意要足，要做到表扬要实事求是，不信口开河，使对方产生正确的激励作用；批评对方不无中生有，不能让对方下不了台。要本着诚恳与善良的态度，平等与对方进行思想交流。其次，涵养性要强。思想沟通中，对方有时会对我们的某些言行表示出反对的意见来，这就需要我们具有良好的个性修养。即使面对严厉的斥责，也不能在言语或表情上有反对的表示，更不能急躁，甚至大发雷霆。否则，一方面会使对方封闭自己的思想，不愿再同你进行思想沟通；另一方面，也会破坏思想沟通的气氛，使思想沟通无法进行下去。最后要运用得体的语言。主要是指出对方的错误或缺点时，要回避那些生硬和带有刺激性的语言，尽量选择那些既能表达本意又能使对方欣然接受的词句。有人说，成功的启发，“恰如投石击破水中天”，启人以思，导而弗牵。引导对方掌握正确的思想和道德标准，调动对方接受教育的自觉性，是进行思想沟通的一种高超艺术。

3.要寓理于情，以情感人——思想沟通的可靠保证

对员工进行思想沟通时，思想政治工作者的语言不但要有一定的思想性，还要有一种感召力和高尚的情趣，以调动对方的感情，陶冶对方的心灵。心灵的呼唤，离不开感情作媒介；思想的共鸣，也需借助友爱去撞击。思想政治工作是一种感情和艺术。而这种感情离不开对邪恶、

对卑鄙的憎恨之情。尤其是寓有哲理的感情流露可以打动人心。在对员工进行思想沟通进入正题之前,我们要有意识地加进一些叙家常之类的对话,也同样可以营造融洽交流的气氛。

(1)可以减轻对方的心理压力及仓促感,使其渐渐进入"角色"。

(2)能够缩短彼此间的心理差距,达到联络感情,融洽气氛,引出对方说话欲望的目的。

(3)可以观察对方的情绪,为正题定好"基调"。成功的思想沟通,应是"三分含情,七分叙理"。要将情理有机地"化合",做到情中有理,理中含情,情理交融,使思想沟通有摄取人心的艺术魅力。

4.要耐心细致,不怕反复——思想沟通的心理要求

人的认识问题并非偶然现象,都有着较为深刻的思想根源,甚至是世界观问题。做思想政治工作如果忽视其艰巨性,企求在一朝一夕就能解决,往往事倍功半,"欲速不达"。特别是在改革开放过程中,在当前世界金融风暴产生重要影响的情况下,认识上的差异幻想仅凭一两次思想沟通,就能彻底解决,是完全不客观也不现实的。在现实生活中,有些问题要培养耐心,不怕反复,思想沟通是一门科学,是思想政治工作的重要方式,我们不能凭经验、凭感觉,而要坚持与时俱进,不断创新,要改进方法,掌握技巧,迂回曲折,还有些问题需要创造客观条件,以致瓜熟蒂落,水到渠成。

小贴士

随着时代的变迁,一个人想要成功地做成一件大事,不和他人合作是行不通的。而要与人合作就避免不了双方进行沟通。

心理咨询师表示,沟通心理学通常有以下的几个要点。

1.利用"居家优势"

一个人在自己或自己熟悉的环境中比在别人的环境中更有说服力,在日常生活中应充分利用居家优势。如不行,尽量争取在中性环境中进行。

2.修饰仪表

一般而言,人们受到别人的言谈比受到别人的外表的影响要大得多,其实并不尽然。大多数人会不自觉地以衣冠取人。

3.使自己等同于对方

许多研究者发现,如果你试图改变某人的个人爱好,你越是使自己等同于他,你就越具有说服力。

4.反映对方的感受

优秀的劝说者首先建立信任和同情的气氛,这样就显示了对别人感情的尊重,以后谈话时,对方也会加以重视。

5.提出有力的证据

如果向听众提供可靠的资料而不是个人的看法,你就会增加说服力。

三、沟通失败的原因

职场工作,部门与部门之间需要沟通,个人与同事之间也需要沟通,不管是与客户还是领导,有效的沟通都能让工作开展得事半功倍。但是也会出现一些问题导致陷入误区,直接影响沟通效果,以下四个误区是导致职场沟通失败的原因。

(一)陷入作战状态

陷入作战状态,沟通当中火药味十足,双方已经处于备战状态,这样的沟通就很难再继续下去,这就变成了只有胜者和败者的战局。如果出现这样的情况,这样的沟通就只能以失败而告终,要知道当双方都提高说话的声调时,尤其是办公室当中,彼此之间就会变得异常的尴尬。要记住,沟通当中是没有胜者与败者的,只有双方皆输。

(二)缺少对谈话双方的充分尊重

尊重你要解决的问题,更要尊重你谈话的对象,这也是对自己的尊重,如果连最起码的尊重都没有了,那么这个谈话就是建立在不平等的基础之上的,这样的谈话必然也是没有结果的。

(三)金无足赤,人无完人

如果别人要用你的弱点来针对你,那么这时双方的谈话必然就很难避免争吵。当对方针对你的缺点时你会觉得没有得到基本的尊重,或者这个缺点本身就是比较私密的,那么你就要清楚自己的弱点,这样在别人针对你的时候就可以冷静地面对了。

(四)迷失了方向

说着说着就已经脱离了主题,更忘了谈话的目标,那么这样的沟通也必然就是无效的。明确谈话的目标是维持谈话的关键,这样的目标也就更有利于双方达成一个清晰,现实,乐于接受的谈话结果。同时,说话的内容更清晰,注意说话的语气,保持适中,措辞也要温和。

课堂案例

以生产手机闻名世界的摩托罗拉公司早在30年前就认识到企业内部沟通的重要性,并不断实践和完善沟通制度。公司管理者注意到,不同职位的人需要不同的沟通方式,完整的沟通系统应该包括上行沟通、下行沟通和平行沟通。摩托罗拉的沟通系统因此分为三部分:一是每月召开的员工协调例会(上行沟通);二是每年举办的主管汇报会(下行沟通);三是每年举办的员工大会(平行沟通)。

1.员工协调例会

在会议中,管理人员和员工聚集一堂,商讨彼此关心的问题。在公司总部、各分部、各基层组织协调会议。员工协调会议是标准的上行沟通途径。如果在沟通过程中,有些问题不能在基层协调会上得到解决,则会逐级反映上去,直到有圆满答复。

2.主管汇报会

主管汇报会类似于管理层的述职报告会,所不同的是,主管汇报会面对全部员工。主管汇报会每年举办一次,公司管理层经过一年的工作,把经营的成果和当前的问题整理成报告,向广大员工作个交代。

3.员工大会

摩托罗拉的员工大会是平等阶层之间的沟通,例如部门经理与部门经理之间,科员与科员之间,大多是不同部门间地位相当的员工。所提问题一定要有普遍性、全局性,有关私人、个人的问题是禁止提出的,对提问必须尽快作答。

通过良好的内部沟通,企业运营效率得到了有效的提升。

拓展阅读

职场人生——掌握沟通的艺术

美国一所研究机构发现,如果一个人的工作不能取得进展,百分之八十的原因不是因为缺乏技术能力和专业知识,而是因为缺乏交往的技巧。掌握沟通的艺术是人际交往中一项极为重要的内容。

然而,在公司里,一些员工由于缺乏沟通能力,不能很好地与老板、同事、客户进行沟通,以致使自己的能力和才华得不到他人的理解和重视,有时,甚至还会因为不善于沟通而产生误解。

其实,沟通并不是一件难以做到的事,只要掌握其技巧,就能轻松自如地与他人交流。

当然,在工作中,员工接触最多的还是老板与同事,因此,掌握好与他们沟通的技巧,员工就能在工作中变得得心应手,游刃有余。

1.大胆与老板沟通

在现代企业里,优秀的人才比比皆是,要想使自己从中脱颖而出,除了主动执行的工作态度外,还必须大胆与老板沟通。

阿尔伯特是美国金融界的知名人士。当他初入金融界时,他的一些同学已经在金融界内担任高职,也就是说他们已经成为老板眼里最优秀的员工了,他们教给了阿尔伯特一个最重要的秘诀就是:主动与老板讲话,多进行有效的沟通。

然而,在企业里,许多员工在与老板交流时,由于生疏及恐惧感,他们往往只是紧张地关注着老板对自己态度的好坏,以及自己应该做出什么样的反映。因此,根本就没有注意到老板说话的实质内容,这样就容易与老板之间产生隔阂。

在工作中,员工与老板之间的好感是要通过实际接触和语言沟通才能建立起来的。身为员工,只有主动与老板进行多方面的接触,把自己的真实才能完全地展现在老板面前,才能使老板对你有全面、直观的了解,才会有被重用的机会。

汤姆斯供职于一家广告公司,公司一百多号人里有不少资深人士,可谓是人才济济,他在这里并没有特殊的优势。但是汤姆斯的工作很踏实，不仅能像其他同事那样把老板交代的工作按时按质完成，还喜欢琢磨本职工作之外的事。因此经常是下班后同事走了，他还在办公室里找事做。

一天，老板下班时见汤姆斯办公室内的灯还亮着，便走了进去。正在修改一份广告策划书的汤姆斯赶忙站了起来，和老板打了一个招呼。老板很是欣赏汤姆斯这种精神，便坐下来和他聊了起来。话题转到工作上，汤姆斯谈到了广告策划、内容制作以及经营等方面的想法，其中不乏对当前广告策划工作的建议。

自然，汤姆斯引起了老板的关注，于是主动找汤姆斯聊工作里里外外的话题。虽说员工中不乏人才，可在做完自己的工作之余还这么关心公司发展的却很少见。渐渐地，老板对汤姆斯另眼相看，觉得汤姆斯会是一个得力的助手，决定任命汤姆斯做自己的助理。

汤姆斯的晋升原因在于：他不是被动地接受老板交给的任务，而是在工作中与老板建立更多的沟通联系，让老板明白自己不仅能做好本职工作，还可以接受更多更重要的工作，已具备优秀员工必备的基本素质。

2.与同事友好相处

身为员工，与同事之间相处的时间远比与家人相处的时间长，如果总是处在孤立的地位，爱好、性格与同事格格不入，那你每天去上班一定是件非常痛苦的事情。和睦的工作环境，融洽的同事关系，上下齐心，共同完成任务，是每个员工都梦寐以求的。为了实现这一目标，员工必须努力改善自己的不足之处，与同事搞好关系。

但是，如果为了使自己成为受欢迎的人，而去曲意奉承迎合别人，也是不可取的。在日常工作中，要注意发现自己与同事之间的共同点，培养与同事之间的感情，尽量去适应同事们，把自己看成他们中的一员，时时处处与他们保持步调一致，多听取和接受他人的意见，时间久了你才能获得他人的接纳和支持，相处就会融洽起来。

如果一个同事请你对他制定的销售计划书提点意见，你首先应该仔细听听他拟定该计划的理由，了解他心目中的目标行动，经过仔细地分析思考，取长补短，提出对他更有帮助的办法来，而不是先批评这个计划书。

总之，你的目标是说服同事并帮他一把，而非指出他的过错。当他解除了心理屏障，这样，你才有机会去帮助对方，你也才能够做到，在抱怨者出没的地方挥洒自如，受到他们的欢迎。

如果你的搭档生性耿直、工作认真，跟你不分彼此，总之有工作就奋力去做，常常令工作及早完成。但是一个人的口没遮拦，常有“这件工作全靠我！”“此任务从头至尾，我最清楚”，这些话语一说出口，就会让你感到难堪。但你又确认对方是没有恶意的，不好发作。

虽然，这并非一个大问题，但不妥善解决就会成为后患。试想想，所有同事都会以为你必须依赖他，认为你做事不力或能力不足，假如连老板也是同一种眼光，那你的前途可就真的黯淡无光了。在这种情况下，你也不能硬与搭档争事做，而是自己应负的责任自己负，你不妨婉转告诉对方：“谢谢你的好意，我倒希望由自己亲力亲为，这样可以积累经验！何况你终日忙碌,也该休息一下。”他会很高兴卸下一些担子,而且也会认为你这个人识大体,或许对你的好印象又加了一分。

知识总结

本章主要介绍了沟通的含义、沟通的目的和意义、沟通的三要素和方法。

(1)沟通是一种通俗的说法,沟通应属于传播中的人际传播。广义的沟通是指信息自我传承或个体间信息的有效传递与接受,并影响和产生实质的行动或结果。狭义的沟通是指不同个体间信息的有效传递与接受。

(2)有效沟通的意义可以总结为:①满足人们彼此交流的需要;②使人们达成共识、促成更多的合作;③降低工作的代理成本,提高办事效率;④能获得有价值的信息,并使个人办事更加井井有条;⑤使人进行清晰的思考,有效把握所做的事。

(3)三要素主要包括:①沟通的基本问题——心态;②沟通的基本原理——关心;③沟通的基本要求——主动。

(4)沟通的媒介,包括口头沟通、书面沟通、非语言沟通和借助电子媒介的沟通。

教学检测

一、名词解释

(1)沟通

(2)书面沟通

二、填空题

(1)沟通包括__________和__________,语言沟通是包括__________和__________的沟通,非语言沟通包括声音语气(例如音乐)、肢体动作(例如手势、舞蹈、武术、体育运动等)。最有效的沟通是语言沟通和非语言沟通的结合。

(2)有效沟通的意义可以总结为:①满足人们__________的需要;②使人们__________、更多的合作;③降低__________,提高办事效率;④能获得__________,并使个人办事更加井井有条;⑤使人进行__________,有效把握所做的事。

(3)三要素主要包括__________、__________、__________。

(4)沟通的媒介,包括__________、__________、__________和__________。

三、问答题

(1)沟通的目的有哪些?

(2)沟通的三要素是什么?

(3)沟通的方式有哪些?

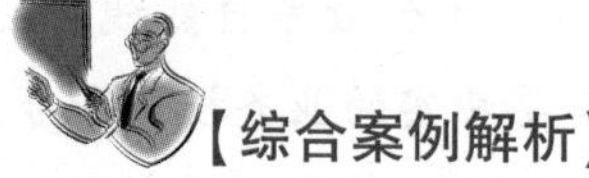

【综合案例解析】

研发部梁经理才进公司不到一年，工作表现颇受主管赞赏，不管是专业能力还是管理绩效，都获得大家肯定。在他的缜密规划之下，研发部一些延宕已久的项目，都在积极推进当中。

部门主管李副总发现，梁经理到研发部以来，几乎每天加班。他经常第2天来看到梁经理电子邮件的发送时间是前一天晚上10点多，接着甚至又看到当天早上7点多发送的另一封邮件。这个部门下班时总是梁经理最晚离开，上班时第一个到。但是，即使在工作量吃紧的时候，其他同仁似乎都准时走，很少跟着他留下来。平常也难得见到梁经理和他的部属或是同级主管进行沟通。

李副总对梁经理怎么和其他同事、部属沟通工作觉得好奇，开始观察他的沟通方式。原来，梁经理部是以电子邮件交代部署工作。他的属下除非必要，也都是以电子邮件回复工作进度及提出问题。很少找他当面报告或讨论。对其他同事也是如此，电子邮件似乎被梁经理当作和同仁们合作的最佳沟通工具。

但是，最近大家似乎开始对梁经理这样的沟通方式反应不佳。李副总发觉，梁经理的部属对部门逐渐没有向心力，除了不配合加班，还只执行交办的工作，不太主动提出企划或问题。而其他各年主管，也不会像梁经理刚到研发部时，主动到他房间聊聊，大家见了面，只是客气地点个头。开会时的讨论，也都是公事公办的味道居多。

李副总趁着在楼梯间抽烟碰到另一处陈经理时，以闲聊的方式问及小主管和梁经理工作相当认真，可能对工作以外的事就没有多花心思。李副总也就没再多问。

这天，李副总刚好经过梁经理房间门口，听到他打电话，讨论内容似乎和陈经理业务范围有关。他到陈经理那里，刚好陈经理也在讲电话。李副总听谈话内容，确定是两位经理在谈话。之后，他找了陈经理，问他怎么一回事。明明两个主管的办公房间就在隔邻，为什么不直接走过去说说就好了，竟然是用电话谈。

陈经理笑答，这个电话是梁经理打来的，梁经理似乎比较希望用电话讨论工作，而不是当面沟通。陈经理曾试着要在梁经理房间谈，而不是当面沟通。梁经理不是最短的时间结束谈话，就是眼睛还一直盯着计算机屏幕，让他不得不赶紧离开。陈经理说，几次以后，他也宁愿用电话的方式沟通，免得让别人觉得自己过于热情。

了解这些情形后，李副总找了梁经理聊聊，梁经理觉得，效率应该是最需要追求的目标。所以他希望用最节省时间的方式，达到工作要求。李副总以过来人的经验告诉梁经理，工作效率重要，但良好的沟通绝对会让工作进行顺畅许多。

【思考】

很多管理者都忽视了沟通的重要性，而是一味地强调工作效率。实际上，面对面沟通所花的些许时间成本，绝对能让沟通大为增进。沟通通畅，工作效率自然就会提高，忽视沟通，工作效率势必下降。作为专业管理人员，不仅需要扎实的业务技能和专业知识，而且需要良好的沟通能力，与内部人员沟通，处理各方关系等，都离不开良好的沟通技巧。

项目二

沟通的过程

☞**知识要点**

（1）了解信息的发送。

（2）熟悉聆听的重要性和有效聆听的技巧。

（3）了解聆听的五个层次。

（4）掌握管理沟通过程的基本要素。

☞**关键词**

信息发送　积极聆听　要素　模型

沟通的过程是一个完整的双向的过程：发送者要把想表达的信息、思想和情感，通过语言发送给接收者。当接收者接到信息、思想和情感以后，会提出一些问题给对方一个反馈，这就形成一个完整的双向沟通的过程。在发送、接收和反馈的过程中，我们需要注意的问题是：怎样做才能达到最好的沟通效果。

沟通是指人与人之间，人与群体之间思想与感情的传递和反馈过程，以求思想达成一致和感情的通畅。沟通被认为是管理的血液，贯穿于管理活动的整个过程，是管理的核心和本质。相关研究表明：组织中管理者将70%的时间用于沟通，组织中70%的问题是由于沟通障碍引起的。

【情境导入】

跨文化沟通

在澳大利亚布里斯班市有一家大公司,该公司的员工来自23个不同国家和地区。由于语言、风俗习惯、价值观等千差万别使员工平时的沟通很不顺畅,误解抱怨和纠纷不断。于是人力资源部的培训经理就对这些员工进行集中培训。

考虑到这些员工大多是新雇员,培训经理首先向他们介绍了公司发展的历程及现状,并向他们解释员工守则及公司惯例,然后做问卷调查。该调查要求这些员工列出公司文化与母语国文化的不同,并列举出自进公司以来与同事在交往中自己感受到的不同态度、价值观、处事方式等,还要写出个人对同事、上司在工作中的心理期待。

问卷结果五花八门,其中最有趣的是,来自保加利亚的一位姑娘抱怨说,她发现所有同事点头表示赞同,摇头表示反对,而在保加利亚则刚好相反,所以她很不习惯。公司一位斐济小伙子则写道,公司总裁来了,大家为表示敬意纷纷起立,而他则条件反射地坐到地上——在斐济表示敬意要坐下。

培训经理将问卷中的不同之处一一分类之后,再让这些员工用英语讨论,直到彼此能较好地相互理解在各方面的不同之处。

经过培训,这些员工之间的沟通比以前顺畅多了,即使碰到障碍,也能自己按照培训经理的做法解决了。

【思考】

培训经理为什么会取得成功?

任务一　信息的发送

【至理名言】

讲话犹如演奏竖琴:既需要拨弄琴弦奏出音乐,也需要用手按住琴弦不让其出声。

——霍姆斯

资料链接

沟通过程是指信息发送者将一定的信息沿着一定渠道传达给信息接收者,信息接收者按照自己的理解做出一定反应的过程。在这个过程中信息发送者将所要发送的信息编译成一系列符号经由某种渠道传进给信息接收者，接收者接收到符号后接照自己的理解将接收到的符号翻译成具有特定含义的信息，信息发送者通过反馈来了解其传速的信息是否被信息接收者准确地接收。沟通过程包含七个基本要素：信息发送者、信息接受者、所传递的信息内容、沟通渠道、沟通背景、反馈、沟通障碍。

一、信息发送者在沟通过程中扮演的角色

信息发送者又被称作信息源或者信息传播者，主要指拥有信息并试图进行沟通的人。信息发送者在沟通过程中扮演的角色及其地位可以体现在以下几个方面。

(1)信息发送者直接决定着沟通过程中的信息内容、沟通渠道、沟通背景这三大要素。信息发送者是沟通过程中的两大角色(信息发送者和接收者)之一，沟通过程中的信息内容、沟通渠道、沟通背景这三大要素都是由信息发送者选择决定的，信息发送者对于沟通能否成功有效起着至关重要的作用。

(2)信息发送者间接决定或影响着沟通过程的其他三个要素。即沟通过程中的信息接收者人选、能否调动起接收者的反馈热情、沟通障碍是否产生都受到信息接收者的影响，甚至是直接确定。如当信息发送者获知某些内幕消息时，将所知信息告诉谁便由其自己决定。

(3)信息发送者的态度和个人能力对沟通成效影响甚大。信息发送者是沟通发生的主动方，沟通通常由他们发动，沟通过程通常由他们主导，信息发送者对待此次沟通的态度至关重要。另外，在沟通过程中，发送者把要传送的信息“编码”成符号传递给接收者，接收者则在收到信息后进行“解码”。“编码”能力深受信息发送者的知识水平、逻辑思维能力、语言表达能力等的影响。

(4)信息发送者的个人影响力对于沟通成败有着至关重要的影响。一般来说，信息发送者的个人品质、资历和经验、口碑和权威性等个人魅力都会影响到信息接收者对沟通过程的参与热情和对信息内容的取信程度，进而影响沟通的有效性。

二、提高信息发送者的沟通能力

为达成有效沟通，作为沟通过程的发起方和主动方，信息发送者要不断培养自身的个人技能，掌握一定的沟通技巧，养成良好的沟通习惯。要想促成沟通成功，实现自己的沟通目标，信息发送者要从以下几个方面努力。

(一)沟通准备阶段

1.明确沟通目的

信息发送者的沟通目的一定要明确，必须要清楚自己传递信息的目的所在，此次沟通是为了了解情况还是核实事实，是为了说服对方还是激励对方等都必须在正式进行沟通之前予以明确，因为沟通目的将直接决定沟通方式。明确沟通目的是沟通过程中的第一要务，如

果目的不明确，则意味着连信息发送者本人都不清楚自己为什么要沟通，信息发送者更是会一头多水，自然就达不到沟通的效果。

2.了解信息接收者

即信息发送者要在沟通正式开始前对沟通对象进行分析，对其做适当摸底，了解对方的基本资料，重点掌握对方的为人处世方式和沟通习惯，以便在沟通过程中对对方的言行，甚至弦外之音都能做到心领神会。正所谓“知己知彼，百战不殆”，所以说我们在沟通前，一定以沟通对象的特征为前提，对所要传递出去的信息进行整理，最终选择有助于沟通对象理解和接受信息的沟通方式，准确地表达出所要传达的信息，从而达到有效沟通。

3.理清思路，组织好语言

有效的沟通，意味着信息不仅被传递，而且还要被理解，因为只有这样才能达到沟通的目的。信息发送者应本着主题清晰、言简意赅的原则，在正式进行沟通前理清自己的思路，组织好语言，打好腹稿。在组织语言时要注意：①要保证传递信息的完整性，即既要传递事实，又要传递发送者的价值观及个人态度，只有这样才能达到有效的沟通；②要尽量使语言精练，做到出言必慎，小心言多必失；③要逻辑清晰，重点突出，只有发送者本人的思路清断、语言紧凑连贯才能顺利带领对方理解你的沟通目的。

4.选择好沟通渠道

沟通渠道是由信息发送者选择的、借由传进信息的媒介物，即信息发送者传递信息的途径。沟通包括语言和非语言两种渠道，非语言的沟通渠道主要包括语言气语态、表情动作、身体姿势等，语言沟通渠道的类型十分丰富，传统的语言沟通渠道有面对面谈话、书信、电话、会议、文件等，新型的语言沟通增加了视频会议、电子邮件、微博、微信等电子沟通渠道。这些沟通渠道各自具有其不同的特点和优劣之处，在信息传递方面所起到的作用也是各不相同的，信息发送者要根据所要传达信息的内容和沟通对象的特点等因素综合考虑，选择合适的沟通渠道。举例来说，面对面交谈这种口头沟通渠道主要用于即时互动性沟通，一般不需要严格记录，沟通形式灵活，富有感情色彩。文件这种书面沟通渠道主要用于内容严谨，需要记录备案的沟通，两者没有好坏之分，关键在于适合。

5.确定沟通背景

沟通背景是指沟通发生的情境，它是影响沟通效果的重要因素。确定沟通背景主要是要选好沟通的场所和时机。同样的沟通内容在不同的沟通背景下将会产生不同的结果。信息发送者作为沟通背景的确定者必须要综合分析内外部环境，因人因事因时因地而异进行沟通。首先，在沟通场所的选择方面，信息发送者需要在沟通前确定适合本次沟通的场所，因为特定的场所能造就特殊的沟通氛围，如需要与同行业朋友沟通时，选择在餐馆要比在单位办公室的沟通效果好；其次，在沟通时机的选择方面，信息发送者要会选时间找机会，如周一和周五不适合商务拜访。

(二)沟通进行阶段

1.注意自己的行为举止

在沟通过程中,信息发送者只注意沟通语言是不行的,还要注意自己的语气语态、表情动作、身体姿势等非语言信息,这些细微的信息决定着信息接收者对你的个人评价和对你的语言信息的取信程度,进而决定着沟通的效果乃至成败。例如,在商务谈判中,穿着随意,举止不雅会影响对方对你的个人素质评价并对你对待此次谈判的态度产生怀疑。又或者当你以肯定的语气表达自己的某种态度观点时,眼神却飘忽不定,这就会被信息接收者认定为是心虚的表现,进而拒绝相信你的说辞,并最终导致沟通失败。所以在沟通进行的过程中,信息发送者一定要配合好自己的行为举止,使其与沟通背景和沟通语言达到有效融合。

2.学会倾听

倾听是一个视觉和听觉并用的过程,倾听也是一个获取信息的过程。倾听并不只是信息接收者应注意的事情,它对于信息发送者同样重要。首先倾听是尊重对方的表现,其次通过倾听,信息发送者可以了解接收者传递出的消息,澄清不明之处,获取有用的信息。作为信息发送者在发送信息的过程中以及发送完成后,要对信息接受者察言观色,通过对信息接受者的语言、语调及表情、目光、身体姿势等非语言信号进行判断,一来可以及时发现信息接收者是否准确理解了自己想要表达的意思,如有理解偏差,要及时进行补充或更改;二来可以获知对方的观点态度,使自己做好下一步的沟通准备,以获得整个沟通过程的成功。

(三)沟通过程结束后

信息发送者在本次沟通结束后要做好总结和跟踪工作。一次沟通过程完成并不意味着整个沟通的结束。一次沟通过程完成之后一般还会有后续的补充沟通和沟通内容的执行落实 。例如,双方经过谈判初步确定合作意向,这之后还需要就合同的细节问题继续沟通,另外还有合同的执行。所以信息发送者要在本次沟通结束后要做好两个工作:一方面做好本次沟通的总结工作,对自己的表达和对方的理解是否满意,以决定是否需要二次沟通,并准备材料为后续沟通做好准备;另一方面要做好跟踪调查,督促本次沟通的落实,检查本次沟通的实际效果。

总之,信息发送者在沟通过程中占据者最为重要的角色,对沟通能否成功起着决定性的作用,要想进行有效的沟通,必须从关注和研究信息发送者入手。

任务二　积极聆听

【至理名言】

如果你是对的,就要试着温和地、技巧地让对方同意你;如果你错了,就要迅速而热诚地承认。这要比为自己争辩有效和有趣得多。

——卡耐基(美)

一、聆听的重要性

积极聆听是一种沟通技巧,目的是为了清楚向对方反映自己对于他的遭遇产生同感,于晤谈期间可运用积极聆听的方式,更可借此一方面鼓励对方表达得更清晰,一方面使对方明白自己的感受。

小贴士

沟通首先是听的艺术。而倾听则是有效沟通环节当中的一项重要的技巧,善于倾听可以使得沟通更为高效。本节将对倾听这一重要环节,在深层次上进行深入的探究,对于倾听中的困难进行多方面的谈论,同时提出一些改善倾听效果的技巧。好的倾听者,用耳听内容,更用心"听"情感,倾听在有效沟通中意义重大。

语言是人与人交流的最直接的方式。说话是表达自我、宣泄内心的一个途径,而倾听是接受对方的过程。可惜的是,大多数人都喜欢说,但很少有人会听。"喜欢说,却不耐心地听"是人性的通病。许多人经常一味地讲,却很少静下心来理解对方心中真正的需求或看法。好的倾听者,用耳听内容,更用心"听"情感,正确的倾听态度是达到最佳倾听效果的前提。学会倾听是加强人与人之间的沟通,促进形成良好的人际关系的有效途径。所以,倾听是一个视觉、听觉并用的过程,是思想、情感、信息兼收并蓄的过程。它极为重要,有多方面的作用,是沟通的一个有效武器。

(一)倾听在沟通中的作用及重要性

1.在心理学方面

倾听是对说话者一种最佳的赞美。心理学研究表明,人在内心深处,都有一种渴望得到别人尊重的愿望。人们喜欢善听者甚于善说者,实际表明,人们都非常喜欢发表自己的意见。所以,如果你愿意给他们一个机会,让他们尽情地说出自己想说的话,他们会从内心深处产生一种愉悦感与满足感。他们会把这种心理上的满足感归因于与你的谈话,从而产生对你的好感。这种心理反应方式可以用海德的归因理论来解释。

据心理研究表明,在现实生活中人们对于心理医生的依赖,正是基于对于一个倾听者的,一个诉说者的需要。一般心理医生会简单地提出几个问题,然后主要有你来讲述,在这里我们可以这么说,心理医生的角色定位就是一个优秀的倾听者。

"苏格拉底方法"也称为"问答法",由于苏格拉底把教师比喻为"知识的产婆",因此,"苏格拉底方法"也被人们称为是"产婆术"。所谓"苏格拉底方法",是指在与人们谈话的过程中,并不直截了当地把人们所应知道的知识告诉他,而是通过讨论问答甚至辩论的方式来揭露对方认识中的矛盾,逐步引导人们自己最后得出正确答案的方法。其实,我们分析来看,苏格拉底在"问答法"中的角色也是定位于倾听者,只是由于其对于教授人们知识的需要,对一些问题多做了一些补充而已。

2.在经济学方面

倾听就好比是一种最优的投资决策,以最小的成本带来最大的收益。简单总结一下倾听在沟通中的意义:获得信息的有效手段;发现问题,解决问题;掩盖自己的弱点;建立信任,改善关系;防止主观误差,调动积极性等。有人说,一个随时都在认真倾听别人讲话的人,可在闲谈之中成为一个信息的富翁,这可以说是对古语"听君一席话,胜读十年书"的一种新解释。倾听所带给你的优势,我们可以看作是一种投资。它的成本就是你花一些时间去作为一个倾听者,你要做的就是全身心地作为一个听众,并适当地做出一些反馈就可以了。而你的收益却相比较来说大得多,你可以得到一个喜欢你的朋友;得到很多信息,这些信息可能帮助你获得成功;养成一个冷静思考的好习惯等。这些收益都将会增加你未来成功的机会以及塑造一个健康的人格。

3.在道德伦理方面

倾听是对人的一种尊重,是一种修养。每个人都有渴望被别人尊重的欲望,而倾听可以满足别人的被尊重的欲望。约翰·洛克(John Locke)曾经说过,"礼貌是儿童与青年所应该特别小心养成习惯的第一件大事。"静坐聆听别人意见的人,必定是一个富于思想和具有谦虚柔和性格的人,这种人在人群中最初可能不大引人注意,但是后来可能是最受人们尊重的。因为虚心,所以能为众人所喜悦;因为善于思考,所以能为众人所尊重。

(二)人际沟通中常见的倾听障碍

卡耐基(Carnegie)说:"一对敏感而善解人意的耳朵,比一双会说话的眼睛更讨人喜欢。"倾听与倾诉,虽然只有一字之差,但要在工作和生活中找到一个认真的倾听者比我们想象的难得多。这是因为,我们在沟通时常常会犯一些错误,从而造成了倾听的障碍,影响了沟通的正常进行。这些常见的倾听障碍有如下五种。

1.观点不同,产生抵触

每一个人由于文化知识和学历的不同,生长的环境以及性别、爱好等的差异,心里都有自己的观点,很难接受别人的观点,尤其是不同的观点。如果意见相左,还可能会产生抵触情绪——反感、不信任,并产生不正确的假设。在这种排斥异议的情况下,无法静下心来认真地进行倾听。有些人喜欢听和自己意见一致的人讲话,偏心于和自己观点相同的人。这种拒绝倾听不同意见的人,不仅拒绝了许多通过交流获得信息的机会,而且在倾听的过程中就不可能集中在讲逆耳之言的人身上,也不可能和任何人都交谈得愉快。

2.偏见,形成心理定势和成见

人类的全部活动,都是由积累的经验和以前作用于我们大脑的环境所决定的,我们从经历中早已建立了牢固的条件联系和基本的联想。在每个人的思想中都有意或无意地含有一定程度的偏见。由于人都有根深蒂固的心理定势和成见,很难以冷静、客观的态度接收说话者的信息,这也会大大影响倾听的效果。

偏见是倾听的重要障碍。假设你对某个人产生了某种不好的看法,他和你说话时,你也不可能注意倾听。又假设你和某个人之间由于某种原因产生了隔阂,如果他有什么异议,你就可能认为他所做的一切都是冲着你来的,无论他做出什么解释,你都认为是借口。

3.打断别人的谈话,急于表达自己的观点

人们都有喜欢自己发言的倾向。发言被视为主动的行为,可以帮助你树立强有力的形象,而倾听则是被动的。在这种思维习惯下,人们容易在他人还未说完的时候就迫不及待地打断对方,急于表达自己的观点;或者心里早已不耐烦了,往往不可能把对方的意思听懂、听全,而把自己的观点强加于人。所以在沟通的时候一定要记住:别让你的舌头抢先于你的思考。

4.环境的干扰,从主客观上影响倾听

环境对倾听的影响是显而易见的。环境之所以影响倾听,是因为环境能产生两个方面的作用:①干扰信息的传递过程,使信息信号产生消减或歪曲;②影响倾听者的心境,即环境不仅从客观上,也从主观上影响倾听。

5.消极的身体语言,影响信息的完整倾听

很多人习惯在听人说话时东张西望,双手交叉抱在胸前,跷起二郎腿,甚至用手不停地敲打桌面,还有很多人在倾听别人说话时,常常是“耳虽到,却听而不闻;眼虽到,却视而不见;心虽到,却荡漾于九霄云外;脑虽到,却神不守舍”。用心不专、三心二意、心不在焉就是典型写照。倾听的信息完全或部分未进入倾听者的头脑中,这些消极的身体语言都会大大妨碍沟通的质量。

(三)有效倾听的几点建议

有效沟通是指在恰当的时候及适宜的场所用得体的方式表达思想和感情,并能被别人正确理解和执行。所以,沟通不仅仅是传达思想情感、沟通感情,沟通的最终目的是达成共识。所以,只有有效的沟通才是有意义的。要做到有效的沟通,倾听就显得十分重要。下面有几点建议。

1.设身处地,排除消极情绪

站在对方的角度想问题,可以更好地理解对方的想法,赢得对方的好感,从而找到对双方都有利的解决方法。先不要下定论,在谈话者准备讲话之前,自己尽量不要就已经针对所要谈论的事情本身下定论,否则,会带着“有色眼镜”,不能设身处地地从对方的角度看待问题,容易出现偏差。

2.积极回应,巧用身体语言

倾听时,请多使用目光接触,展现赞许性的点头和恰当的面部表情。如果在倾听过程中你没有听清楚,没有理解,或是想得到更多的信息,想澄清一些问题,想要对方重复或者使用其他的表述方法以便于你的理解,或者想告诉对方你已经理解了他所讲的问题,希望他继续其他问题的时候,应当在适当的情况下,通知对方。这样做,一方面会使对方感到你的确在听他的谈话,另一方面有利于你有效地进行倾听。积极地回应应当采用"同情"和"关切"两种形式。

3.准确理解,听出弦外之音

丘吉尔(Churchill)说"站起来发言需要勇气,而坐下来倾听,需要的也是勇气"。沟通最难的部分不在于如何把自己的意见、观念说出来,而在如何听出别人的心声。理解对方要表达的意思是倾听的主要目的,同时也是使沟通能够进行下去的条件。

(1)听清全部的信息,不要听到一半就心不在焉,更不要匆匆忙忙下结论。

(2)注意整理出一些关键点和细节,并时时加以回顾。

(3)听出对方的感情色彩。要注意听取讲话的内容、听取语调和重音、注意语速的变化,三者结合才能完整地领会谈话者的真义。

(4)注意谈话者的一些潜台词。

(5)克服习惯性思维。人们常常习惯性地用潜在的假设对听到的话进行评价,倾听要取得突破性的效果,必须要打破这些习惯性思维的束缚。

4."五心"并用,会说会听会思考

一要专心,别人在讲话和发言时,一定要听清讲话者或发言人说的每一句话,脑子里不想其他事;二要耐心,不随便插嘴,要听完别人的话,才发表自己的意见;三要细心,当别人的发言有错时,做到不重复他人的意见,自己的意见要建立在他人发言的基础上或者提出新颖的想法;四要虚心,当别人提出与自己不同的意见时,要能虚心接受,边听边修正自己的观点;五要用心,在听取他人意见时不能盲从,要有选择地接受,做到"说""听""思"并重,相互促进。

二、有效聆听的技巧

主动倾听时,听者要通过语言或情绪的反馈,向说者积极主动地表明自己听见并且明白对方的意思,只有这样才能拥有良好的沟通。

1.使用目光交流

眼睛是心灵的窗口,双方交谈时要注意保持目光交流。通常情况下,用柔和的目光不时地注视对方的眼睛,表明自己对所讲的内容感兴趣,同时,也传达了友好的感情和积极鼓励的信息。在谈到高兴的话题时,听话者看着对方会使对方有愉悦之感;在谈论令人不愉快的或难以解决的复杂问题时,双方应避免目光接触,这时候,节制目光的直接注视是礼貌并能理解对方情绪的表现,否则,可能会引起对方愤懑。当双方距离越近时,越要避免目光接触。另外,斜视和心不在焉的呆滞或东张西望会使说话者产生不良印象。

2.使用身态语言表示

用点头、微笑和皱眉等身态语言表示自己的兴趣。参与的姿态要放松,手臂不要交叉,不要僵硬不动,要随说话人的语言做出反应。坐着的时候要面向说话人,身体略向前倾,可以随着说话人的姿势不断调整自己的姿势。

3.使用有声语言回应

必要时,边听边用“嗯、哼、啊、我明白了、我知道、没错、对”等词语来肯定和赞扬说话者,表示你的兴趣和鼓励对方继续说下去。

4.记笔记

在条件允许的情况下,特别是重要性的交谈或会议上,做笔记是表明自己在积极倾听的重要动作。记笔记有很多好处:

(1)能听清楚并记录下所说的全部内容。

(2)能理清说话者的主要观点。

(3)能注意到信息的重点,并会留下书面材料,反复琢磨,深入理解。

在主动倾听时,还要注意不要随便插嘴和打断对方讲话;不要抢着帮别人说话。随意打断对方的讲话,会被视为不礼貌,引起他人反感。除了双方关系十分密切、十分随意的场合可以随便插话外,一般情况下,需要确认接受的信息是否准确或表达自己的意见时,在合适的时机,可以礼貌地请求插话,如“对不起,打扰一下”,对方允许后,可以插话。

总之,主动倾听是为了自己避免信息的误解,同时让对方知道自己是在倾听。在对方说话的时候有相应的动作,能让对方完全觉得你在认真倾听,表明你对对方的尊重。倾听是有效沟通的润滑剂和刺激剂。

三、聆听的五个层次

在沟通聆听的过程中,因为我们每个人的聆听技巧不一样,所以看似普通的聆听却又分为五种不同层次的聆听效果,如图 2-1 所示。

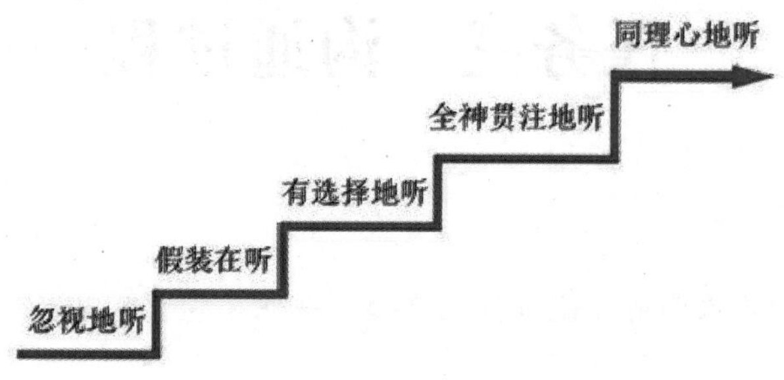

图 2-1 聆听的五个层次

1.听而不闻

所谓听而不闻,简而言之,可以说是不做任何努力地去听。

我们不妨回忆一下,在平时工作中,什么时候会发生听而不闻?如何处理听而不闻?听而不闻的表现是不做任何努力,你可以从他的肢体语言看出,他的眼神没有和你交流,他可能会左顾右盼,他的身体也可能会倒向一边。听而不闻,意味着不可能有一个好的结果,当然更不可能达成一个协议。

2.假装聆听

假装聆听就是要做出聆听的样子让对方看到,当然假装聆听也没有用心在听。在工作中常有假装聆听现象的发生,例如,你和客户之间交谈的时候,客户有另外一种想法,出于礼貌他在假装聆听,其实他根本没有听进去;上下级在沟通的过程中,下级惧怕上级的权力,所以做出聆听的样子,实际上没有在听。假装聆听的人会努力做出聆听的样子,他的身体大幅度地前倾,甚至用手托着下巴,实际上是没有听。

3.选择性地聆听

选择性的聆听,就是只听一部分内容,倾向于聆听所期望或想听到的内容,这也不是一个好的聆听。

4.专注地聆听

专注地聆听就是认真地听讲话的内容,同时与自己的亲身经历做比较。

5.设身处地地聆听

不仅是听,而且努力去理解讲话者所说的内容,所以用心和脑,站在对方的利益上去听,去理解他,这才是真正的、设身处地地聆听。设身处地地聆听是为了理解对方,多从对方的角度着想:他为什么要这么说?他这么说是为了表达什么样的信息、思想和情感?如果你的上级和你说话的过程中,他的身体向后仰去,那就证明他没有认真地与你沟通,不愿意与你沟通。所以要设身处地地聆听。当对方和你沟通的过程中,频繁地看表也说明他现在想赶快结束这次沟通,你必须去理解对方:是否对方有急事?可以约好时间下次再谈,对方会非常感激你的通情达理,这样做将为你们的合作建立基础。

任务三　沟通过程

【至理名言】

每一个人都需要有人和他开诚布公地谈心。一个人尽管可以十分英勇,但他也可能十分孤独。

——海明威

一、管理沟通过程的基本要素

整个沟通过程由七个要素组成,包括信息源、信息、通道、信息接收者、反馈、障碍或噪音、背景等。这七个要素之间的相互关系如图 2-2 所示。

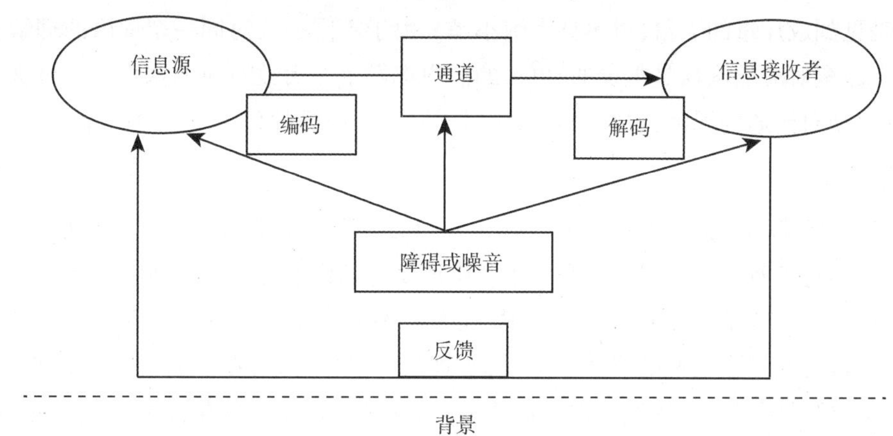

图 2-2　沟通过程

(一)信息源

信息源是具有信息并试图进行沟通的人。他们引发沟通过程,决定以谁为沟通对象,并决定沟通的目的。沟通的目的可以是为了提供信息,也可以是为了影响别人,使别人改变态度,还可以是为了与人建立某种联系或纯粹为了娱乐。作为信息源的沟通者,在实施沟通前,必须首先在自己丰富的记忆里,选择出试图沟通的信息,并进行恰当的组织。

另外,信息源的态度、技能、情绪状态等都可能影响沟通的效果。

(二)信息

从沟通意向的角度说,信息是沟通者试图传达给别人的观念和情感。但个人的感受不能直接为信息接收者所接受,因而它们必须被转化为各种不同的、可为他人所觉察的信号,也就是把意义转化为信息接收者可以接受的形式,如文字、口头语言或表情等,这个过程叫作编码(Coding)。所谓编码,是指选择某种符号来代表信息表达者试图表达的内容,而这种符号是能被信息接收者理解的,即前文所说的“符号象征”。一个简单的例子就是人们与计算机对话时,必须采用计算机能接收的符号系统,人们所有的思想和感情只能通过键盘来告诉计算机。成年人跟孩子说话,就必须选择孩子能够接受的语言来表达,而不是根据成年人自己的语言来表达。这个编码的过程,在很大程度上会决定沟通的有效性。在各种符号系统中,最为重要的是语词。一方面,语词沟通是以共同的语言经验为基础的。没有相应的语言经验,语词的声音符号就成了无意义的音节,形象符号也成了无意义的图画。如果你对不懂中文的人讲汉语,那对方就不能从你的声音符号里面获得意义,沟通也就不能实现。另一方面,即使是使用同一种语言的人,对于同一个语词,不同的人在理解上也常常是有区别的。因为对于任何一个语词的意义,不同的人都有不同的经验背景。在偏僻的乡村,“富有”也许只是指家有自行车、缝纫机、电视机;而在经济发达地区,家有汽车、摄像机、计算机也不能算

“富有”。城里人很少见到老鼠,所以见到几两重的家鼠也惊呼“大老鼠”;而常见到老鼠的农民,就是见到成斤重的老鼠,也不会大惊小怪。由于不同的人对同一个词语的理解存在差异,实际上完全对应的沟通是很少的,更多的沟通都发生在大致对应的水平上。日常生活中人们时常出现对沟通的误解,也往往是由于对于同一个语词的理解不一致引起的。

(三)通道

通道所指的是沟通信息所传达的方式。人们的五种感觉器官都可以接收信息,但最大量的信息是通过视听途径获得的。日常生活中所发生的沟通也主要是视听沟通。

通常的沟通方式不仅有面对面的沟通,还有以不同媒体为中介的沟通。电视、广播、报纸、电话等,都可被用作沟通的媒体。但是,心理学家的研究发现,在各种方式的沟通中,影响力最大的,仍是面对面的沟通。面对面沟通时,除了语词本身的信息外,还有沟通者整体心理状态的信息,这些信息使得沟通者与信息接收者可以发生情绪的相互感染。此外,在面对面沟通的过程中,沟通者还可以根据信息接收者的反馈,及时调整自己的沟通过程,使其变得更加适合于信息接收者。正是由于面对面的沟通能够更有效地对信息接收者产生影响,因此,即使是在通信技术高度发达的美国,每当总统大选时,候选人也总是不辞劳苦地奔波各地去演讲,目的就在于通过面对面的沟通,提高沟通的有效性。

(四)信息接收者

信息接收者指信息源发出的信息的接收人。信息接收者在接收携带信息的各种特定音形符号之后,必须根据自己的已有经验,将其转译成信息源试图传达的知觉、观念或情感。这是一个复杂的过程,包括一系列注意、知觉、转译和储存心理动作,这个过程叫解码(Decoding),所谓解码,就是给符号赋予某种意义。由于信息源和信息接收者是两个不同但又具有相当共同经验的心理世界,因此,信息接收者转译后的沟通内容,与信息源原有内容之间的对应性是有限的。不过,在通常情况下,这种有限的对应足以使沟通的目的得以实现。

信息接收者个人的知识、经验、心态、倾听技巧、身份等,对于所接收的信息具有筛选、过滤和加工的作用。

在面对面的沟通过程中,信息源与信息接收者的角色是不断转换的。前一个时限的信息接收者,可能成为下一个时限的信息源。在日常生活中,每一个人都必须很好地了解如何才能有效地理解别人和让别人理解,了解沟通过程中信息的转译和传递机制,只有这样,才能提高沟通的有效性和准确性。

(五)障碍或噪音

人类的沟通经常发生障碍,因此,分析沟通过程不能不分析障碍问题。人类的沟通系统好比电话回路,任何一个环节出现问题,都可能对沟通形成障碍,从而影响沟通的效果。信息源的信息不充分或不明确(如得相思病而整日坐立不安的人,会认为自己病了而不会认为自己爱上了某一个人),信息没有被有效或正确地转换成可以沟通的信号(如爱的感受没有被转换成让被爱者可以理解的语词表达),误用沟通方式(如以不适当的讨好来表达爱慕),

信息接收者误解信息(如将爱慕者表达的关怀和帮助,解释成他希望通过这种方式得到自己帮助)等,都会对沟通造成障碍。

此外,沟通者之间缺乏共同的经验,彼此也难以建立沟通。来自两个完全不同的文化背景的沟通者,是很难有效地交流信息的。有一个故事,讲一个外国旅游者在一个乡村小店想喝牛奶,在纸上画了一头牛,结果店主真的牵来一头大水牛。其实,即使在同一个国家,由于不同地区、不同民族有其独特的文化背景,类似的笑话也是经常发生的。由此不难得出结论:足够的共同经验,是沟通得以实现的必要前提。

(六)背景

沟通总是在一定的背景中发生,任何形式的沟通,都要受到各种环境因素的影响。

一般而言,对沟通过程发生影响的背景因素包括以下几个方面。

(1)心理背景。心理背景是指沟通双方的情绪和态度,它有两个方面的内涵。其一是沟通者的情绪状态。例如,沟通者的情绪处于兴奋、激动状态与处于悲伤、焦虑状态下时,其沟通行为是截然不同的,比较而言,前者往往沟通意愿强烈,后者往往会出现沟通错误。其二是沟通者对对方的态度。如果沟通双方互有成见,沟通过程中双方较难准确理解对方思想以致出现偏差。

(2)社会背景。社会背景有两方面的含义。一方面,指沟通双方的社会角色关系。不同的社会角色关系有着不同的沟通模式。上级可以拍拍你的肩头告诉你要以企业为家,但你决不能拍拍他的肩头告诫他要公而忘私。因为对应于每一种社会角色关系,无论是上下级关系,还是朋友关系,人们都有一种特定的沟通方式预期,只有相关沟通在方式上符合这种预期,才能得到人们的接纳。但是,这种社会角色关系也往往成为沟通的障碍,如下级往往对上级投其所好,报喜不报忧等,这就要求上级能主动改变、消除这种角色预期所带来的负面影响;另一方面,社会背景还包括沟通情景中对沟通发生影响但不直接参加沟通的其他人。例如,自己配偶在场与否,人们与异性沟通的方式是不一样的,我们也都有这种体会,上司在场与否,或竞争对手在场与否,自己的措辞、言谈举止是大不相同的。

(3)文化背景。文化背景是指沟通者长期的文化积淀,也是沟通者较稳定的价值取向、思维模式、心理结构的总和。由于它们已转变为我们精神的核心部分而为我们自动保持,是思考、行动的内在依据,因此人们通常体会不到文化对沟通的影响。例如,在师徒沟通学习中,如果师徒之间知识背景反差过大,就会给知识的传播带来“对牛弹琴”的效果。师傅要了解徒弟的知识背景和能力,徒弟也要了解师傅的长处,取人之长补己之短,认真领会师傅的意图,仔细揣摩师傅的想法。只有双方相互理解和配合后,知识交流才有可能达到心照不宣,心领神会的程度。

(4)空间背景。空间背景指沟通发生的场所。特定的空间背景往往造成特定的沟通气氛。例如,在知识管理研究中,知识传播需要创造一个共同的知识创造平台和知识分享环境。知识创造在“场”中发生,知识创造平台和知识分享环境就是新的知识得以产生的场。

最近几年,作为知识创造的一个平台和知识分享环境的“场”“吧”的概念得到了研究。“吧”可以被认为是正在形成关系的一个分享精神(心智)的场。这样的场可以是物质的(例如,一间办公室,或者一个分散的经营场所);可以是虚拟的(例如,E-mail、电子会议、网上聊天室等);也可以是精神上的(例如,共同分享的经验、观点、理想等)。“吧”为个人知识或集体知识之间的分享提供了一个平台,即沟通的空间背景。

(5)时间背景。时间背景是指沟通发生的时点沟通也需要天时地利人和。有的时候,同样一件事情在不同的时间背景下会产生截然不同的沟通效果,其原因可能在于沟通的时机选择有问题。一般来说,老总在周一上午都比较忙,所以这个时间一般不希望被打扰。因此,选择合适的时间进行沟通是非常重要的。

(七)反馈

反馈的作用是使沟通成为一个交互过程。在沟通过程中,沟通的每一方都在不断地将信息回馈给另一方,这种回馈过程就称作反馈。反馈可以告诉信息发送者,信息接收者接收和理解信息的状态。如果反馈显示,信息接收者接收并理解了信息,这种反馈称为正反馈;如果反馈显示,信息源的信息没有被接收和理解,则称为负反馈。若显示信息接收者对于信息源的信息反应为不确定状态的信息,则叫作模糊反馈,模糊反馈往往意味着来自信息源的信息尚不够充分。成功的沟通者对于反馈都十分敏感,并会根据反馈不断调整自己的信息发送。

反馈不一定来自对方,人们也可以从自己发送信息的过程或已发出的信息获得反馈。当人们发现所说的话不够明确,或写出的句子难以理解时,自己就可以做出调整。与外来反馈相对应,这种反馈称为自我反馈。

二、管理沟通的过程模型

沟通是一个过程,这个过程包括沟通主体(发送者)、沟通客体(接收者)、信息(包含中性信息、理性的思想与感性的情感)、信息沟通渠道等基本沟通要素。管理沟通的过程就是发送者将信息通过选定的通道传递给接收者的过程。一个完整的管理沟通过程包括八个要素,即发送者、编码、通道、解码、接收者、背景、反馈、噪声,如图 2-3 所示。

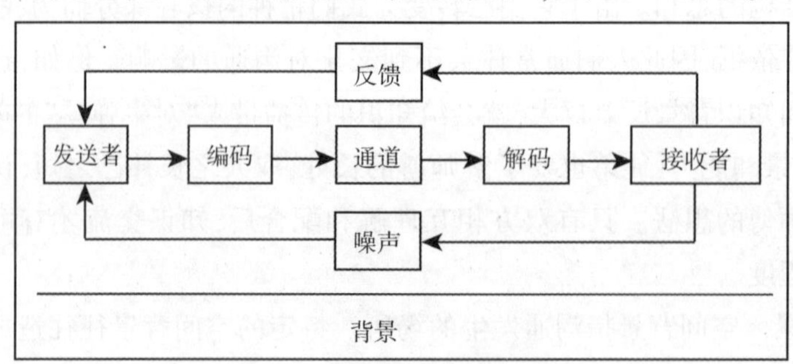

图 2-3 管理沟通过程模型

图 2-3 描述的人与人之间信息交流过程的基本模型，阐释了信息交流得以发生所必需的要素和过程。在这个管理沟通过程中，编码、解码、通道是沟通过程取得成功的关键环节，它起始于主体发出信息，终止于得到反馈。沟通过程中仅有信息是不够的，只有当信息令听众做出发送者期望的反应时才算成功，因此，信息接收者的反应最为关键，这也是管理沟通和其他类型沟通的本质区别。

小贴士

孔子——三季人

一天有个一身绿的人来到孔子教学的地方，看见一个年轻人在大院门口打扫院子，他便上前问道："你是孔子的学生吗？"年轻人骄傲地答道："是的，有何见教？""那我想请教你一个问题，如果你说得对，我向你磕三个响头；如果你说得不对，你向我磕三个响头，不知可否？"

年轻人仗着自己是孔子的弟子不以为然，绿衣人说："你说一年有几季？""四季！"年轻人不假思索地脱口而出。"不对，一年只有三季！"绿衣人说。俩人争论不休，此时孔子路过，年轻人遇到救星，让孔子评理，孔子一笑说道："一年只有三季！你输了，给他磕头吧！"绿衣人抚掌大笑，待年轻人磕完头后扬长而去。年轻人大惑不解，问孔子为什么说一年有三季，明明是四季，孔子笑着说道："平时说你愚钝你不服气，我现在教导你，这个人一身绿衣，和你争论时又一口咬定一年只有三季，他分明是个蚱蜢。蚱蜢者，春天生，秋天亡，一生只经历过春、夏、秋三季，从来没见过冬天，所以在他的思维里，根本就没有'冬季'这个概念。你跟这样的人就算争上三天三夜也不会有结果。你若不顺着他说，他能这么爽快地走吗？你虽然上了个小当，但却学到了莫大一个乖。"

三、管理沟通的相关理论

（一）古典组织理论

工业革命之前，人们从事的是家庭式生产，主要是为了满足自身的生活需要，人与人之间的关系主要是亲属关系，相互间的沟通比较简单。当代管理沟通理论大多是从工业革命时期开始形成的。讨论管理沟通理论以工业革命时期为起点，其原因是现代工厂制度引起社会生产和分配方式的改变，从而改变了人与人之间的相互关系，并形成了组织中更为复杂的社会等级结构。在严格的劳动分工和等级制度组织中，上级向下级传达命令，下级根据上级的指示采取行动，人际沟通模式是被动的、单向的，工人们只是被动地接受来自上级的命令信息，而不会主动思考，不会主动向上级反馈。

1."经济人"假设

这一时期的管理方式与管理者主张的"经济人"假设有着密切的联系。美国工业心理学家道格拉斯·麦格雷戈(Douglas M·Mc Gregor)在1960年出版的《企业中人的因素》一书中曾经提出两种完全不同的人性假设:一种基本上认为人性是消极的,称为X理论;另一种基本上认为人性是积极的,称为Y理论。通过观察管理者对待员工的方式,麦格雷戈得出结论:一个管理者关于人性的观点是建立在一组特定的假设之上的,他倾向于根据这些假设塑造自己对待下级的行为。

"经济人"假设和X理论认为,人的行为就是为了获得最大的经济利益,工作的目的是为了获得经济报酬。其基本假设有:①大多数人天生趋于懒惰,讨厌和尽可能地逃避工作;②大多数人缺乏进取心,宁愿受人领导,也不愿担负责任;③大多数人以自我为中心而忽视组织日标;④大多数人缺乏理智,易于盲从;⑤大多数人认为生理和安全需要最为重要,选择获利最大的事情去做;⑥大多数人习惯于抵抗变革。

小贴士

有一位妇人在纽约市的多家报纸上刊登了1美元卖宝马车的广告,人们并不以为意,因为1美元是不可能买到宝马车的。一周过去了,仍没有人去买这辆廉价的宝马车。刚毕业的小伙子约翰看到这则广告,满怀希望地拿着1美元按报纸上的地址去买这辆宝马车。很快,约翰就和卖车的妇人办好了手续。约翰问:"为什么这辆宝马车只卖1美元呢?"妇人说:"因为我的丈夫去世了,他的遗产全都是我的,只有这辆宝马车属于他的情人。根据他的遗嘱,要把这辆车拍卖,拍卖所得的款项全部归他的情人。所以,1美元即可。"于是约翰高高兴兴地开着宝马车回家了。

2.泰勒的职能工长制

"经济人"假设是泰勒(Taylor)的科学管理思想的基础。1895—1912年,泰勒提出了科学管理理论,其中包括实行职能工长制,即职能工长按照各自的职能范围向工人发布命令。泰勒的职能工长制有利于提高效率、降低成本,但在实际工作中,由于一个工人同时接受几个职能工长的多头领导,容易引起混乱,所以泰勒的职能工长制没有得到推广。从管理沟通理论的角度看,泰勒关注到管理中下行沟通的重要性,并试图通过组织结构的设计保证对下沟通,即确保命令下达的准确性及其实施的效率。

3.韦伯的组织模式沟通

马克斯·韦伯(Max Weber)在《社会组织与经济组织》中指出了理想组织模式的特点为:①明确分工。把组织内的所有工作分解,有明确的分工,明确规定每个职位的权力和责任;②权力体系。各种职位按权力等级排列,下级人员要服从上一级人员的指挥和领导;③人员的考评和教育,人员的任用完全根据职务的要求,通过正式考评和教育、训练来实行;④职业管理人员。管理人员有同定的薪金和明文规定的晋升制度,是一种职业管理人员,而不是组织的所有者;⑤遵守规则和纪律。组织中包括管理人员在内的所有成员必须严格遵守组织中的规则和纪律,确保统一性;⑥组织中成员之间的关系。这种关系以理性准则为指导，不受个人情感的影响。组织内部是这样，组织与外界的关系也是如此。

由此看来，韦伯的组织模式严格按照法律、规章办事，消除了个体的感情、情绪和社会关系中的个体因素在组织中的影响。在组织沟通方面，这种理论方法强调的是对权力和规则的绝对服从，组织中的沟通也是严格以理性的方式自上而下进行的。

4.法约尔的跳板沟通

1916 年，法国的亨利・法约尔（Henri Fayol）在《工业管理与一般管理》一书中阐述了一般管理的 14 条原则，并提出了著名的跳板原则。法约尔认为在企业的管理机构中，从最高一级到最低一级有一条明确的等级链，它既是执行权力的线路，又是信息传递的渠道。为了保证命令的统一，不能轻易违背等级链，请示要逐级进行，指令也要逐级下达。有时这样做会产生信息延误现象，为此法约尔设计了一种“跳板”，也称“法约尔桥”（Fayol Bridge）。法约尔对促进管理沟通特别是组织沟通的研究做出了重大的贡献，其思想可以认为是组织沟通理论的雏形。

总之，古典组织理论学家并不怀疑沟通在组织中的作用，但他们把沟通视做发布命令、协调工作以及让工人顺从的工具。在一个理性化、等级制的组织中，唯一重要的沟通类型就是通过合适的渠道发送正确的信息。

（二）人际关系理论

1.“社会人”假设

古典管理理论的杰出代表泰勒、韦伯、法约尔等人在不同的方面对管理思想和管理理论的发展做出了卓越的贡献，并对管理实践产生深刻影响，但是他们共同的特点是：着重强调管理的科学性、合理性、纪律性，而未对管理中人的因素和作用给予足够重视。

人的积极性对提高劳动生产率的影响和作用逐渐在生产实践中显现出来，并引起了许多企业管理学者和实业家的重视。但是，对其进行专门、系统的研究，进而形成一种较为完整的全新的管理理论，则始于 20 世纪 20 年代美国哈佛大学心理学家梅奥（Mayo）等人所进行的著名的“霍桑试验”。“霍桑试验”的研究表明，影响生产效率的根本因素不是工作条件，而是工人自身。改善组织内部的人际关系，满足工人作为“社会人”的需要，可以使生产率得到明显提高。

资料链接

“社会人”假设认为，人的行为动机不只是追求金钱，工人有强烈的社交需求。基本观点有：①交往的需要是人们行为的主要动机；②专业化分工和机械化生产使劳动本身失去了许多内在的含义，也使人失去了工作的动力，应从工作的社会意义上寻求安慰；③工人之间的关系所形成的影响力比管理部门所采取的管理措施和奖励具有的影响力更大；④应满足工人归属、交往和友谊的需要，工人的效率随着管理人员满足他们社会需要程度的增加而提高。

"霍桑试验"对古典管理理论进行了大胆的突破,第一次把管理研究的重点从工作和物的因素上转到人的因素上来,不仅在理论上对古典管理理论做出修正和补充,开辟了管理研究的新理论,还为现代行为科学的发展奠定了基础,而且对管理实践产生了深远的影响。

2.梅奥的人际关系沟通

在"霍桑试验"中,梅奥已注意到亲善的沟通方式不仅可以了解到员工的需求,更可以改善上下级之间的关系,从而使员工更加自愿地努力工作。梅奥的人际关系理论,体现了管理沟通的思想,强调人与人之间的互相沟通,包括上下沟通和人际沟通。人际关系的参与者根据梅奥等人的研究,坚信冲突不是天生的,而是恶劣的管理导致的,并且主张通过改善对人的管理、协调人际关系,以提高企业的生产率。可以说人际关系论的创立是管理沟通史上具有重要意义的事件,为管理沟通的理论研究奠定了基础。也有学者认为是梅奥首次正式提出了沟通在管理中的作用。

3.巴纳德的社会系统沟通

1938 年,社会系统学派被誉为现代管理理论之父的美国管理学家切斯特·巴纳德(Chester Barnard)出版了《经理人员的职能》一书,详细地论述了其组织理论。他认为管理的主要作用是沟通和劝说,有效的管理者通过鼓励的方法与工人进行沟通,使工人的个人目标与组织目标趋于一致。

为了进行有效的信息沟通,巴纳德列举了以下这些应该遵守的沟通原则:①信息的沟通渠道要被组织成员所了解;②每个组织成员要有一个正式的信息沟通线路;③必须依照正式的路线沟通信息,不要在沟通过程中跳过某些层次,以免产生矛盾和误解;④信息沟通的路线必须尽可能直接而便捷;⑤作为信息沟通中心的各级管理人员必须称职;⑥组织工作期间信息沟通的路线不能中断;⑦信息沟通应该具有权威性。巴纳德在分析正式组织在组织与个人关系的沟通时还注意到了非正式组织的存在。

(三)人力资源理论

20 世纪 50 年代以后,西方国家的产业结构发生了重大的调整,加工业的员工不断向服务业转移;蓝领工人的比例明显下降,白领员工的比例大幅上升。为了适应新时代的变化和把握机遇,企业必须增强竞争力。人是组织竞争力的关键,于是人力资源理论应运而生。政府相继出台了一系列有关工作条件的法规,强调组织中的管理者必须将员工视为企业的重要资源加以珍惜,并且通过与员工的有效沟通,建立起相互间的良好关系,从而增强组织的人力资本积累,提升组织持续发展的竞争力。

1."自我实现人"假设理论

"自我实现人"假设认为人都期望发挥自己的潜力,表现自己的才能,只要人的潜能发挥出来,就会产生最大的满足感。基本观点有:①厌恶工作不是人的本性;②人们愿意实行自我表现管理和自我表现控制来完成应该完成的目标;③如果给人提供适当的机会,就能将个人目标和组织目标统一起来;④逃避责任、缺乏抱负以及强调安全感,通常是经验的结果,而不是人的本性;⑤多数人在解决困难问题时,都能发挥较高的想象力、聪明才智和创造性;⑥普通人的智能潜力只得到了部分发挥。

2.马斯洛的需求层次理论

马斯洛(Maslow)的需求层次理论包括五个层次:生理需求、安全的需求、社会交往的需求、尊重的需求和自我实现的需求。他认为,人们只有在首先满足了基本的需求(如生理和安全的需求)之后,才能朝自我实现及潜能开发的方向努力。他也认为人都期望发挥自己的潜力,表现自己的才能,只要人的潜能可以充分发挥,就会产生最大限度的成就感和满足感。1966年,美国行为科学家麦克利兰(Mc Clelland)在其所著的《促使取得成就的事物》一书中提出人的三类基本激励需要,其中包括社交需要,指出极需社交需要的人常从友爱中得到快乐,并因被某个社会团体拒绝而痛苦。他们关心保持融洽的社会关系、亲密无间、互相谅解、助人为乐对具有较高的社交需要的人,人与人之间的协调是一件重要的事情。

3."复杂人"假设理论

20世纪60年代末70年代初,沙因(Schein)等人在总结前人的人性假设理论后提出:前三种人性假设过于简单和绝对化,事实上,人是复杂多变的,不能把所有人归为一类。

人的需要因自身发展和环境改变而改变,形成错综复杂的动机模式,这些机动模式各不相同。不存在某种放之四海而皆准的组织模式,适当的组织模式应该根据工作性质和工作人员的特定需要而定。基本观点有:①人的需要不仅是复杂的,而且会随不同的发展阶段、不同的生活条件和环境而改变;②人在同一时间有多种需要和动机;③人在组织中生活,可以产生新的需要和动机;④人在不同组织或同一组织的不同部门、不同岗位会形成不同的动机;⑤一个人是否感到满足或是否表现出献身精神,决定于他的动机构造及他跟组织之间的相互关系;⑥由于人的需要、能力上的差别,对同一管理方式每个人的反应是不一样的,没有一套普遍适用的管理方法。

从组织对人的本性的认识来看,从理性经济人性观到社会人性观、自我实现人性观直至复杂人假设人性观,标志着人性认识的深化与提高。从以"大棒加胡萝卜"对待员工,到渐渐关注对员工的尊重、友好、信任乃至提供培训与职业发展计划咨询服务等,这样做的目的在于使员工积极工作,为企业创造出更高的经济效益。

1981年美国加利福尼亚大学管理学院日裔美籍教授威廉·大内(William Ouchi)提出了"Z理论"。大内认为,企业实行了"Z式管理"就会产生高效率、高效益,就有竞争力,就能立于不败之地。大内提出了他所设计的"Z式组织"模式。其特点如下:①长期雇用制,给予职业保障;②上下结合制定决策,鼓励员工参与管理;③个人负责制,要求基层管理人员不机械性地执行命令;④长期评价和稳步提拔;⑤全面培训,使员工适应多种工作;⑥含蓄的控制机制和正规的检测手段相结合;⑦整体关心,包括对职工家庭的关心。"Z理论"是以日本企业管理经验为基础,对美国成功的大公司进行实际考察后提出的,它来源于管理实践,也直接指导管理实践。"Z理论"认为管理之道在于以情度理,特别强调企业内部的沟通。

1995年美国《幸福》杂志对美日两国成功与失败的企业做过一次比较调查,结果发现几乎所有成功企业都具有下列特征：以人为本、尊重个人的企业文化；经常对员工需求进行评估，定期做员工满意度调查；重视企业内部沟通，包括上下级之间、同级之间；重视员工发展的长远计划；重视优秀人才的选拔与训练。

在知识经济时代，物质资本不再是促进利润增长和企业发最关键的因素，知识型员工和关键性人才在企业中的重要性日益凸显。“人力资本”概念的提出更是将企业中的人提升到比物质资本更为重要的地位上来，以人为本的管理方式应运而生，其核心是：不仅仅将企业中的人视为一种资源，企业的目标从获得更多的经济利益转移到满足个人发展从而促进个人与组织共同发展上来；对组织和员工的管理应采用“民主式”“自主式”的管理，强调员工在组织中的个人作用的同时强调团队的作用，鼓励员工在组织中得到发展。它认为个人的发展是对组织有益的；它主张人力资源重点在于开发与利用，强调对员工积极性的充分调动，强调对员工实行更有激励作用的管理方法，注重从内部人力资源上获得更多的长远利益。日本松下电器公司创始者松下幸之助先生也说过：“我曾再三嘱托员工，在有人问及本公司生产什么产品时，应回答‘松下既制造电器，也制造人，而且首先是造就人’。”由此看来，企业的一切管理活动主要围绕调动自身员工的主动性、积极性和创造性来进行和开展，确立人在管理中的主导地位。

由此可以看出，人性假设理论对组织管理与沟通有着重要的影响。不同的人性观决定了不同的沟通方式和管理策略。不同的人性假设会带来不同的定势思维，表现为对员工的看法大为不同。例如，丰田汽车公司把人看做“自我实现人”，在公司内部，鼓励员工提合理化建议，即使公司不采用这些建议，也给予象征性的奖励。而泰勒认为如果人真能像牛一样愚蠢，就可以让他们俯首帖耳地按照他所设计的那套标准进行工作，工作效率也许会更高。因此，以“经济人”假设、X 理论为前提的管理者，在沟通和管理方式上以处罚为主，严格管理，同时以奖赏为辅，即所谓的“严格而公平”，借助外力的刺激控制和提高职工的工作热情。与之相反，以“自我实现人”假设、Y 理论为前提的管理者，在沟通和管理方式上主张创造适当的环境，发挥员工的想象力、智力和创造力，注重员工的内在激励和自我实现。

拓展阅读

团队沟通的技巧

1.建立及时沟通的理念

促使团队各成员形成及时沟通的理念十分重要，不仅可以有效地提高团队凝聚力，也可以及时消除团队成员之间的误解和矛盾。

定期沟通是建立团队成员沟通理念的有效手段。沟通的内容包括团队成员汇报任务的进展情况、在完成任务过程中遇到的问题、与团队其他成员合作的情况等。由此可以提高团队成员完成任务的积极性，团队成员间也可以通过相互交流、相互帮助提高凝聚力。除了定期沟通外还可以针对团队完成任务过程中出现的问题进行不定期的沟通，从而及时解决团队面临的各种问题。

2.营造良好的沟通环境与氛围

团队沟通对于团队实现预定目标十分重要,如果没有良好的沟通环境与氛围也会导致沟通不畅,从而使预定目标延期完成甚至无法完成。

良好的沟通氛围首先是宽松的、相互信任的。良好的沟通氛围的实现离不开善意、宽容、信任、平等、坦率、公开、分享这七个组织文化因素。良好的沟通氛围的基础要素是善意和宽容。在善意和宽容的团队环境下,团队成员才会相互信任,每个成员才有充分的发言权。因此,信任和平等是坦率沟通的基础,坦率沟通才能做到信息公开和信息共享。这七个因素体现了团队沟通氛围的特征。

3.有效诉说和积极倾听

在团队沟通中,言谈是最直接、最重要和最常见的一种沟通途径,言谈沟通的成功很大程度上取决于两个方面:有效诉说和积极倾听。

(1)有效诉说。有效诉说即陈述和说服,陈述事实和观点,影响听者是诉说的主要目的。

在团队沟通中,有效诉说应该满足如下几个要求。

①要有明确的目的,并突出最核心的观点:明确自己诉说的目的和听者的目的,寻找其一致性和差别,在一致性和差别中寻求平衡点和共赢。使用简短的语句突出最核心的观点,加深听众的印象,最核心的观点就是诉说的主题。

②要适应沟通的情景,并掌握倾听者的特点。在诉说之前应该分析听者和说话的情景,使得诉说的内容和说话方式能够适应听者和沟通环境。同时还要掌握倾听对象的特点,说话的内容和方式都要考虑倾听对象是否能够理解,沟通对象的接受能力、需要、情感和已有的相关经验也在考虑范围之内。

③开场白要简明,观点的阐述中要有充实的论据。开场白应该直接提出最主要的观点或要求,直接告诉听者自己要谈什么问题。在阐述自己观点的过程中要有充分的论据。可以通过引用权威部门的统计数据、引用专家的观点、使用实际的案例,或使用自己的亲身经历来支持论述的观点,这样易于倾听者接受。

④在结束时,应简短清晰地总结主要观点和事实。如果谈话较长,结束后则需要对主要观点和结论进行总结,以加深听者的印象。

(2)积极倾听。积极倾听是指在思维上参与会话,给予非语言的反馈;同时,在大脑中对信息进行分析,提出疑问。在团队中,具有良好倾听技能的人往往可以在工作中自如地与他人沟通。

积极有效倾听则有以下几个特点。

①认真准备,营造良好的环境。根据沟通内容及沟通性质,合理确定沟通时间、选择沟通场所,调整好自己的身心状态,确定沟通能够在不受到外界不良干扰的情况下进行,并使得双方有一个好的沟通氛围。

②专注认真、听完再评论。积极的倾听者精力非常集中地关注讲话人所说的内容,除去杂念,并在大脑空闲的时候概括和综合所听到的信息,不断把每一个细微的新信息注入信息

框架巾。倾听中时刻提醒自己摒除偏见，只关注信息本身，不将自己的成见掺杂进来，更不能因为和某人有过矛盾，就刻意在沟通中忽略其信息。积极倾听首先表现为接受，听完对方陈述再发表自己的观点。

③主动倾听，给予正面鼓励。倾听者点头微笑，表示对对方的认可和鼓励，可以激发讲话者的自信心与思维活跃程度，可以建立相互之间的信任与尊重，形成良好的合作关系。想要有效倾听，最好以期待的目光注视讲话人，不卑不亢，有礼有节，表达出良好的沟通姿态。倾听时，倾听者的身体应自然前倾，以表示仔细聆听，还需注意身体不要出现任何封闭、消极和对抗的信号。

④及时响应，提供积极反馈。倾听时，要有动作和表情的呼应。插话的频率要适度，内容要有所选择。要注意使用商量的口气，不要随便打断对方说话，句子形式要灵活。倾听时应该以认真的聆听为主，以适时的插话为辅。插话的内容大致有这样几个方面：肯定和鼓励、帮助续接、提问、复述。

知识总结

本项目主要介绍了信息的发送、积极聆听和沟通过程。

沟通过程是指信息发送者将一定的信息沿着一定渠道传递给信息接收者，信息接收者按照自己的理解做出一定反应的过程。在这个过程中信息发送者将所要发送的信息编译成一系列符号经由某种渠道传递给信息接收者，接收者接收到符号后按照自己的理解将接收到的符号翻译成具有特定含义的信息，信息发送者通过反馈来了解其传递的信息是否被信息接收者准确地接收。沟通过程包含七个基本要素：信息发送者、信息接受者、所传递的信息内容、沟通渠道、沟通背景、反馈、沟通障碍。

积极聆听是一种沟通技巧，目的是为了清楚地向对方反映自己对于他的遭遇产生同感，于晤谈期间可运用积极聆听的方式，更可借此一方面鼓励对方表达得更清晰，一方面使对方明白自己的感受。

整个沟通过程由七个要素组成，包括信息源、信息、通道、信息接收者、反馈、障碍或噪音、背景等。

教学检测

一、名词解释

(1)沟通过程

(2)沟通渠道

(3)沟通背景

(4)信息源

(5)通道

(6)信息接收者

二、填空题

(1) 整个沟通过程由七个要素组成，包括__________、__________、__________、__________、__________、__________、__________等。

(2) 反馈的作用是使沟通成为一个__________过程。

三、问答题

(1) 概述沟通准备阶段？

(2) 有效倾听的几点建议？

(3) 对沟通过程发生影响的背景因素？

【综合案例解析】

迟到的倾听

在一家大型食品公司，许玲所负责的部门支持销售部的工作，包括评估客户信用、收回账款、审核支付销售费用、控制促销活动等。虽无具体销售指标的压力，但工作难度仍然很大。第一，要做到严格控制的同时提供大力支持。两者之间的平衡很难掌握。第二，当销量不好时，销售部会找出种种借口指责其支持不力以推脱责任，如信用评估太程序化，致使一些大订单丢失；销售费用审核及支付的流程太烦琐，导致费用支付不及时，影响了与客户的关系；促销活动的控制缺乏灵活性，增加了促销活动的难度。第三，最开始，投诉发生时，上司还会为许玲的部属解释，但多次的投诉使得老板只能把许玲管理的部门当替罪羊，解雇当事的员工以示公平、公正，表明他们整改部门工作状况的决心。

许玲的部门新来了一位应届大学毕业生张林，他给许玲留下了聪明、诚实、积极、进取的良好印象。许玲对他寄予厚望，希望他能缓和与销售部之间的紧张关系，能给她所管理的部门带来新的活力，增强团队的凝聚力。

许玲改变了对新成员的培训方法。以往，团队有新员工加入时，许玲会给以两周的适应期。在此期间，许玲会给其看一些与工作相关的资料，并且花一定的时间与其交流，让其在正式工作前对工作环境、工作内容、工作职责、工作流程有大概的了解，以便较快熟悉业务。但这种培训方式显现出了不理想的效果，因为两周纸上谈兵式的学习并不能使新员工完全适应复杂的工作状况，与之合作的同事会认为他不善于学习和适应能力差，而不愿与之合作，导致该员工不能通过试用期，只好重新招人，开始新一轮的训练。

鉴于这个原因，以及工作上急需人手，许玲这次只用半天的时间让张林了解公司的有关制度、工作职责、工作流程就安排他上岗了。此外再加上承诺：工作上遇到任何问题都可以随时找她，她一定会给予必要的帮助。许玲认为这种新的培训方式可以使张林更容易发现问题，提高适应能力，也可以降低同事对张林的要求，更乐于帮助和谅解他。

但是,许玲却忽视了这种培训方法可能带来的不良后果。她没有想到张林产生了不被关心、不受重视、被遗弃的感觉;没有想到他不愿意把这种感受告诉仅比他大一岁且作为女性的她;没有想到他出于自尊,宁愿尽量自己去想办法、找答案。许玲只看到张林出色的学习和适应能力以及工作得到同事们的一致认同。许玲对这平静表面留下的危机根本看不到,没有产生要去倾听他的想法。

在张林熟悉工作之后,许玲又给他设计了一个新的学习机会,把其他人的一些业务转交给他,以表示对他能力的认可和信任。但让她想不到的是,张林产生了许玲偏袒其他同事和其他同事欺骗他的感觉。她以为他会更开心、更努力地工作,没有想到在做出这种非常安排前,应与他进行沟通,她没有想到自己又犯了一次错误。

此后,在非正式场合,许玲和张林之间也有过一些交流。比如下班了,同事都收拾好东西走了,他还在加班。许玲问其原因,他开玩笑地说:"因为你偏心,把工作都交给我做,我只好加班了。"许玲也开玩笑地回答:"那是因为你还没上手,效率太低。"比如,午间休息时他抱怨工作太多,其他同事都太清闲了。许玲只是开玩笑地说:"你是男生,不要老是抱怨。团队里都是女孩子,你要多担待一些。"张林也就不辩解了。由于是非正式场合,而且人在工作不顺利时也常常会抱怨,因此,许玲并没有认真对待这些抱怨,也忽视了这些抱怨后面的潜台词,没有与他做更深的交流,这让张林很失望。不善于倾听使许玲又犯了一次错误。

张林顺利地通过了试用期的考核,成了一名正式员工,他认为许玲应该对他前一段的工作做一个评价,提出今后对他的期望,了解他对自己职业的设计,帮助他认识在公司里的发展前景,彼此进行一次深入的沟通。可是许玲再次忽略了他的要求,再次失去了沟通的良机。

就在许玲对团队的工作效率和人员稳定感到高兴时,张林提出要离职。许玲感到惊讶万分。他们终于做了一次深入的沟通,许玲真正地倾听,方才了解到他的想法。许玲为自己的过失向他做了深刻的检讨。可是为时已晚,张林已决心去另一家公司工作了。许玲为团队失去一位优秀的成员感到遗憾,并为自己的所作所为感到懊悔。

【思考】

(1)许玲几次错过了与张林的沟通?每次不能倾听或未能形成沟通的原因是什么?

(2)一些人认为自己很开明,与下属的关系也相当融洽,非正式沟通非常流畅;因此认为下属有问题会主动与自己沟通,自己无须主动与下属沟通。你认为这种想法对吗?为什么?

项目三

组织中的沟通

☞**知识要点**

(1)了解组织的定义。

(2)熟悉组织与沟通和管理与沟通。

(3)掌握组织沟通的对象和特点。

☞**关键词**

组织沟通　管理角色　对象　特点

进行有效沟通的第一步是理解沟通对象。沟通的对象不同,决定了沟通的方式和方法的差异。有效沟通还意味着当事人需要能够学会倾听。倾听是一种技能,并且是任何主管都能拥有的最重要技能之一。

在大多数企业组织中,管理人员主要与下列人员进行沟通:①中高层管理者;②向该主管汇报工作的员工(下属);③同事(其他主管);④其他主管的下属;⑤顾客(通常是那些有要求、不满或问题的顾客);⑥产品或服务的供应商;⑦信息寻求者,如潜在的顾客、股票经纪人、求职者、审计者、顾问等。

【情境导入】

沟通中语言的运用

吉星保险公司

人物：

冷科长——吉星保险公司赔偿支付科科长，男，40岁，工作认真，性格内向。

牛先生——吉星保险公司赔偿支付科赔偿分析员，男，38岁，业务能力强，脾气倔强。中午快下班的时候，公司老板打电话给冷科长布置了一项紧急任务，并特别强调一定要在下午2点以前办好。于是，冷科长拦住了正收拾东西，准备下班的牛先生，请他把吃午饭的时间变动一下，要么在办公室吃一份盒饭，要么推迟一会儿回家吃饭，以便把这项急件突击出来。其实，这项工作并不复杂，它要求在一大摞保险卷宗里，把几件事故索赔案卷查出来。冷科长知道，这件事情对于牛先生这样一个业务熟练的老手来说，根本不费吹灰之力，只不过需要一点时间而已。可是，牛先生表现出了明显的不情愿。他说："对不起，我还要到银行去一趟。而且，我还想趁午休时间干点私事，恐怕不能遵命。"

冷科长非常不满地说："你怎么总是这样，每次让你干点儿工作，你就有事，你的事可以挪到下午办嘛。"

"午休时间是所有职工都应享受的权利，你没权占用。"牛先生也气冲冲地顶了回去。两人就这样争执了起来。

冷科长与牛先生的矛盾由来已久。两年前赔偿支付科的前任科长调离，有小道消息传来，说牛先生是新任科长的候选人。他也认为凭自己的业务能力和工作经验可以当之无愧。但是，上级却从别的科室调来了冷先生当科长。冷先生对保险索赔业务完全是一个外行，性格也不像前任科长那样热情、开朗。他总是冷冰冰的、一本正经、严肃认真，从来不开玩笑，也不善于和科里的人多来往，一副公事公办的样子。牛先生觉得冷科长一点也不喜欢他，他推测冷科长多半是提防着他这样一个经验丰富的人。而冷科长觉得牛先生由于没有当上科长对他充满了敌意。像牛先生这样一个业务能力强的人，准会讨厌一个外行来领导他。前一段发生了一件事，更加深了他们彼此之间的猜疑、隔阂。

事情是这样的，牛先生突然得了流行性感冒，高烧不退，病得不轻，遵医嘱病休在家。在他休息的第四天，接到冷科长的电话，问他好了没有，能不能尽快回科里上班，因为人手不够，工作都积压了起来。牛先生回答说，他的病还没有好，还在发烧，医生给他开了一周的病假，还需要休息几天才能上班。碰巧，第五天天气特别好，牛先生感到自己的病好了不少，想出去活动活动，就骑上了他儿子的自行车，顺着大街蹬到一家修车铺修理车的链条。这里距他家只不过10分钟的路程。可是,就在他修好自行车要离开的时候,一抬头看见冷科长正骑着自行车驶过。他敢肯定,冷科长也看见了他。

当下一个星期他回到科里上班时,他觉得应该向冷科长解释一下。“冷科长,上周我去修车,是……”牛先生结结巴巴地开口了,一看到冷科长冷若冰霜的脸,他不知道怎样说下去。

“好了,不用说了,我都知道。病好了就上班吧。”冷科长不等他说完就走开了。牛先生不知道冷科长都知道了什么,反正他知道冷科长是不会相信他的。又过了几周,科里有个高级赔偿分析员的职位出现空缺。牛先生肯定自己完全可以胜任这个职务。于是,他向科长提出了申请。但冷科长告诉他:“提升,除了反映一个人的工作能力之外,也得反映出一个人的责任感。你的确是这里最敏锐的分析员之一。但这个职位要求个人是具有高度的责任心,而你当了这么久的雇员,在这方面表现太一般了。”

科里的人都为牛先生打抱不平,让他去找老板提出控告,不能就此罢休。牛先生生性倔强,因为自己的要求被置之不理,感到非常丢人,就什么也不想说了。他只希望冷科长在这里待不长,否则,他就要求调离。反正他是不能再与他共事了。

现在冷科长要求他午饭时间加班,他就存心与他过不去了。他在想,既然你说我没有工作责任心,那我就真的做给你看看,看你到底能把我怎么样。冷科长也非常生气,他想,上次拒绝牛先生想晋升为高级赔偿分析员的请求是做对了。他太不负责任了,他的出勤记录一向平平,又不服从工作安排,这样的人怎么能够得到提升呢?

现在他们两人的关系越来越僵了。

【思考】

如果你是冷科长,你会如何利用上任之初,这个有利时机与包括牛先生在内的下属进行有效的沟通吗?

任务一　组织沟通的含义

【至理名言】

一个人必须知道该说什么,一个人必须知道什么时候说,一个人必须知道对谁说,一个人必须知道怎么说。

——现代管理之父　德鲁克

一、组织的定义

无人不成组织，众人处于同一组织中，彼此之间必然会产生各种错综复杂的关系。因此，所谓组织，其实是一种社会实体，它具有明确的目标导向和精心设计的结构以及有意识协调的活动系统，同时又与外部环境保持密切联系。

组织的关键要素并不是一幢建筑、一座厂房或一套程序，组织的本质特征是由人及其相互之间的关系决定的。当人们之间相互作用以完成组织目标时，组织就存在了。而组织成员之间的相互作用，几乎都是通过沟通实现的。因此，组织中的沟通，成为组织存在的基本条件，也是组织生活的基本要素。

二、组织与沟通

组织层面的变量对沟通起着决定性的影响。不同的组织变量，例如，组织结构、工作设计与安排、奖惩制度以及信息加工的需要，都会对沟通的结构，如沟通网络、沟通角色、沟通渠道以及沟通方向等产生重要的影响；而沟通的结构特点又会对沟通过程（精确性、开放性、曲解、过滤、超载等）产生直接作用，最终影响到沟通的结果（包括个体和组织层面绩效、员工的态度、忠诚以及群体关系等），如图 3-1 所示。

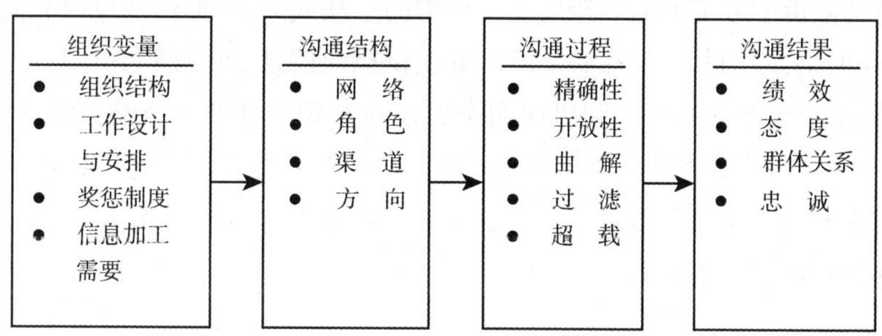

图 3-1　作为沟通结构的组织

因此，组织变量通过沟通结构和沟通过程，影响着沟通的结果，进而对组织的绩效产生重要的影响。在组织变量中，奖惩制度离不开工作设计与安排，而组织结构是工作设计与安排的基础；同时，信息加工也需要依附于正式的组织结构才能完成。因此，组织结构是影响沟通最为重要的因素，以下对组织结构和沟通的关系作详细的分析。

（一）组织结构的定义和特点

由于组织的本质特征是由人及其相互之间的关系决定的，所以要使组织得以良好有效地运行，首先必须明确每一成员在组织中的角色及其相互关系，使成员各司其职、各负其责，并为共同的目标而通力合作，这是决定组织沟通的基础。在交响乐团或排球队中是这样，在企业或政府中也是如此。而从本质上来说，设计并维持这种角色系统就是组织结构要完成的任务。

简而言之，组织结构（Organization Structure）是指描述组织的框架体系，一般反映在组织图上,即对一个组织的一整套基本活动和过程的可视化描述。

良好的组织结构往往具有以下的特点:

(1)明确所需要的活动并加以分类。

(2)对为实现目标所需的必要的活动加以分组。

(3)把各个组交给拥有必要权力的管理人员来领导(授权)。

(4)为组织结构中的横向协调(按组织的同级或类似级别)以及纵向协调(例如公司的总部、分公司、部门)制定相关的规定。

(二)组织结构与沟通

组织结构包含了以下三个方面的要素:

(1)组织结构决定了正式的报告关系,包括层级数和管理者的管理跨度。

(2)如何由个体组合成部门,再由部门到组织,也是由组织结构决定的。

(3)组织结构包含了一套系统,以保证跨部门的有效沟通、合作与整合。

组织结构的这三个要素包括组织过程的横向、纵向两个方面。例如,前两个要素是组织结构性框架,属于组织图上的纵向层级的内容;第三个要素是关于组织成员之间的相互作用类型的,属于组织图中横向层级的内容。一个理想的组织结构应该明确谁去做什么,谁要对结果负责,应消除由于分工不明确造成的工作中的空缺或障碍,提供能反映和支持组织目标的决策和沟通网络,鼓励其成员在必要的时候提供横向信息,进行横向协调。

组织结构的三个要素在横向和纵向两个方面对组织沟通产生影响。纵向上,不同的报告关系更多地决定着沟通的渠道以及沟通方向,层级关系更多地决定着组织内部各职位的沟通角色;而横向的系统则更多地对沟通渠道产生重要影响。因此,组织结构是影响组织沟通最为重要的因素,需要重点关注。

三、管理与沟通

加拿大航空公司前董事长克劳德·泰勒(Claude Taylor)先生有一句名言:"领导与沟通密不可分,缺一不可。"这从一个角度说明了沟通对于管理者的重要性。其实,沟通不仅仅是高级管理层与基层员工之间的纽带,而且也是管理者实现其管理职能必不可少的手段,正如基思·戴维斯所说:"一个组织在管理方面取得成功的唯一途径是通过交流。"可以说,沟通本身也是一项基本的管理职能。

我们知道,管理传统意义上是计划、组织、领导、控制的过程。在任何组织中,一般管理者,尤其是中层管理者的角色都是执行高级管理层的指示。他们从高层管理者那里获得指示和命令,然后向自己的下属传达这些指令。事实上,管理者的工作就是通过别人来实现预定的目标。他们的职责就是理解领导交代的或组织职能规定的每一项工作任务,然后让他人去完成这些任务,他们是使事件得以发生的行动者和推动者。

毫无疑问,管理者的贡献是任何企业得以成功的关键,而实现这一过程的关键要素就是沟通。沟通不仅意味着理解他人并为他人所理解;它还意味着需要利用沟通这一手段,让员工心甘情愿地去实现组织的目标。所以沟通对于管理来说显得尤为重要。

组织内部沟通的功能可以分为员工提供信息、命令与指示、影响与说服以及整合等;而沟通的内容则包括工作中的技术、协作、激励力、态度等方面有关的适当信息,这些信息可以简单分为三大类:技术信息、协调信息、激励和态度信息,如图 3-2 所示。

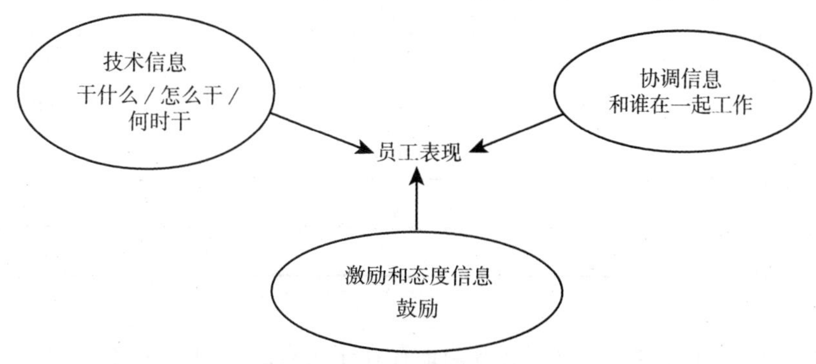

图 3-2　管理沟通的信息类型

技术信息的内容比较宽泛,它既包括关于任务目标以及工作前景和发展的数据,还包括程序和政策。协调信息是组织内各个部分相互依存的结果,依存性越大,对协调的需要就越高,而协调只有通过沟通才能实现。如果缺乏与工作中的协调所需要的有关信息,员工便不了解何种联系才适合完成一项依靠两个或更多人的相互协作才能完成的任务。除了有关干什么、谁来干的信息以外,员工还需要鼓励性的信息,这有助于人们发挥和保持有效的工作表现的感情和态度。

组织内部这些信息的沟通,可能表现为不同的形式,例如:

(1)在正式会议中。

(2)在非正式会议中。

(3)通过电话。

(4)通过传真。

(5)通过计算机(电子邮件)。

(6)通过备忘录。

(7)通过正式报告。

(8)通过闲聊等。

总之,组织内部的沟通其实就是通过以上的形式,传递着技术、协调和激励的信息。通过这些信息的有效传递,管理人员传统管理职能(包括计划、组织、领导和控制的过程)才能得到实现。因此,组织管理职能的实现在很大程度上取决于管理沟通的情况。这些传统的管理职能和沟通一起对组织的绩效起到至关重要的影响,计划、组织、领导、控制都需要通过沟通来实现,最终体现为组织的绩效。

虽然信息的传递非常重要,但是由于沟通漏斗的存在,往往在沟通的过程中,会有大量信息的流失。一般而言,原始信息会随着组织层级的不断降低而逐步流失,如表 3-1 所示。

表 3-1　组织内信息的传递及流失

组织层级	原始信息	流　失
总经理	100%	0%
副总经理	66%	34%
经理	56%	44%
厂长	40%	60%
领班	30%	70%
员工	20%	80%

这种沟通过程中的信息流失现象,普遍地存在于所有的公司中,包括那些被人们认为是经营良好的公司,如英特尔经历处理器的浮点事件就是最好的证明。

所有的企业都根据一套不成文的规则来经营,这些规则有时却会变化——常常是翻天覆地的变化。然而,却没有事前的明显迹象为这种变化敲响警钟。

这就好比在行船之时,风向变了,可是却因为某些原因,比如风在高空转向,而你在船上丝毫没有感觉。突然,船倾斜了,过去适用的一切现在已经毫无帮助了,你必须在船倾斜之前迅速改变航向。可是,要获得正确的航向,又必须感受到新的风向及其强度。

这些就需要沟通,如果你在企业中负责中层管理,你就很可能比整个公司和高层管理人员更早觉察到规则的变化。中层经理,尤其是那些与外界打交道频繁的人,比如销售人员,通常是意识到规则变化的第一人。但是,他们却很难如实地把这些变化向高层领导人解释清楚。因此,高层领导人有时直到很晚才明白周围世界的改变——老板则是知道真相的最后一人。

增强沟通的效果,避免有效信息的流失,对于管理者管理职能的实现以及组织绩效的提升有着积极的作用。我们应该重视沟通这项基本的管理职能,因为它是其他各项传统管理职能实现的前提和必要手段。

小贴士

2016 年 3 月,本公司外派维修的售后服务工程师陈某,打电话要求工厂售后服务部门为其在安徽芜湖的维修现场发送一个配件。按规定要求,陈某应当书面传真具体的规格型号然后发货,以保证准确性。结果陈某以自己干了三年多,各方面都很熟为由,声称要节省传真费用,且客户很急,要求电话口头报告型号,售后服务部担当人员鉴于这种情况就相信了陈某,按陈某说的型号发去了配件,结果发到现场后,型号错误,又要重发，造成出差费用、运输费用等的增加，更重要的是影响了客户的生产。

事后处理此事，陈某一口咬定自己当初报告的就是第二次发的正确型号；而售后服务担当人员则坚称陈某当初报告的就是第一次的错误型号。但是没有书面函件，该相信谁呢？最后因为双方都在明知公司规定的情况下，违反了书面沟通程序规定，对造成的损失都有责任，分别对其进行了处理。

任务二 组织沟通的对象和特点

【至理名言】

现实生活中有些人之所以会出现交际的障碍，就是因为他们不懂得忘记一个重要的原则：让他人感到自己重要。

——戴尔·卡耐基

一、与管理者进行沟通

管理者对主管的期望是：能够把指示正确地传译给基层员工，并确保指示得以执行。事实上，执行管理者的指示是主管最重要的工作。

（一）指示的三个层次

在执行指示或指令之前，必须正确地理解指示的含义。一般来说，任何来自于管理者的指示都可以划分为三个基本成分。

（1）需要做什么。

（2）如何来做。

（3）何时必须完成任务（任务执行的优先权）。

在与管理者进行沟通时，要确保指示中的这三项要素清晰明了。在不少情况下，任务中“什么”与“何时”两个成分是明确的，主管常常要做的是在“如何做”方面花费精力。

（二）如何与管理者进行沟通

对于主管来说，与管理者的沟通包括自下而上和自上而下两种方式。当组织中最高管理者下达指示和要求，并通过主管传递给基层员工时，发生的是自上而下的沟通。此时，主管不仅仅是一个传令官，他还负有实施指导和监督的职责。这也体现了本书项目一所讲的沟通的三个层次中的第三个层次：沟通的关键在于执行，要落实到结果上。

指示有时以请求的形式出现，但老练的主管能够认识到这也是他们必须服从的命令。如果主管错误地传译了管理者的要求，那么结果将会是令人难堪的。由此可见，弄清楚领导指示中的三项要素：做什么，如何做，何时做，这是极为重要的。

如果说指示是自上而下传递的，那么信息所遵从的方式就是逆行向上的。主管需要向管理者汇报他们执行指示的情况。这种进程报告可以是正式的，也可以是非正式的；可以是口头的，也可以是书面的。主管必须认识到，管理者会根据下属提供的报告来评估他的能力。

在任何进程报告中，管理者一般都希望看到以下信息：

(1)是否按照工作日程表完成工作？

(2)如果不是，需要采取什么措施以保证按日程安排工作？

(3)预计未来会有什么问题阻碍计划的完成？

作为主管，如果你希望获得好的声誉，希望别人认为你对自己的工作驾轻就熟，那么，你就必须知道所有项目的进展情况，知道你要达到的目标以及如何达到这些目标。而这些信息正是管理者希望你与他沟通的内容。往往令管理者感到失望的主管是那种似乎不知道应该如何汇报各种情况的主管。之所以不知道如何汇报，往往是因为缺乏沟通技巧。

值得注意的是，很多与管理者进行的交谈是非正式的、一对一的方式，交谈往往发生在走廊、餐厅或私人办公室中。通常，在这样的非正式会面中有可能传递对工作活动的非常重要的指示，主管应该仔细澄清每一个指示。如果此时所得到的指示与以前所得到的指示有本质的不同，最好的办法是把它写下来并得到确认。

(三)如何在有高级管理者出席的群体会议中收效最大

尽管前面介绍了会议的有关原则和技巧，但人们在组织中经常遇到的是另一种情况。例如，管理者要召开会议了，你不知道会议是有关什么内容的，但你觉得这是个重要的会议。对于这种会议来说最好的准备办法是什么？遵循下面的建议，会使主管从这种会议中获得最大收益。

(1)事先问明会议的主题。如果可能，最好能获得一份书面的议程安排。知道将要讨论的内容有助于你的准备，并使你有可能对讨论有所贡献。

(2)准时出席。迟到意味着失礼，这是参加会议的一个不良开端。

(3)记下与会者的姓名和头衔。与会者的情况可以使你了解到管理者认为这一主题的重要性程度。记下与会者的有关情况，当然，对于小型组织而言，这一点不是问题；但对于大型组织，如企业集团，召开的会议，参加的人员相互之间就不可能都认识了，比较好的办法是把到会者的名单在记事本上记下来。

(4)注意会场的布置。如果是一两个人坐在主席台后面，手里拿着麦克风，那么极有可能今天所讨论的内容已经确定，你所做的就是获得准确无误的指示。而如果会场布置为一种自由参加式的圆桌讨论形式，则可能最终决策尚未做出。

(5)注意倾听。确保自己清楚理解了所有的要点。

(6)提问。不要害怕表现出无知和愚蠢。如果你对材料不理解，这是报告人的错误而不是你的错误。但是,要确保你所提出的问题与讨论主题有关。

(7)对讨论这一主题要保持开放性的态度。任何封闭或消极的态度会很快被人们觉察到。

(8)做记录。等到会议结束、记忆消退之后再进行书面记录就没有价值了。如果会上有人做会议记录,最好从他那里得到一份拷贝。

(9)对那些影响到你工作领域的项目,根据你的理解,及时就你负责的相关内容做好总结工作。如果会上下达了指示的话,这一程序尤其重要。

(10)清楚陈述自己的观点和不同意见。要把你所有的疑问展现出来,千万不要反反复复地只说明一条反对意见。说明工作进程中存在的障碍和问题,并针对这些问题讨论解决办法(不要只提出问题而不提供解决办法,这是一条总原则)。

(11)如果你认为有更好的办法处理工作,提出其他的可行性方案,不要有顾虑。

(12)面对群体发言时,要简短、清晰、切中要害,要用事实支持你的所有陈述。

(13)会议结束时,用自己的话概括会议内容,确信自己已经清楚了高级管理者希望下一步做什么。

(14)采取进一步行动,并兑现所有的承诺。

(15)不要与个人讨论问题或发表意见,要在群体中讨论问题与发表意见。

(16)不要担心他人的势力范围。如果你预计他人的势力范围因素不会影响到你的工作,不要在意它们。

(四)与管理者进行沟通的原则

与管理者进行沟通应把握一定的原则。尽管不同的组织、差异化的情境会对沟通原则有不同的要求,但以下的五条原则是最基本的,值得各级管理者认真遵循。

(1)理解管理者希望你做什么。如果你自己都不理解这些指示,那么就无法把它们传递给基层员工。因此,如果对指示有任何不明确的地方,在行动之前要先把事情问清楚。经过缜密思考后提出来的问题不仅能使你对自己需要做什么有更好的理解,还常常会导致管理者对最初指示的改动,因为高层管理者也需要仔细考虑自己所提出的要求。

(2)确保指示具体明确。不要顺从地接受一个非常笼统的指示,那会导致不同的人对同一条指示有不同的解释,从而引发不必要的麻烦。并且,如果指示是笼统的,从管理者的角度上看,其结果永远不会令人满意。

(3)主管有权利在一定的范围内提出不同意见。对主管来说,在具体的做事方法上与高级管理者的观点不同是可以被接受的,但不能就目标本身提出不同意见。主管是执行政策的人,他们有权利讨论如何有效执行某一政策的具体细节问题,但他们不是政策的制定者,因此,任何涉足这一领域的尝试都将会被看作是消极的。

(4)为了顺利完成所下达的任务,主管有必要在资源方面与管理者获得一致意见。主管可能被告知某项任务极为重要,而后却被斥责在完成这项工作方面花费了过多的时间(在衡量任务的重要性方面,管理者打算分配给任务的资源数量与口头承诺相比,是更好的指标)。为此,在接受任务时,主管除了考虑指示的可操作性等问题之外,还要考虑为及时完成这项任务所必需的资源,并将这些需求清晰无误地向高级管理者提出并获得支持。

(5)确定管理者什么时候希望看到什么形式的结果报告。

以上五条原则都为了一个共同的目标:理解管理者希望你完成什么工作,并将这些任务的完成情况反馈给管理者。

(五)总结

概括起来,主管在面对管理者的指示时需要询问以下几个问题。

(1)管理者希望做的是什么?

(2)这项任务的具体目标是什么?

(3)完成这项任务的最佳方法是什么?

(4)公司在这一项目上准备投入多少资源?

(5)如何进行工作报告?报告中包括哪些内容?什么时候需要报告?应该向谁报告?信息要求以什么形式呈现?

二、与下属进行沟通

(一)把管理者的目标传达给员工的11个步骤

与下属沟通是完成工作的关键之一,而与下属进行有效沟通的前提是主管对于组织目标的正确理解。在接受了来自管理者的指示后,主管就要把这些指示传达下去,并确保基层员工的理解与正确实施。同时,主管还需要向员工清楚地说明可能存在的突然变化。除此之外,主管还必须学会如何说服别人。下面是一个包括11个步骤的沟通过程,它有助于主管有效地传达公司新的方案及要求。

(1)对于在这一方案上你打算传达什么内容,要做到心里有数。这样你就可以事先为召开会议准备好各种条件,如会议室、演示用具、需要哪些方面的支持等。

(2)对新的方案表现出积极态度。当讨论计划的实施时,使用“我们”而不是“我”“你”的称谓,强调项目需要团队的努力。不要抱歉地告诉下属“管理者又有了一个‘愚蠢透顶’的想法”。

(3)为了进一步体现你对团队工作的重视和鼓励,你可以事先与核心员工进行磋商,让他们参与发言,商讨其中的有关内容。这不仅是一种周全的准备工作,还意味着你将核心员工争取到了支持项目的这一边。

(4)以循序渐进的方式传达所有的指示。把整体任务分割成几个有机的组成部分,使每一部分简单明了且易于理解。

(5)征询员工关于如何实现目标的建议。使用有效的激励方法(如把员工的建议写在黑板上让所有的人都能看到),激发员工献计献策的积极性,鼓励他们为实现目标做出贡献。

(6)不要阻止负面意见,要充分听取各种意见。当面对负面意见时,有必要向别人表明你在倾听,并诚恳地向他征询建议以克服这些困难。

(7)不要隐藏信息,要开放。

(8)员工提出问题之前,不要害怕承认自己还有一些阻碍因素未考虑到。但同时还要给人留下这样的印象:没有任何障碍能阻挡得了我们。

(9)制订时间表,分配工作任务。注意:确保自己亲自负责一些没人想干的最艰苦的工作。

(10)建立汇报体系。记住:高级管理者希望主管对所负责工作的进展情况了然于胸。

(11)对员工永远敞开你的大门。即使在会议结束之后,用心的下属也会时常有关于项目的新思想产生,此时他们的想法和建议非常有可能比会议期间的更成熟、更具可操作性,因此,有必要对员工始终敞开你的大门。

(二)建立高效的信息交流系统

任何主管都会不时地面临一些来自下属的令他措手不及、手忙脚乱的事情。比如:下属交上来的报告不全面,报告格式不符合要求,一项关键工作拖延了却并未预先通报,隐藏的问题未能及时察觉,以致问题迅速蔓延、酿成大乱……这些情境令人非常尴尬,它使高层管理者感到主管似乎不知道在他自己的后院里发生了什么事。

这些不受欢迎的、措手不及的事件出现的原因是:沟通的失败。这种失败是主管的责任。下属之所以没有汇报重要的情况,是因为主管未能建立恰当的汇报体制。

每位主管上任后的第一件事情就应该是建立一个汇报体制,以监管部门内部发生的每一重要事件。这里的关键词是"重要",如果主管陷入了事无巨细的泥潭里,其管理效率必定极其低下。

下面的一些建议将为主管建立这一信息系统提供帮助。

(1)通过向下属传达重要信息以树立正确的榜样,告诉你的下属为什么某些信息是重要的。定期召集会议,在会上相互交换信息。主管自己首先要开放而直率,作为回报,下属也会学会开放而坦率,良好的沟通氛围由此开始营造。

(2)确保别人理解了你的指示。让下属对自己的工作任务进行复述,或让他们把你的口头指示写下来,同时,主管及时予以反馈。通过这样的办法,可以在很大程度上保证重要指示准确无误地下达。

(3)坚持下属的参与。当下属意识到或感受到主管对他的期望时,他们会变得更加积极主动。

(4)在分配任务时,明确规定下属需要提供一系列进程汇报。这样做有助于你对工作进程的了解和把握。

(5)不要斥责带来坏消息或承认错误的员工。如果这样做,以后他们会尽可能长时间地隐瞒坏消息而不让你知道。

(6)设立绩效标准,并根据该标准衡量实际的绩效。如果某部门应该每天处理120份订单,但近几天突然减少了50份,则数量本身就表明了问题的出现。

(7)在工作进程中,偶尔去实地看看工作完成的实际情况。对绩效好的进行表扬,对绩效不好的提出改进意见,但不要斥责——除非你之前已经为下属提供了改进方案但下属并未很好地执行。

(8)平易近人。敞开办公室的大门是一种无言的邀请,欢迎人们随时进来讨论问题。

(9)让你的下属知道为什么信息必须全面。在这个方面,主管有义务为下属提供咨询、鼓励和辅导。比如:你可以这样说,“这是个很好的开始,爱迪。但我们还需要估算一下完成这个项目总体要用多少个工作小时。”

(10)让你的下属知道你不喜欢令人措手不及的事情。请他们记住亨利·基辛格的建议:“注定会暴露出来的东西应该及早暴露才对。”

(11)真诚地表示自己对员工及员工所说的话感兴趣。一般的,人们都喜欢和对自己感兴趣的人交流。

(12)少批评多表扬。普遍的经验是:被批评的员工下一次不会再对你敞开心扉,而受到表扬的员工则急于再次来到你的面前带给你更多的信息。

如果你做到了上述所有的建议,你就能够成为公司中消息最灵通的主管。所有的人都会羡慕你的沟通体制以及你与员工之间的融洽关系。

横向沟通

某年恒大公司所有部门都卷入一场内讧,大家彼此指责对方。产品研发部对营销部大为不满,认为他们没有为新产品提供详细的计划书,他们对销售人员也不满,认为销售人员没有向他们反馈客户对新产品的意见。生产部认为销售部的人员只关心他们的销售额,不惜以牺牲公司利益的方法来推销产品。同时,生产部也信不过市场营销部的人,认为他们缺乏准确预测市场趋势的能力。另外,市场营销部则认为,生产部的人思想保守、不愿冒险,他们对生产部的不合作和无休止的诽谤非常愤怒,他们也看不惯产品研发部的人,认为他们动作迟缓,对他们的要求根本没反应。而销售部的人则认为营销部的人没有工作能力,有时在电话中跟生产部的人大吵大闹,指责生产部的人对客户提出的售后服务的要求置之不理。

三、与顾客进行沟通时主管的角色

(一)与供给商的沟通

主管常常要和上游供应商的代表进行接触。这是因为,尽管购买决策可能是别人做出的,但主管却对这些产品或服务的实际使用承担责任。在这种类型的沟通中,主管必须注意的关键因素是:不要做出任何将为公司带来约束的承诺,不要提供任何可能被认为是机密的

信息。在与供应商沟通时,主管需要把握以下原则:

(1)了解并遵守公司在与供给商打交道方面的规章制度;

(2)详细介绍供给商所提供的产品或服务中的各种问题,使供给商有机会在未造成大问题前修改小毛病;

(3)不要因为与供给商代表有私人关系而扮演亲信和心腹的角色;

(4)不要提供票据签字,除非公司的管理者特别允许你这样做。

(二)与下游顾客的沟通

在很多情形下,主管都需要亲自通过电话或其他通信手段与下游顾客进行联系,这种联系一般涉及以下的内容:

(1)顾客对服务的要求。

(2)对产品的询问。

(3)对产品或服务的抱怨。

(4)存在问题需要解决。

此时沟通的技能极为重要,因为顾客要不就是对公司的工作绩效不满意,要不就是希望公司为自己提供某种服务。对顾客来说,与之联系的主管就代表着公司,是能够为客户解决不愉快状况或摆脱繁文缛节的人。主管必须理解顾客的问题,并采取行动来解决问题。在这里,社交技巧和外交手腕十分重要。

在与顾客进行交谈时,需谨记与高层管理者进行交谈时的原则。简而言之,在任何公司中,顾客都是最高管理者。如果他们拂袖而去,公司也就不复存在了。要把顾客的要求视为指示,并把这些指示具体划分成三项要素(做什么,如何做,何时做)。

当然,不可避免地存在某些要求甚严甚至是吹毛求疵的顾客。当与不愉快的顾客打交道时,应掌握以下八条沟通原则。

(1)认真倾听并领会顾客希望你做什么。耐心是必不可少的,当顾客不愉快时,他可能会花一些时间来数落公司的种种过失,耐心倾听常常会转移他们的失望和愤怒。

(2)找到问题的根源所在。在倾听的过程中,为确保你正确理解客户的要求,复述问题并向顾客求证是一个必要的办法。这样做还可以使你得到顾客的认同,因为这样做常常有助于消除或缓解紧张局势,顾客会因自己被人理解而感到宽慰。

(3)无论如何,避免"那不是我的事"这类的回答。如果问题不在你的职责范围之内,帮助顾客联系相应的部门,并帮助他找到具体人员来解决问题。

(4)确定采取什么行动来解决问题。这种行动在你的权限范围内吗?如果是,想方设法为顾客提供解决办法,并让顾客明白你们将要做什么,以及活动进行的日程安排。但不要对你无法实现的事情,或超出你权限范围的事情做出承诺。

(5)如果处理顾客的问题需要更高的职权水平,可以和有关上级进行必要的沟通以获得许可。

(6)做书面记录以保证自己记住所做出的许诺并实施它。书面记录也是和你自己进行沟通的一种途径,它常常是一种重要的信息高速公路。

(7)彻底解决问题,让顾客对结果感到满意,把顾客的注意力引导到你所提供的良好的服务态度上。

(8)如果在不同的顾客身上发生同样的问题或出现同样的抱怨,那么你必须及时向高级管理者报告这一事实,公司肯定在某些方面出了问题,需要予以修正。

(三)与信息寻求者的沟通

主管是信息源,这意味着公司外部希望得到信息的人,如审计公司或公司聘用的顾问等,可能会找他们了解某些信息。在这些情况下,有必要遵循以下一些简单的原则。

(1)确保你被授权提供信息。如果在这一点上存在疑问,应得到书面批准。

(2)指派某个人协助信息寻求者的工作。

(3)只提供被要求的资料。如有可能,只对要求作狭义的解释及相应的信息提供,不要自愿地提供信息。

(4)复制一份外部人员从你这里得到的所有信息,呈交给管理者。

(5)除了审计者和政府税务检查人员之外,不要让任何人全盘享用公司文件。

(6)如果陌生人要在屋里与你交谈,告知部门中的其他员工。这一点有助于击碎任何流言蜚语。

四、建构部门之间的沟通体制

(一)同其他主管进行面对面接触

对主管来说,公司越大,与其他部门的主管共同合作就越重要。主管是使事情得以完成的行动者,他们的行为可以帮助同事顺利地完成任务,也可以对后者顺利地完成任务产生障碍作用。没有一个主管或一个部门会在真空中存在,任务与责任总是相互联系在一起的。

有些主管好像“井底之蛙”,他们的眼光仅局限于自己的领域,只关心自己的事情,这些人也许常常感到困惑:“为什么我们不能与同事很好地相处呢?”

同事之间的合作比“你为我搓背,我也为你搓背”意味着更多的东西,它需要准确理解并尊重他人的目标,还需要理解公司的总体目标。简而言之,它需要借助于彻底的沟通才能达到合作的境界。

主管之间最常见的沟通发生在非正式的、面对面的场合,很多公司的内部事务就是在这种情境下解决的。对于各种不同形式的沟通来说,其目标都是“建立相互联系”,也就是说,是理解与被理解。

如果你希望与其他主管进行有效的面对面沟通,以下是一些可借鉴的建议。

(1)了解其他主管在工作目标与工作重点方面的信息。了解该部门如何操作,以及部门对公司的作用。

(2)了解其他部门的运作对你所在部门的影响。清楚其他部门所做的哪些工作会对你的部门有至关重要的影响?

(3)了解其他部门对你的部门有什么期望。这种期望合理吗?

(4)了解你能够做什么事来帮助其他人的工作。比如,你所在的部门一直都是每天下午3∶00将整理好的、信誉认可的订购单送交仓库安排发货,而货物代运商的时间规律是在下午2∶00到达提货。如果你的这些订购单能在中午时分送到,则很多定购的货物可以提前一天装载。你所在部门在操作上的一点微小变动,即将送单时间提前至中午时分,就可以在很大程度上提高仓库主管的工作绩效。

(5)如果其他主管对你的工作提出抱怨,不要采取防御姿态,而要仔细倾听改进的建议。

(6)假定其他主管也和你一样,常常在思考有利于公司的好办法。

(7)在建立良好关系方面付出自觉的努力。例如,与其他主管共进午餐或同去喝咖啡,这样你们可以在非正式的场合里进行讨论。

(8)追根究底向其他主管请教获得成功的根源所在。在相互的交往中表现出你的积极态度。

(9)在事先没有和当事人讨论前,绝不要在高级管理者面前责怪其他主管的行为。

(10)致力于自己解决你们之间出现的各种问题或意见分歧,而不是求助于高层管理者解决。

总之,与同事合作的关键是站在他人的角度上理解问题,而实现理解的第一步是有效的沟通。

(二)主管委员会

公司可以通过安排定期会议来讨论共同关心的问题,借助于这种方式,以促进主管之间进行交流。例行主管委员会会议时,有几点事项须引起注意。

(1)清楚、明确的日程安排将会使会议更富有成效,但必须保证每次例会有充分的自由讨论时间,让各主管有时间、有机会就自己关心的议题和与会主管进行讨论或协商。

(2)如果这些会议中没有高层管理者参加,效果常常最佳。当高级官员们缺席时,讨论常常是最坦率的。

(3)会议的主持人可以是一名中层管理者,或是一名主管,最佳的做法是由各委员会成员就不同的专题作轮流主持。

(4)警惕不能让这种会议变成“牢骚会”,而都要以处理公司正常的经营活动中出现的问题为活动核心。

(5)这种会议可以扩展为几种不同的形式。例如,可以聘请外部专家做专题演讲;也可以把其中几期的主题定为向高级管理者提建议的建议会。委员会的这些活动对公司和与会主管都将起到积极的作用。

(6)委员会由各主管自己运作,并为他们带来效益。

如果你的公司中还没有这种“主管委员会”,应该建议成立它。

(三)和其他主管的下属进行沟通

为了完成任务,与其他部门的员工进行合作和沟通也是十分必要的。但假如直接向其他主管的下属下达指示,可能会被认为是一种对他人"领地"的侵犯。当事主管可以设身处地地想想,当别人试图给自己的部属发号施令时,自己会有什么样的反应。这一环节很有必要,它可以帮助当事人进一步思考该采取什么样的方式使这种带有特殊性的沟通更加有利、有理及有节。一般来说,在与其他主管的下属进行沟通之前,有必要首先取得与该部门主管的联系,当然,这并不是说不能直接接触其他部门的员工,毕竟有些非正式的沟通是无法避免的。

当与其他部门的员工进行信息沟通时,应该注意下面一些简单的原则。

(1)任何将会占用相关员工时间的请求都应通过员工的主管。

(2)任何对员工工作绩效的责备都应由他们的主管做出。

(3)如果另一部门员工的工作对你所在部门的工作有影响时,可以给他们提供必要的指导和细节信息。但是,要确保员工的主管知道此事。

(4)及时赞扬和鼓励优秀业绩,同时可借此来表达感激。

主管有两个基本的职能:首先是从高级管理者那里获得指示,并把它传达给基层员工;其次是向管理者报告指示的执行情况。这些职能是任何企业成功的关键。

为了完成这两种角色的职能,主管必须成为优秀的沟通者。他们要理解管理者希望他们做什么,并能够把这些要求传递给自己的下属。

成为优秀沟通者的第一步是学会倾听。倾听远远不止仔细注意语词,一个优秀的倾听者总是试图理解说话者希望传递的信息内容。

在大多数企业组织中,主管要与来自公司内外的很多个体进行接触。他们的沟通技能必须是多方面的,以应对与他们接触的各种各样的人。

与管理者进行的沟通是垂直方向的。管理者下达指示,主管汇报这些指示的执行情况。

对于主管来说,在与管理者一同讨论有关指示时,要做好认真且充分的准备。主管的工作是把管理者的目标传递给基层员工,并保证这些目标得以实现。

每一名主管在接受任命后要做的第一件事情便是:在部门内部建立一个汇报体制,以保证及时获取所发生的每一项重要事件的信息。

为了获得同事的合作,主管必须学会如何与其他部门的领导及主管进行沟通。这意味着他还必须了解其他同事的期望,并帮助他们实现它。

在和其他主管的下属进行沟通时,主管必须注意谨慎使用职权。与顾客的沟通和与管理者的沟通相似。要了解顾客到底需要什么,并试图为他们提供这些东西。

在与供应商和公司外寻求信息的人员沟通时,主管必须遵守公司相关的规章制度。

五、如何确保你与公司的沟通和信息网络接通

你总是最后一个才知道公司发生了什么事吗?即使这些事情直接影响到你的部门也是如此?是否正在实施的变革未曾与你商讨过?如果这种情况频繁发生,这可能意味着你未能恰

当地与公司的沟通网络建立联系。拥有一间办公室并不能使你自动地与公司的信息网络系统挂上钩。一直受到冷落可能很危险,因为肯定会有需要你对情境进行评估并做出反应的时候,这时你会感觉到缺乏足够及时的信息来帮助你判断。这也容易挫伤你的士气——好像自己的意见总是无足轻重。如果你现在正处于被遗弃的状态,下面的做法可以帮你摆脱困境。

(1)不要把被遗漏归咎于个人原因。没有得到一份重要的备忘录可能只是因为疏忽造成的,而不是蓄意的冷落。另外,也不要自认为你有权利知道所发生的一切事。如果这些事情不影响到你的部门,就不是什么严重的问题。

(2)仔细阅读摆在你桌上的每一张纸。你怀疑别人没有告诉你的某些信息可能恰恰含在一篇冗长的、六页纸的备忘录中,而你还没看完就把它扔掉了。

(3)全力以赴地参加每一次预先安排的会议。与会者常常可以得到有关会议决议的一份备忘录,而且参加会议是一种表明你对所发生的事情感兴趣的方式。

(4)如果你未能得到一份直接影响到你的工作的备忘录的话,可以语气温和地向发送者询问遗漏的原因,那么你将会得到一份迟到的备忘录,而且这种疏忽以后一般都不会再次发生了。

(5)保证你所写的备忘录被发送给所有感兴趣的部门。这是保证得到同样回报的最佳做法。

(6)收到一份详尽的备忘录后,告知发送人并表示感谢。大多数备忘录的作者极希望有读者,你的热情和对备忘录的关注将会为你在发送名单中争取一席之地。

(7)备忘录并非传递信息的唯一方式。很多信息是通过口头沟通的,并且经常以"顺便说一下"的方式说出。在公司中建立一个你所信任的朋友和熟人网络,花一些时间与他们在一起,有助于扩展你对公司近期运作情况的了解。

(8)永远不要背叛信任。获得信息的方式之一是,自己被别人看作是值得信赖的人。著名的沟通研究专家威廉·H.怀特说过:只有信任,才会有真正的交流。没有信任,交流的技术和设施都是徒劳无益的。一次又一次的研究都指出了相同的道理:在雇员接受管理的事实之前,他们必须首先对管理目的和诚意具有全部的信心。

(9)向值得你信赖的人说知心话,人们会因此而感到荣幸,并对你有所回报。

(10)不要表现得像在刺探情报。对那些非常想拥有情报的人,人们反而有一种拒绝提供的倾向。

(11)可以通过电子邮件、布告板等各种手段与其他人沟通。

拓展阅读

正式沟通和非正式沟通

1.正式沟通

正式沟通是在组织系统内部,根据组织原则与组织管理制度进行的信息传递与交流,包括组织对内对外的公文来往、会议、命令等。正式沟通一般以书面沟通为主,是受到管理人员重视的传统方式。如前所述,组织中的正式沟通一般体现的是信息交流的功能。

正式沟通对内建立在组织内部管理制度之上,对外则依据社会主流的交往规则(如道德、法律),其优点是沟通效果比较好,比较严肃,约束力强,易于保密,可以使公共关系保持权威性。重要的信息和文件的传达,组织的决策一般都采用正式沟通的渠道。其缺点是各层次层层传递,显得呆板而缺乏灵活性,沟通的速度比较缓慢。另外,正式沟通很难做到双向沟通,因此沟通效果也比较差。

2.非正式沟通

在群体内部和群体之间,除了正式沟通之外,非正式沟通也是一条非常重要的沟通渠道。所谓非正式沟通,是指组织成员私下的交谈、传闻、“小道消息”等。如前所述,非正式沟通一般体现的是感情交流的功能。非正式沟通与正式沟通的区别有三点:首先,它不受社会层级的控制;其次,大多数人相信通过非正式沟通获得的信息更可靠;最后,非正式沟通在很大程度上与人们的切身利益休戚相关。

行为科学家认为,非正式沟通的目的不总是有关人员故意搬弄是非,或者为了满足传播“小道消息”者的好奇心。非正式沟通至少可以达到以下四个目的:①缓解情绪,建构个体的安全感。信息不对称是滋生“小道消息”的土壤,当人们处于不确定的信息环境时,往往会通过传播和获取“小道消息”而保持心态的平衡。②使支离破碎的信息能够自圆其说。③将群体成员(甚至包括局外人)组织成一个整体。④满足信息发送者地位和权力的需要。

非正式沟通的优点在于沟通形式灵活多样、直接明了、反应迅速,可以让人们容易、及时地了解到正式沟通难以提供的“内幕新闻”。但是非正式沟通难以控制,传递的信息不确切,容易失真,而且,它可能导致组织内形成小集团、小圈子,影响组织的凝聚力和人心稳定。

非正式沟通对于管理者非常重要,它可以使管理者认识到哪些事情对员工来讲非常重要,从而利用“小道消息”来改进管理。一般认为,管理者不能够彻底消除“小道消息”的影响,但是有经验的管理者可以对“小道消息”进行有效管理,使“小道消息”的消极影响降到最低。减少“小道消息”消极影响的建议,如表3-1所示。

表3-2 减少“小道消息”消极影响的建议

公布进行重大决策的时间安排
公开解释那些看起来不一致或者隐秘的决策和行为
对目前的决策和未来的计划,强调其积极的一面,同时也要指出不利的一面
公开讨论事情可能最差的结局,减少由于无端的猜测而造成的焦虑情绪

知识总结

本项目主要介绍了组织沟通的含义以及组织沟通的对象和特点。

组织的关键要素并不是一幢建筑、一座厂房或一套程序,组织的本质特征是由人及其相互之间的关系决定的。当人们之间相互作用以完成组织目标时,组织就存在了。而组织成员之间的相互作用,几乎都是通过沟通实现的。因此,组织中的沟通,成为组织存在的基本条件,也是组织生活的基本要素。

管理者对主管的期望是:能够把指示正确地传递给基层员工,并确保指示得以执行。事实上,执行管理者的指示是主管最重要的工作。

教学检测

一、名词解释

(1)组织结构

(2)组织

二、填空题

(1)__________对沟通起着决定性的影响。

(2)技术信息的内容比较宽泛,它既包括关于任务目标以及工作前景和发展的数据,还包括__________和__________。

(3)良好的组织结构往往具有__________、__________、__________和__________的特点。

三、问答题

(1)如何理解组织管理的重要任务是沟通?

(2)管理者的沟通作用体现在哪些方面?

(3)举例说明与不同的人沟通时应注意的策略。

【综合案例解析】

背景介绍:

原山东省××集团下辖××酒厂、××果蔬有限责任公司、金乡县××酒业销售公司、××纯净水、××包装印刷有限责任公司等企业。2013 年,随着白酒市场的萎缩和企业资金的流转困难,山东省××集团的工作陷入困境,员工工资发放都成了困难,除银行贷款外,还拖欠供应商货款 6 000 万元,其中最大的一家是原酒供应商,欠款金额达到了 2400 万元,由于山东省××集团资金周转困难,供应商都不愿再行赊欠,而其所有资产相加也无法全额还款。

这样企业只有两条路可以走,一条是宣布破产,另一条是拖着。由于××集团在 2003 年生产转型的时候欠了县财政 1 200 万元,至今也没有还清,所以县政府的批示是不得破产,另想办法。另一方面供应商也想能多收回些欠款,所以两家企业协商成立一个新的公司,以山东省××集团库存商品和未抵押的生产流水线作价 576 万元,冲抵供应商的 576 万元欠款,作为其出资,然后用原销售公司总经理的一辆帕萨特汽车折价 24 万元,作为山东金乡××销售公司的出资,于 2013 年 1 2 月 1 日成立了山东××有限公司。

新公司成立伊始,按照协议全员接收了原××集团除了独立出去的金德果蔬公司的人员外的所有人员，包括离退休人员76人，内退人员178人，病退人员15人，其他情况未上班的人员61人，和在岗职工589人，合计919人。

人事管理权还在××酒厂，新公司的人事管理只做日常内部人员调整，这样新公司一成立就没有和××酒厂完全脱离关系，为以后的人事管理造成了很大的麻烦。

为了节约和充分利用人力资源，公司的董事长在2014年5月份和××酒厂签署了一项关于人事方面的协议，协议规定：××酒业有限公司将人员的工资福利、工、青、妇联的活动经费包干给××酒厂，由××酒厂决定是否发放工资。这是因为，公司员工的档案和关系都在××酒厂。

在此包干合同之后，××酒厂为了解决它以前的遗留问题，就为原来答应的老职工的子女转了正，准备从2014年1月1日起开始为这23个人交养老保险金，但由于两个单位原来协议上的内容不包括此项内容，××酒业有限公司对此项开支不予支付。而××酒厂人事部门就在职工内部散布新公司不予缴纳养老保险金的消息，造成人心浮动。

涉及人员：

人力资源部门经理李苏除了分管人力资源外，还主管内部行政管理、企业管理、宣传媒体等工作。李苏上班6年了，做过原集团销售的市场调研、生产辅助部门的统计、企业管理部门的副处长工作，在企业管理过程中严格执行集团的规章制度，处事果断公正，在职工中很有威信，有说服力，但没有从事人力资源管理工作的经验。

公司总经理张明原是××集团销售公司的总经理，性格温和大度，为人宽厚，对人际关系很重视，在职工中的评价很高。在和××酒厂的关系上，他一直想照顾××酒厂，在人事管理委托××酒厂管理的问题上起了主导作用。

山东省××酒厂劳动人事处处长曾来才，转业军人，现为山东省××酒厂纪检委书记兼人事处处长，有多年的人事管理经验，但为人不够正直，为职工办事不力，经常收受职工送礼，有时甚至索要贿赂。

由于新公司一直没有接手完全的人事管理，而是委托给××酒厂管理，公司大部分职工所在的生产和装酒车间的工人没有归属感，没有分清山东省××酒厂和山东××酒业有限公司是两个独立的法人，互不相干，而是认为山东××酒业有限公司和山东省××酒厂是一家人，老板不过是想在这里赚钱，不会管职工的死活。

山东××酒业有限公司的领导也没有认识到这个问题的严重性，作为山东××酒业有限公司总经理的张明，也一再在公开的场合强调两个公词的依存关系，强调山东省××酒厂对新公司的重要作用，在人事问题上，他要求李苏除了日常在岗人员的调整外，其他管理都交给××酒厂劳动人事处处理。而这也在一定程度上造成了干部和职工对人力资源管理轻视，李苏的人力资源工作很难完全开展。

事件经过：

山东××酒业有限公司运行一年以来，管理成本每月都在150万元左右，其中人力成本开支都在80万元以上,新公司董事会和××酒厂厂部协同决议让38岁以上的女工和40岁以上男工离岗休息,实行发放基本生活费、强制休息的方式。在2015年2月27日,以两公司联合红头文件的形式下发了相关的规定。

根据职工的档案,符合条件的有78人,规定一下发就引起了轩然大波。按规定,在2013年3月20日前,相关人员到新公司人力资源部门办理相应手续,人力资源部门挤满了要讨个说法的职工,由于李苏不属于新公司董事会成员,未能参加决议会议,这件事情使她措手不及,一方面要安抚职工的情绪,另一方面要说服职工按联席会议决议执行。由于职工在新公司人力资源部门得不到除了文件规定以外的其他信息,职工就到××酒厂人事部门去探听消息,回来之后就对李苏说,这次的决议山东省××酒厂本来持反对意见,但迫于新公司董事会的压力才答应的,老板违反了原来两家人员接收的协议,还要把公司卖了,不在山东做了,卖了东西就撤资,等等,职工情绪非常激动。

李苏就协议的执行去询问总经理张明如何处理,张明说:公司的决议不是儿戏,一定要坚决执行。李苏反映了职工所说的问题,张总非常生气,要求李苏尽快把职工的情绪安定下来。李苏就带领她手下的员工和各部门中层干部协商如何说服,并在2015年3月10日和各部门的管理人员下车间和分厂去说服相关人员。由××酒厂传来的小道消息却越演越烈,职工的情绪越来越激动,李苏疲于奔波,但由于涉及人员都是原公司的老职工,说服工作非常困难,且其他部门的管理人员在"走狗"骂声中都不是那么积极地维护新公司的管理,李苏还要说服他们,由于人力资源管理一向没有受到重视,所以她的话也越来越没有说服力。

3月15日,相关人员就到总经理办公室去讨说法,由于他们要求休息的人员工资和在岗人是的工资一样,不能只发放生活费用,还有部分职工要求休息可以,但要安排其子女上班等。总经理张明很生气,拒绝了他们的要求并试图说服他们,当天职工没有大的情绪波动。3月18日,所有相关职工都到县政府去上访,要求县政府出面处理,不能让国有企业职工随意休息。县政府以稳定第一为理由,要求公司改变原来的规定,公司董事会和××酒厂联席会议也不了了之,规定流产了!

3月27日,公司的生产和装酒车间的全体生产和装酒人员到新公司人力资源部门要求新公司接收职工的薪资管理和保险金等工作事宜和山东省××酒厂脱离。由于董事会的出尔反尔,李苏在职工中的威信下降,无论李苏怎么解释和安抚,职工就是不相信她,在人事部门的办公室和办公大楼里围着不肯走,也不去工作。李苏终于忍不住哭了,跑到总经理办公室要求辞职……

【思考】

(1)请分析在此案例中,山东××酒业有限公司存在哪些沟通问题?

(2)如果你作为公司总经理,如何在危机事件中做好沟通?

项目四

沟通的障碍

☞**知识要点**

(1)了解并掌握沟通的个人障碍。

(2)了解并掌握沟通的组织障碍。

(3)了解并掌握沟通的文化障碍。

☞**关键词**

沟通障碍　沟通个人障碍　沟通组织障碍　沟通文化障碍

有效的人际沟通无论在生活还是工作中都尤为重要。有些人往往因为沟通的不畅或者效率的低下而造成了沟通的误会或者对人际关系产生了负面的影响。而善于沟通的人往往在生活中会有更多的朋友,工作中也会比较顺利。所以如何破解人际沟通的障碍就显得非常重要。

【情境导入】

被曲解的实验

一位足球队教练为了向队员们说明喝酒对身体的危害，就做了一个演示：用两个透明的烧杯，分别装满了清水和烧酒。教练夹起一只蚯蚓，先放到清水里，蚯蚓神气活现地扭动起来。教练又将蚯蚓放到了盛满烧酒的杯子里，蚯蚓扭动几下就瘫软不动了。队员们都很惊异，诧异地看着教练。

教练询问队员这么做的解释，有的队员认为蚯蚓在清水里神气活现而在烧酒里就死掉，这说明烧酒能杀虫。所以要多喝酒，胃里才不会长虫。实际上，从教练的本意出发，是想劝队员们不要酗酒，因为酒对有机体的伤害是很大的，却没想到会让队员产生这样的想法。

【思考】

通过本案例，我们可以看到对同一个问题的思考，结果差异之大，是由于考虑的角度不同，根源就在于个人立场不同，从自身的角度去考虑而造成了不进行同的立场。

任务一　沟通的个人障碍

【至理名言】

通常情况下，我会问自己三个问题：我是否清晰地告诉了对方他的目标？我是否给了对方足够的时间和资源来实现这一目标？我是否对其进行了必要的培训？结果我发现，90%的时候，问题都是出在我自己身上，或者说我至少应该对问题负一部分责任。

——迈克尔·阿伯拉肖夫

一、沟通障碍的含义

所谓沟通障碍，是指信息在传递和交换过程中，由于信息意图受到干扰或误解，而导致沟通失真的现象。在人们沟通信息的过程中，常常会受到各种因素的影响和干扰，使沟通受到阻碍。

小贴士

有效沟通的障碍

有效沟通总的障碍:参照体系、选择性倾听、价值判断、来源可信度、语义问题、过滤、群体内部语言、地位差异、时间压力、信息超载。

(1)参照体系。不同的个体对同样的沟通有不同的理解,这取决于他们先前的经验。这些先前的经验会导致不同的编码和译码过程。这是导致沟通中断的最重要的因素。

(2)选择性倾听。沟通有时候会以自觉或不自觉的形式,人为地阻断新的信息,特别是那些与其现有的信念相矛盾的信息。换言之,如果我们只听到我们希望听到的,现实就会被歪曲。

(3)价值判断。在每一种沟通情境下,接受者都要对传递来的信息进行价值判断,以便决定是否接受或部分接受或根本不接受。

(4)来源可信度。其是指接受者对发送者的语言、行动的信任和信心。

(5)语义问题。沟通被定义为采用共同符号进行信息传递和理解的过程。实际上,我们不能传递理解,我们只能传递语言学形式的信息,它是共同的符号。

(6)过滤。其是指对信息的操纵、使得接受者只能获得一些也许是片面的信息。

(7)群体内部语言。职业的、专业的和社会的群体,经常发展只有他们自己成员才能理解的语言或术语。然而,当涉及外来者或其他群体时,用群体内部语言可能会导致严重的沟通中断。

(8)地位差异。组织通常利用各种不同的标记来表达层次等级。这样的地位差别实际上可能妨碍组织内的沟通。

(9)时间压力。时间压力有时候对沟通也构成一种重要的障碍。

(10)信息超载。有效沟通的必要因素就是信息,然而,在实际工作中,管理者通常会被大量的信息所淹没,它们不能吸收或运用所有的信息。

二、沟通障碍的来源

沟通障碍主要来自三个方面:发送者的障碍、接受者的障碍和信息传播通道的障碍。

(1)在沟通过程中,信息发送者的情绪、倾向、个人感受、表达能力、判断力等都会影响信息的完整传递。主要表现在:表达能力不佳;信息传送不全;信息传递不及时或不适时;知识经验的局限;对信息的过滤。

(2)从信息接受者的角度看,影响信息沟通的因素主要有四个方面:信息译码不准确;对信息的筛选;对信息的承受力;心理上的障碍;过早地评价情绪。

(3)沟通通道的问题也会影响到沟通的效果。沟通通道障碍主要有以下几个方面:选择沟通媒介不当;几种媒介相互冲突;沟通渠道过长;外部干扰。

三、影响沟通障碍的个人因素

个人因素包括个体的个性差异、个体的心理素质和心理品质以及个体对信息的态度等。信息沟通在一定程度上受个人心理因素的制约。个体的性质、气质、态度、情绪、见解、畏惧感方面的差别,都会成为信息沟通的障碍。

1.个人心理障碍

沟通者的个人心理品质会造成沟通障碍。实践中,信息沟通的成败主要取决于上下层级之间全面有效的合作。但这些合作往往会因下属的恐惧心理以及沟通双方的个人心理品质而形成沟通障碍。一方面,如果领导者不善沟通,给人造成难以接近的印象,或者缺乏必要的同情心而不能体恤下情,都容易造成下属的排斥和恐惧心理,影响信息沟通的正常进行;另一方面,不良的心理品质也是造成沟通障碍的因素,部分人习惯于传播小道消息,报喜不报忧,搬弄是非,挑拨离间,使沟通不能起到应有的效果。营销组织的一些成员会存在沟通焦虑,他们在口头沟通或书面沟通中感到紧张和焦虑,难于与其他人进行交谈。如不能有效克服,则容易形成挫折感,进而发展为躲避沟通。由于营销工作的需要,沟通随时随地都可能存在,因此对有沟通焦虑障碍的成员应进行心理素质和沟通技巧训练。

2.沟通意识的不足

每个人对信息沟通的意识上都存在差异。普遍存在的现象是会忽视对自己不重要的信息,也不关心组织发展和目标、决策等信息,只重视和关心与自身利益密切相关的信息,从而使沟通发生障碍。

有些领导者不愿多与下属进行沟通,认为下属知道得越多,自己就没有了权威性。至于下属,则往往因惧怕上级或缺乏信任而不愿与上级进行沟通,也不进行自我披露。下属对公司的发展战略、人事变动、组织变革、业务发展等重要信息不能通过正式渠道获知,小道消息等非正式渠道就成为其信息的主要来源。因此造成信息沟通和反馈中的障碍。

3.沟通风格的障碍

沟通风格主要是针对领导者而言的。在沟通风格上,封闭型领导者很少进行自我披露和运用反馈,没有安全感和焦虑是其典型心理。他们疏于进行上下沟通,员工得不到有效的指导,也得不到及时、充分的激励,因此员工对这类领导者往往怀有敌对和失望情绪;隐秘型领导者一味追求他人的反馈信息,却很少披露自我。猜疑和寻求社会认同是隐秘型领导者的典型心理;盲目型领导者更多地进行自我披露而忽视了反馈的运用,其领导行为具有专断色彩,过分自信是其典型心理。他们不屑于从员工处获取反馈,更多地看到员工的缺点而忽视其优点和潜力。对盲目型领导者,员工心怀不满,可能采取强制性反馈手段来报复管理者;开放型领导者是比较理想的沟通者,他们努力在团队中营造出互信互助的开放气氛,不仅重视自我披露,还注意运用反馈。他们敏于体察员工需要,鼓励员工积极参与组织事务,这种沟通风格不仅创造了健康融洽的人际氛围,还提高了团队的工作绩效。因此,改进或完善沟通风格，对领导者领导能力的提高和组织信息的沟通具有重要作用。

4.沟通技能的缺乏

在营销组织中，各种层次的成员都可能存在沟通技能的欠缺。尤其是对于领导者来说，在信息沟通活动中表现出的沟通技巧，不仅会影响到组织生产率，而且会影响到员工的工作满意度及其绩效水平。

沟通技能的缺乏，主要表现在不善于选择适当的沟通渠道，不善于有效倾听、使用语言、控制情绪、现场记忆、不能及时反馈等方面，如图4-1所示，这些技巧的缺乏，使得沟通产生较大的障碍。

图4-1 沟通技能缺乏

5.沟通过滤与选择性知觉

沟通过滤是指信息的发送者有意操纵信息，使得信息容易被对方接收，对接收方更有利，俗话说的"报喜不报忧"就是信息过滤的典型表现。在营销组织中，信息由下而上沟通时，信息常常被压缩或整合，掺杂进个人的兴趣、爱好、态度、情绪、见解等因素，使得信息被过滤，导致沟通中正确的信息不能被传递或反馈。过滤的主要决定因素是组织结构中的层级数目，层级越多，信息被过滤的可能性越大。

接收和发送信息是一种知觉形式。在接收信息时，人们总是习惯接收部分信息，而摒弃另一部分信息，这就是知觉的选择性。该障碍既有客观方面的因素，又有主观方面的因素。客观因素如组成信息的各部分的作用不一样，对接收人的价值大小有差别等，都会产生选择性知觉。主观因素也与知觉选择时的个人心理品质有关。组织中不同的成员对信息有不同的看法，所选择的侧重点也不尽相同。在接收或转述一个信息时，很多员工只关心符合自己需要的、与自己有切身利害关系或物质利益的有关信息，而不太关心发展战略、组织决策等方面的信息。这些都会导致信息失真，影响沟通的顺利进行。

6.沟通双方的信任度和相似度

沟通是发送者与接收者之间双向反馈的过程。因此，沟通双方的诚意和相互信任至关重要。实践中，当面对来源不同的同一信息时，员工最可能相信的是与之最亲近和信任的来源的信息。沟通双方的猜疑只会增加抵触情绪，减少坦率交谈、有效沟通的机会。沟通的有效性与双方的相似性也有着一定的关系。沟通双方性别、年龄、智力、种族、社会地位、兴趣、价值观、能力等方面的相似性越大，沟通的效果则可能越好。如果双方阅历、气质或知识水平相差较大，就可能会产生沟通障碍。

沟通者的畏惧感也会造成沟通障碍。在管理实践中，信息沟通的成败主要取决于上级与下级、领导与员工之间的全面有效的合作。但在很多情况下，这些合作往往会因下属的恐惧心理以及沟通双方的个人心理品质而形成障碍。一方面，如果主管过分威严，给人造成难以接近的印象，或者管理人员缺乏必要的同情心，不愿体恤下情，都容易造成下级人员的恐惧心理，影响信息沟通的正常进行；另一方面，不良的心理品质也是造成沟通障碍的因素。

四、消除因个人因素导致的沟通障碍的对策

1.领导团队要重视

成功的沟通实施中最重要的因素应当是起主导作用的领导团队。他们必须从思想到行动都认可沟通的管理观念，认识到与上层领导、下级员工、其他部门进行沟通对实现组织目标是十分重要的。通过领导团队对沟通观念的认可和实行，逐渐将这种观念渗透到组织的其他部门。

2.缩短信息传递链，保证信息双向沟通

组织结构对沟通的有效性、及时性有着重要的影响。组织机构庞大，结构复杂，层次太多，都将会影响到信息沟通的及时性和真实性。组织层级越多，信息传递到达目的地的时间就会越长。因此，首先要科学设置组织层级，缩短信息传递链，拓宽信息渠道；其次，管理者应激发员工自下而上地沟通，鼓励员工提出自己的疑问；再者，在利用正式沟通渠道的同时，还要开辟非正式的沟通渠道，领导者应该经常走出办公室，亲自和员工们坦诚、开放、面对面的交流信息。

3.建立沟通制度

建立完善的沟通制度是实现有效沟通的措施之一。实现组织的有效沟通，必须建立行之有效的沟通制度。实践中已经有诸如合理化建议制度、领导接待日制度、定期对话制度、意见直递制度、沟通情况考核制度等。建立并落实沟通制度可以使营销组织不因人事变动而改变沟通的地位，促使沟通制度化、规范化。

4.培训沟通能力

沟通的障碍有时源于营销组织成员沟通能力和技巧的缺乏。在实际工作中，由于受沟通能力的影响，信息往往会被丢失或曲解，以致不能被有效地传递，从而造成沟通的障碍。因此，组织应有计划地培训员工的沟通能力。具体方法有：

(1)选择正确的沟通通道。

(2)增强记忆和思维能力。

(3)锻炼倾听的能力。

(4)正确使用语言文字。

(5)培养良好沟通情境。

5.保持沟通的持续性

在信息社会里,社会和企业的变革将极大地影响营销组织的每个成员。当变革可能发生时,大家都喜欢知道决策和变革背后的根本原因,以及对自己有何影响,这就需要管理者通过沟通传达决策背后的逻辑依据。管理者还要在员工想知道某一信息的时候及时与之进行沟通,尽最大可能减少小道消息的负面影响。尤其重要的是,沟通应该是持续、不间断的,尤其是在变革和危机时期。这样可以使信息沟通始终在正式通道中进行,保持信息的畅通和组织的稳定。

资料链接

人际沟通障碍的克服

1.主动倾听是有效沟通的基础和前提

倾听是成功沟通的关键,它的功能不仅仅在于你听到别人所说的话,真正的倾听意味着全神贯注地听别人说话,并尽量理解它,要使积极倾听有效,你必须对说话者真正感兴趣。借助于倾听,你可以深入理解同事们所做的事情,他们的感受,以及他们为什么要这样做、为什会有这样的感受;你也可以更好地理解组织成员的希望、他们害怕的事情,以及所面临的困难。倾听为你打开一个新的视野,它是学习的关键。一旦别人认为你是一个很好的倾听者,他们会接近你,跟你讲他们的有关事情,认为你尊重他们以及他们所说的话。主动倾听的最大好处在于听者会报答你,倾听你讲话,并且在你讲话时做出回应。你听的越多,收获也就越大,学的也会越多。

2.简化语言是有效沟通的主要手段

一个人讲话漫无边际,可能是思路混乱的表现,也可能是委婉曲折地达到目的的手段。值得警惕的是,对大多数人来说,那只不过是一种习惯。

(1)讲话要有重点。简化语言的重中之重就是讲话要有重点。一个人的注意力只有十分钟,在这十分钟里,如果没有抓住沟通对象的注意力,对方就会什么都听不下去了。所以,到对方那里去沟通,要以开始就简化语言。

(2)善用比喻、类比、举例子等语言修辞方法。即使很复杂的问题,也可以用简单的比喻讲出来。在这方面,我国古代先贤之一孟子是典范,他讲话就很喜欢用譬喻的方法。所谓善用比喻,就是举例子给人家听,例子因为生动,真实可信,非常容易让人家触动,使听众一听就明白了。

3.利用反馈是有效管理沟通的检验和保证

所谓反馈是指一种信息,通过这些信息组织及其员工可以将自身实际的表现与给定的标准或预期进行比较分析。反馈要求你客观地描述和分析自己的感受,向他人提供足够的信息以便帮助他们分析并调整自己的行为。反馈也有助于设定目标,改进工作。

多数人急切地想了解他们的实际表现,比如一个学生可以从作业中得到反馈信息。从作业或考试的成绩、老师的批语,或者是与老师面对面的交谈中,都可以了解到自己学习的表现、与同学的比较以及与老师的期望之间的差距的信息,通过这些反馈,你得到相关的针对目前表现和未来努力方向的信息,这些信息教导你如何扬长避短,提高成绩。假如这些反馈是建设性、真实、公正的反馈,而不是具有个人攻击性的反馈,那么这些信息对于改进工作、帮助我们个人成长和工作完成就具有重要意义。

任务二　沟通的组织障碍

【至理名言】

一个首席执行官的任务,就是一只手抓一把种子,另一只手拿一杯水和化肥,让这些种子生根发芽,茁壮成长——让你周围的人不断地成长、发展,不断地创新,而不是控制你身边的人。你要选择那些精力旺盛、能够用激情感染别人并且具有决断和执行能力的人才。把公司的创始人当成一个皇帝,从长远来说这个公司是绝对不会成功的,因为它没有可持续性。

——杰克·韦尔奇

一、沟通在组织管理中的作用

沟通在组织管理中的作用是多方面的,其中突出的有以下几个方面。

1.沟通有助于改进个人以及群众做出的决策,提高决策质量

任何决策都会涉及干什么、怎么干、何时干等问题。每当遇到这些急需解决的问题,管理者就需要从广泛的组织内部的沟通中获取大量的信息情报,然后进行筛选,或建议有关人员做出决策,以迅速解决问题。下属人员也可以主动与上级管理人员沟通,提出自己的建议,供领导者做出决策时参考,或经过沟通,取得上级领导的认可,自行决策。组织内部的沟通为各个部门和人员进行决策提供了信息,增强了判断能力。

2.沟通促使组织成员协调、有效地工作

组织中各个部门和各个职务是相互依存的,依存性越大,对协调的需要越高,而协调只有通过沟通才能实现。没有适当的沟通,管理者对下属的了解也不会充分,下属就可能对分配给他们的任务和要求他们完成的工作有错误的理解,使工作任务不能正确圆满地完成,导致组织的利益受到损失。

3.沟通有利于领导者激励下属,建立良好的人际关系和组织氛围

除了技术性和协调性的信息外,组织成员还需要鼓励性的信息。它可以使领导者了解个体的需要,关心每个人的疾苦,在决策中就会考虑成员的要求,以提高他们的工作热情。人一般都会要求对自己的工作能力有一个恰当的评价。如果领导的表扬、认可或者满意能够通过各种渠道及时传递给员工,就会造成某种工作激励。

4.沟通还具有整合的功能

美国学者约瑟夫认为群体沟通还具有整合组织的功能。这种"整合性的沟通"通常可以涵盖组织内各种职位的人,可以稳定组织内个职位的现状,调节各职位间彼此的关系;同时,还可将组织与环境有机结合起来。换言之,组织内的沟通是组织运行必要的润滑剂,有畅通的准确的信息沟通,组织成员间才可能增进彼此间了解、体谅和团结,逐渐形成统一的组织文化。

二、组织管理中沟通障碍的因素分析

在沟通过程中,由于存在外界干扰以及其他种种因素,信息往往会被丢失和曲解,使得信息的传递不能发挥正常的作用,这就形成了管理过程中管理者与组织成员之间的沟通障碍。管理过程中的沟通障碍因素总体上可以分为以下几类。

(一)管理者的问题

管理者作为管理活动的主动行为者,其在组织沟通中应占据主导地位。应该说,管理者观念和行为不当是组织沟通中的最大障碍,他们对组织沟通的影响远远超过了组织中的其他因素。首先是管理者角色转换尚未真正完成。受传统因素影响的管理者在与下属的沟通过程中仍以家长或权威的代表者的形象出现,以自我为中心而不是从对方和全局的立场出发看问题。在与下级的交流过程中表现得主观、武断且交流单向化而无法形成真正的平等交流。不懂得尊重、理解、关心下级,与以人为本的现代组织制度完全背离。其次是管理者对沟通准备不足,沟通的目的尚未明确,沟通对象仍未完全确定,对沟通渠道没有作深入考虑而做出选择,对沟通的宣传解释还不到位,沟通就已匆匆开展,效果显然要大打折扣。最后则是一种心理障碍的影响,管理者基于对自己的利益和喜好的考虑,常常无法容忍对自己不利的信息的存在和散布。受此影响,在沟通中,下级亦基于自己利益和前途考虑而投管理者所好,信息的传递必然是片面而有失公允的。

(二)信息接收者的障碍因素

以管理者作为沟通的主动行为者来看,信息接收者则主要指与之相对的处于沟通另一

端的组织成员。如果以反馈过程来看,则信息接收者主要指组织管理者,一方面,信息接收者会在接受信息时进行选择性知觉,也就是说,他们会将自己所接收到的信息进行过滤,接收者会根据自己的需要、动机、经验及个人特点有选择地去接收管理者所传达的信息,使信息对自己更有利。即使他们接收到所有的信息,他们也会将与自己利益相左的信息当作错误的信息看待或将它忽视,信息过滤的程度与组织层次和组织文化成正比关系。另一方面,则是对新变化和新观念的改变的抵制,大多数的组织成员都安于组织的现状而惰于变革。当信息的传递者想向组织成员灌输一种新的观念甚至准备变革体制时,即使已经做过充分的宣传和解释,但仍可能由于会直接或间接地损害他们既得的经济利益或既得的权力和地位,或者会由于新的观念和体制引起他们的不安全感,又或者会因为损害他们的职业认同感而破坏他们的习惯性而遭到抵制。

(三)沟通渠道上存在的问题

首先是沟通渠道的选择上可能存在问题。例如,比较重要的沟通最好采用比较正式、清晰、准确的书面文件进行沟通,这样信息就不会在沟通过程中由于其他的原因而流失或歪曲;另外沟通渠道的选择上不能存在相互冲突,表情愤怒地传达一件大家都觉得无关紧要的事情,就可能会使大家觉得迷惑;再次,沟通中必须考虑双方的等级和职业特点,由于双方的地位和部门以及背景的不同,可能会存在某些职业性的“行话”和专业性术语而造成沟通中的障碍;还有就是词语的多义性,同一个语词在不同场合对不同的人都可能演绎出不同的意思,应在传递信息时尽可能表达准确、清晰;最后,信息可能会由于沟通渠道过长,中间环节过多而在传递过程中歪曲、丢失。

(四)组织机构设置中存在的问题

组织机构设置中存在的问题主要是指职位和地位差别引起的误差。由于组织中科层制设置的现实存在,客观上存在着地位和职位的高低分别,由此形成了思考问题的角度和利益的差别,二者的观点也就可能由此造成一些差异。组织成员在接受管理者从上向下传递的信息时不仅会考虑其表面的含义,而且会基于管理者的喜好而考虑其内含的深层含义。要使组织成员完全摆脱管理者喜好和个性而中立地思考问题,在现实条件下是很难做到的。由此有可能避重就轻,忽视问题的真正所在。

三、克服组织沟通障碍的对策

(一)优化沟通的渠道

在组织中,个人与个人间、群体与群体以及群体与个人之间的沟通方式各不相同,而根据不同的划分标准,群体沟通又有不同的种类。按照沟通流动的方向分类,沟通分为垂直沟通、平行沟通和斜向沟通,其中垂直沟通又分为上行沟通和下行沟通。按照沟通的方式划分,可分为语言沟通和非语言沟通。按照沟通的目的不同划分为工具式沟通和情感式沟通。按照沟通的组织系统划分可分为正式沟通与非正式沟通。按照沟通是否需要中间环节可分为直接沟通和间接沟通。按照沟通的组织层次不同,又可分为个人与个人的沟通,群体与群体的沟通和个人与群体的沟通。不同的沟通方式适用于不同的组织和信息类型,如果信息沟通的渠道选择不当,必然会影响沟通的有效性。如对于涉及个人责任的重要决策,就需要以"白纸黑字"的形式传达,尽量避免"口说无凭"造成的麻烦。因此,要优化沟通渠道,合理选择沟通方式,择优使用。

(二)重视沟通的方法

(1)要讲究"听"的艺术。作为一名领导者在下层工的沟通过程中,应该主动听取意见,善于聆听,只有善于听取信息才能成为有洞察力的领导者。

(2)要讲究"说"的艺术。与人沟通,不仅要会听,还得会说,会表达自己的意见。在表达自己的意见时,要诚恳谦虚。如果过分显露自己,以先知者自居的话,即使有好的意见,也不容易为人接受,会使人产生反感和戒备心理。

(3) 要利用反馈机制。如果要交代给别人做的事情,那么一定要让对方养成积极的汇报,即回头报告。如果被别人要求做事情,事前问清楚,事后负责任;而不是事前没有问清楚,就妄下结论,断章取义。

(三)必须明确沟通目的、思路清晰、注意表达方式

在信息交流之前,发讯者应考虑好自己将要表达的意图,抓住中心思想。在沟通过程中要使用双方都理解的用语和示意动作,并恰当地运用语气和表达方式,措辞不仅要清晰、明确,还要注意情感上的细微差别,力求准确,使对方能有效接收所传递的信息。沟通要以诚相待,发讯者要心怀坦诚,言而可信,向对方传递真实、可靠的信息,并以自己的实际行动维护信息的说服力。尤其要实心实意听取不同意见,建立沟通双方的信任和感情。

(四)沟通要选择有利的时机,采取适宜的方式

沟通效果不仅取决于信息的内容,还要受环境条件的制约。如前面所分析,影响沟通的环境因素很多,如组织氛围、沟通双方的关系、社会风气和习惯做法等。在不同情况下要采取不同的沟通方式,要抓住最有利的沟通时机。时机不成熟不要仓促行事;贻误时机,会使某些信息失去意义;沟通者应对环境和事态变化非常敏感。

(五)沟通要增强下级对领导者的信任度

下级对领导者是否信任,程度如何,对于改善沟通有很重要作用。信息在社会中的传播是通过独特的"信任"和"不信任"的"过滤器"进行的。这个过滤器能起到这样的作用:如果没有信任,完全真实的信息可能变成不可接受的,而不真实的信息倒可能变成可接受的。一般来说只有受到下级高度信任的领导者发出的信息,才可能完全为下级所接受。这就要求领导者加强自我修养,具有高尚的品质和事业心,以及丰富的知识和真诚的品格。具备了这些,领导者就会赢得下级的信任,就有了有效沟通的基础。

课堂案例

爱通公司

明娟不再同阿苏说话了。自从明娟第一天到爱通公司上班,她就注意到了阿苏,阿苏总是表现得冷漠而疏远。开始,她认为阿苏是憎恨她的工商管理硕士学位,她在公司的快速提升,或者是她的雄心壮志。但是,明娟决心同办公室里的每一位同事都处好关系,因此她邀请他出去吃午饭,一有可能就表扬他的工作,甚至还同他的儿子保持联络。但随着中西部地区营销主管的任命,所有这一切都结束了。明娟一直盯着这个职位,并认为自己有很大的可能得到这个职位。她同与她同一级别的另三位管理人员竞争这个职位。阿苏不在竞争者之列,因为他没有研究生文凭,但是阿苏的意见被认为在高层有很大的影响力。明娟的资历比其他的竞争者要浅,但是她的部门现在已成为公司的核心部门,而且高层管理多次对她进行褒奖。她相信,若阿苏好好推荐的话,她能得到这个职位。但马德最后得到了提升去了陕西。明娟十分失望,她未能得到提升就够糟的了,但她更无法忍受的是选中的竟然是马德。她和阿苏曾戏称马德为"讨厌先生",因为他们都受不了马德的狂妄自大。明娟觉得马德的中选对自己来说是一个侮辱,这使她对自己的整个职业生涯进行了反思。当传言证实了她的猜测——阿苏对决策的做出施加了重大影响之后,她决定把她同阿苏的接触降低到最低限度。办公室里的关系冷了下来,持续了一个多月,阿苏也很快就放弃了试图同明娟修复关系的行动,他们之间开始互不交谈,仅用不署名小便条进行交流。最后,他们的顶头上司威恩无法再忍受这种冷战气氛,把他们两人召集到一起开了一个会。"我要待在这儿,直到你们重新变成朋友为止。"威恩说道,"至少我要知道你们究竟有什么别扭。"

明娟开始不承认,她否认她同阿苏之间的关系有任何变化。后来她看到威恩的严肃认真、誓不罢休时,只得说道:"阿苏似乎更喜欢和马德打交道。"阿苏惊讶地张大了嘴,吭哧了半天,却什么也没说出来。威恩告诉明娟:"部分是由于阿苏的功劳,马德被安全地踢走了,而且你们以后谁也不用再想法对付他了。但如果你是对那个提升感到不满的话,你应该知道阿苏说了许多你的好话,并指出如果我们把你埋没到中西部去,这个部门会变得有多糟。加上分红的话,你的收入仍然同马德一样多。如果你在这儿的工作继续很出色的话,你就可以去负责一个比中西部地区好得多的地方。"明娟感到十分尴尬,她抬头向阿苏看去,阿苏耸了耸肩,说道:"你想不想来点咖啡?"在喝咖啡的时候,明娟向阿苏诉说了在过去的这个月她是怎么想的,并为自己的不公正态度向阿苏道歉。阿苏向明娟解释了他所认为的疏远冷漠实际上是某种敬畏:他看到她的优秀和效率,结果他非常小心翼翼,唯恐哪儿阻碍她了。第二天,办公室又恢复了正常。但是一项新的惯例建立起来了:明娟和阿苏在每天的十点钟一起去喝杯咖啡休息一下。他们的友好状态使在他们周围工作的同事们从高度紧张中松弛下来了。

任务三　沟通的文化障碍

【至理名言】

人管人气死人，制度管人累死人，文化管人管住魂。

——翁荣金

一、文化与沟通的关系

荷兰跨文化研究学者霍夫斯泰德认为，文化是一种"共同的心理程序"，即文化不是一种个体特征，而是具有相同的教育和生活经历的许多人所共有的心理程序。正是此程序才将不同的群体、区域或国家的人类群体得以相互区分开来，而这个共同心理程序的核心就是共有的价值观。与跨文化沟通有关的文化的特征主要有以下几个方面。

1.群体性

群体性即文化不是一种个体行为或个体特征，而是生活在该群体中的人们所共有的行为和特征。

2.习得性

群体文化不是其每个成员生来就有的，而是其成员不断向群体其他成员和环境学习的结果。

3.差异性和同一性

文化的差异性是指由于人类历史演进中的条件和过程存在差异，决定了不同的文化有不同的特点。文化的同一性则反映了人类一般的生理特征和他们适应自然和社会环境的一般需要。

4.层次性

层次性即文化的各个方面对其成员的重要程度是不同的，有些方面是其文化的核心，有些方面则是较次要的。

5.稳定性与变迁性

文化的稳定性是指文化是由数千年的经验和知识积累而成的，它保持着相对的稳定不变性。

资料链接

跨文化沟通的类型和特点

1.跨文化沟通的类型

跨文化沟通是一个涵盖面比较广的通用术语，通常是指一种文化背景的人、群体与另一种文化背景的人、群体所进行的交流。其表现形式有很多种,可从不同的角度和层次对它进行划分。

(1)从政治学的角度,跨文化沟通可以分为以下两种类型。

①国内跨文化沟通:沟通双方均属于同一个国家。

②国际的跨文化沟通:沟通双方来自于不同的国家和地区。

(2)从文化人类学的角度,它也可以分为以下几种类型的沟通。

①种族间的沟通:种族间的沟通是指沟通双方分属不同人种的沟通。通常,不同人种之间进行跨文化沟通时,其最大的困难就是种族偏见。这种偏见会导致成见和猜疑,最终阻碍有效的沟通。

②民族间的沟通:民族之间的沟通是指沟通双方属于同一人种,但分属不同民族之间的沟通。通常这种沟通的形式发生在一个多民族的国家内。

③跨国的沟通:跨国的沟通是指发生在国家与国家之间的沟通,通常指外交和宣传领域的沟通,也常常是跨种族、跨民族的沟通。这种沟通受到国家政策、目标等条件的影响。

④亚文化间的沟通:亚文化沟通指的是,沟通双方虽在同一民族内部,但由于历史、地域、性别、年龄和社会发展水平不同而存在跨文化差异的沟通。

(3)跨文化沟通还可以分为三个主要层次。

①跨文化人际沟通:指不同文化背景的个人之间的沟通。沟通双方可以是不同种族、民族和国家的人,也可以是一个亚文化与另一个亚文化之间的人。

②跨文化组织沟通:指不同文化背景的两个组织之间的沟通,也包括组织内部不同文化背景成员之间的沟通。跨国经营中的跨文化沟通问题大多发生在这一层面。

③国家间的跨文化沟通:不同国家之间利用各种方式进行的信息沟通。对于一般的人来说,他们不一定有和外国人直接进行沟通的机会,但是日常接触到的外国的音乐、电影、新闻、广播等多种形式也是跨文化沟通的重要形式。

2.跨文化沟通的特点

国内学者关世杰将跨文化沟通的特点归纳为以下五点:

(1)双方文化共享性差。在一种文化中编码的信息,包括语言、手势、表情等,在某一特定文化单元中有特定的涵义,传递到另一文化单元中,要经过解释和破译,才能被对方接收、感知和理解。跨文化沟通中沟通双方来自不同的文化背景,其各自文化中的认知、规范、语言和非语言符号系统的相似与不同混淆在一起,其文化共享性差,当双方对文化信息加以编码进行交流时,就会发生障碍。

(2)各种文化差异程度不同。两种文化的相似程度对理解跨文化沟通有重要意义。在跨文化沟通中,各种文化的差异程度不同,产生误解的可能性大小也不同。人们具有的共性越多，沟通中遇到的挫折就越少，反之则越大。

(3)无意识的先入为主。在跨文化沟通中，人们往往在缺乏对对方文化背景了解的情况下，就无意识地用自己文化的标准去衡量和评判对方的行为。对异文化的成见与偏见往往是由无意识的先入为主所带来的。

(4)误解、矛盾与冲突增多。由于上述三个特点，使得跨文化沟通的误解、矛盾和冲突增多了。在不同类型、不同层面的沟通中，误解、矛盾和冲突时有发生。

(5)文化变异性增强。与同文化沟通不同是，跨文化沟通在把异质文化(不同于本民族的物质文化、规范文化、认知文化)传递给下一代的时候，它更多地表现出是社会的变异功能，使得文化群体的部分成员、文化的某个方面，以至整个文化群体的社会发生变异。从世界范围来看，这是一种向超级大国文化趋同的功能，而对于一个小的文化群体而言，则是一种变异的功能。

二、跨文化沟通的主要障碍

(一)双方文化共享性差

共享性是指人们具有共同的文化特征，在沟通中是指人们对同一客体给予和享有的共同编码。在同文化的沟通过程中，信息的发出者和接收者使用的是同一种编码本，人们谈论的事物和话题在各自的文化中都有相应的对应物，因而沟通起来就相对容易。但在跨文化沟通过程中，由于双方长期生活在相对独立的地理区域和文化中，个人的经历、历史都不一样，造成双方的价值观、语言、非言语系统及对事物的感知都大不相同，共同感兴趣的话题和事物、活动较少，一方文化中的东西在另一方文化中又可能没有相应的文化对应物，这就造成了沟通的困难。历史人物和事件、典故、成语等都可能造成跨文化沟通的困难。

文化共享性差对沟通造成障碍的另一种表现是沟通一方虚幻地假设另一方的文化因素与自己相同，从而造成误解和沟通无效。如中国是礼仪之邦，这种价值观在经营过程中的表现就是中国商人非常好客，许多生意要在饭桌上谈定，因而他们想当然地假设其他国家的情况也是如此。在改革开放之初，许多中国人在同美国、德国、英国、澳大利亚、加拿大等国家的人做生意时，总是非常热情地请他们吃饭、喝酒、娱乐、免费旅游等。但这种做法往往沟通效果并不佳，有时甚至适得其反。

(二)民族优越感

当人们容易相信本国的各项条件属最优之时，轻松适应其他文化的另一个潜在障碍就出现了，这种倾向被称为自我参照标准或民族优越感、种族主义等。民族优越感之所以对跨文化人际沟通造成障碍，主要是因为：

(1)对自己文化的民族优越感信念会形成一种狭隘和防御性的社会认同感。

(2)民族优越感会以一种定型观念来感知其他文化。

(3)民族优越感会使沟通者将自己的文化与别的文化对比时,总认为自己的文化是正常的、自然的,而别的文化是不正常的,其结果总是吹捧自己的文化而贬低别的文化。民族优越感会使人们不愿了解别的文化,拒绝承认别的文化也具有丰富的内涵,排斥不同的观点和技术,因而是跨文化沟通的障碍。

(三)定型观念和偏见

定型观念,也叫定势思维或心理定势等,它是一种知觉上的错误,指人们在头脑中把形成的对某类知觉对象的形象固定下来,并对以后有关该类对象的知觉产生强烈影响的效应。定型观念的最大害处就是过分地简化和类化,根据某一群体的共同特征而将其分门别类,并作为认知固定下来。诚然,在这个复杂而多变的世界里,简化和归类有助于我们对事物的总体认识。但在跨文化沟通中,定型观念往往会造成"以偏概全""坐井观天""一叶障目,不见森林"等认识错误,并会直接导致沟通中的误解和障碍。

(四)沟通风格的差异

虽然全世界人们的沟通过程基本是相同的,但不同文化的人们的沟通风格却具有很大的差异。所谓沟通风格,就是人们在沟通过程中将自己展现给对方的方式,它包括自己喜欢谈论的话题,最喜欢的交往方式,如礼仪、应答方式、辩论、自我表白及沟通过程中双方希望达到的深度等。它还包括双方对同一沟通渠道的依赖程度(即靠语言、词汇还是身体语言),以及对相同意思的理解主要是靠信息的实际内容还是靠情感的内容等。跨文化沟通是一个双向的、互动的过程,如果相互之间的沟通风格不同,就可能给沟通带来问题。如在对强烈情绪的表露方面,美国人喜欢通过交谈、辩论来发泄心中的积愤和澄清事实,而地中海地区的许多国家则倾向于使用身体语言,如哭来表达强烈的情绪。在另外一些国家,如日本人就不喜欢向别人表露自己的情绪。

(五)文化冲击

文化冲击是指当人们进入异文化时,由于新奇的环境所导致的混乱、不安和焦虑的感觉。美国人类学家奥博格(Oberg)认为,文化冲击是人们对突然失去社交中所有熟悉的符号和象征而感到的焦虑不安,这些指导我们日常生活的无数符号和暗示包括:如何下指令、如何购物、什么时候应该做出反应和什么时候不应做出反应等。这些我们在成长过程中所获得的暗示可能是词语、姿势和手势、面部表情、风俗习惯、社会规范等,它们就是像我们所使用的语言和所树立的信仰一样,已经成为我们文化的一部分。我们依靠这些数以千计的暗示来保持心态平和与提高效率,但我们往往对绝大多数暗示并未意识到。当跨国企业的员工到异文化的国家较长时间从事管理或经营时,通常要遭遇文化冲击。文化冲击的常见表现有思乡,烦躁,易怒,对东道国的恐惧等。

文化冲击对跨文化经营管理的沟通效果的影响也是显而易见的,当遭遇文化冲击时,经营管理者会陷入一片混乱,盲目不知所措,根本不愿或没有精力和机会从事商务沟通,或者即使沟通活动勉强得以进行,也可能由于文化冲击的影响,效果极差。

小贴士

民族差异

民族优越感是指认为自己的世界观比他人的世界观优越这种观点。Cushner 等人将民族优越感定义为："人们用自己的文化视角判断他人的倾向，他们相信自己的世界观才是唯一正确的。"

具有民族优越感的人在信仰和价值体系与别人不同时，总是认为不同意自己观点的人是错误的。如果一个人总是有意识或无意识地认为某个文化团体的世界观比别人的高明，当他与另一个团体的成员交往时，沟通中不可避免地要充满干扰。如果在任何跨文化沟通开始之前，总假设正与你交谈的对象智力低下或种族低劣的话，那么几乎任何沟通努力都要因此而付诸东流了。

由于民族优越感通常是无意习得的，并且总是在意识的层面反映出来，因而很难追寻根源。民族优越感所产生的偏见，在大多数情况下，似乎是文化的一部分，它使跨文化沟通的过程遭到破坏。

为了能和那些文化背景不同的人进行有效的沟通，人们必须意识到民族优越感产生的偏见。明白这种偏见并不意味着人们要彻底消除民族优越感，而是在充分考虑自己文化的同时也要理解和尊重其他文化的存在。

三、实现有效跨文化沟通、消除跨文化沟通障碍的技巧

（一）确立有效沟通的原则

为了达到有效沟通，我们必须遵循一定的原则，作为在沟通过程中的指南。一些权威的沟通专家一致认为，要实现跨文化经营管理的有效沟通，必须坚持以下几条原则。

1.完整性

完整性包括三个方面的要求：①向对方提供他所需的所有信息，以便对方能彻底、准确地理解该信息；②要回答对方提出的所有问题；③要向对方提供他所需要的额外信息。

2.简洁性

简洁性或简明性是指在不损害信息的其他方面的前提下，用尽可能少的词汇来传递信息，即信息既要完整又没有多余的修饰成分。

3.关心性

关心性指在沟通过程中始终要把对方放在心中，设身处地地与对方交谈，不能发脾气，不能谩骂，不能无端地指责对方。

4.具体性

具体性指双方传递的信息不是模糊的、一般性的，而应是明确的、确定的和生动的。

5.明晰性

明晰性指要求将你头脑中的信息精确地传送到对方的头脑中。由于词汇的使用受到个人的经历、知识水平、价值观等的影响，因此一方要精确地将信息传送给另一方并不容易。

6.礼貌性

礼貌性是指在沟通过程中要关心对方、尊重对方。

7.正确性

从一般意义上说，语言的正确性包括在语法、标点、拼写、发音等方面的要求。

（二）制定有效的沟通战略

跨文化沟通较之同文化背景下的人们之间的沟通来说有更大的复杂性和艰巨性，因此在沟通之前有必要制定一个战略，以便使沟通按预定的计划进行。

（1）认识沟通的客体，即将和谁进行沟通。

（2）确定沟通的目的，即经营管理人员为什么需要沟通。

（3）了解沟通的情境，所谓情境就是指沟通的地点和场合。

（4）选择适当的沟通方式。

（5）把握沟通的时效性，即什么时候可以进行沟通、什么时候不能进行沟通，什么时候沟通的效果最佳以及沟通所需的时间的多少等。

（三）强化文化敏感性

具有文化敏感性的人理解文化对人的行为举止的影响，具有把对文化的了解转化为与来自不同文化背景的人建立有效关系的能力。增强沟通中的文化敏感性：一是要了解别人的文化背景；二是要了解自己。

（四）学会积极倾听

有“说”就有“听”，能否积极倾听，对沟通效果至关重要。积极倾听有利于我们接收信息和扩大信息量，它能使我们了解对方的想法和建议，减少沟通中的误会。同时，积极倾听也是对对方尊重的表示，有利于改善双方人际关系和解决冲突。

（五）正确使用语言和非言语的沟通方式

语言技能不仅能使跨文化管理者与当地人成功地进行沟通，而且能使当地人将跨文化管理者当“自己人”看待，与依靠翻译才能与他们沟通的国际经营管理者相比，这本身就是一种竞争优势。

非语言沟通在整个沟通活动中占90%，是跨文化沟通能否有效进行的一个重要因素。使用非语言沟通需要注意的有如下几点。

（1）同样的非言语沟通方式在两种不同的文化中可能有不同的含义。

（2）是某种非言语因素在一种文化中可能毫无意义，但在另一种文化中却有意义。

(3)是某种非言语沟通方式在两种文化中可能有基本相同的含义,沟通能顺利进行而不产生误解。

(4)是各种非言语沟通方式没有好坏优劣之分,只是存在于不同文化背景中而已。

最后要讲的是,我们无论是在何种环境下,始终会面对跨文化沟通的问题,就算在一国的不同地区,文化也可能存在较大差异。了解跨文化沟通的技巧会使个人和企业组织在激烈复杂的竞争中获益匪浅。

酒店跨文化交际案例与分析

温州香格里拉大酒店迎来了一位特殊的客人,她是日本东京新大谷饭店派来相互交流学习的山口百惠。今天她乘坐的飞机已经到达了温州永强机场。香格里拉为了迎接这位贵客已经做了几天的准备,准备在今天给这位日本贵客带来完美的五星酒店体验,本次的接待由大堂部陈经理负责。

客人刚进入酒店大堂,陈经理就马上认出了她,并且热情地过去打招呼。"非常欢迎您来到温州香格里拉大酒店,山口小姐!"陈经理笑着说道,并且双手稍用力地握住了山口的右手。为了表示礼貌,陈经理立马掏出了名片,双手奉上。不料山口小姐的脸色有点难看,笑而不语,默默地接过了名片。陈经理有点摸不着头脑,但也觉得没有什么大问题。随后把山口小姐带到了早就准备好的房间,是个豪华单人房,门牌号是609号。这位客人看到后大为不悦,"为什么要这个房间,我不喜欢"。陈经理似乎还没预见事情的严重性并且打开了房门说:"不要担心什么,小姐,我们精心为您布置了房间,相信您一定会喜欢的!"然而事情更加严重了,房门一打开,满目的紫色,经理非常得意地解释道:"考虑到女士都喜欢非常浪漫的紫色,并且紫色能让人感受到轻松,您喜欢么?"此时的客人非常生气:"你们简直糟透了,你们从来没有站在客人的角度考虑问题,我想这次交流会非常失败。"

总体来说,该材料所反映的是由于国家文化差异而产生的文化冲突,并出现跨文化交际的障碍,造成跨文化交际的失败。

问题1:认识上的误区。不同文化背景的人在交际过程中最容易犯的一个毛病就是误以为对方与自己没什么两样。在中国,主人接待客人会非常的热情,用双手握住对方的双手表示对客人热烈的欢迎,对对方表示的一种礼貌,不直呼其名也是对人家表示亲切。

问题2:民族中心主义。所谓民族中心主义就是按照本民族文化的观念和标准去理解和衡量其他民族文化中的一切。文中陈经理为山口小姐安排的609号房间,在中国6和9的确是非常吉利的数字,陈经理好心办了坏事,认为在日本这两者之间没什么差别,6和9在日本是非常忌讳的,6是强盗的标记,9的发音与苦相似。并且日本人视紫色为悲伤的色调,非常不喜欢。

解决方案:认为别人与自己大致相同的想法十分自然,但是对于跨文化交际来说是有害的。在进行跨文化交际的过程中,必须不断提醒自己人们有着不同的文化背景,迥异的习俗。必须学会观察异国文化,善于与自己的文化对比,才能逐步提高自己的跨文化意识。尊重不同文化，这是对待任何一种文化应有的最基本的态度。各民族文化尤其是主流文化，都反映该民族的历史和特点，是其民族智慧的结晶。此时此刻陈经理应该立刻表示抱歉，并且解释相互之间文化的差异，取得客人的谅解，确保交流的顺利进行，保住酒店的声誉。酒店方也应该自省自己在跨文化交流当中出现的不足，应当多多学习不同国家的不同文化，安排员工进行跨文化交流的学习，杜绝此类事件再次发生。

拓展阅读

中国文化下的沟通

可以这样说，存在人群的地方，必然存在沟通。然而，现在大部分关于沟通的论著大多来自于西方。现代管理思想源于西方，因此管理沟通的理念与技能也来自于西方。

由此引发的问题是，西方的沟通理念与技巧是否完全适合于中国文化？很多跨国公司在中国的经营管理经验证实，东、西方文化下的沟通可能存在很大差异。目前关于这些差异的著作并不多见，以下是国内学者的一些研究成果，希望能为读者理解中国文化下的沟通提供一些帮助。

罗珉等提出了中国文化的四种假设："面子"的基本假设、"家"的基本假设、"关系"的基本假设、"有限自利性"的基本假设。

(1)"面子"的基本假设。重和谐的特点使中国人更加重视人际关系，在沟通的过程中都更加避免正面的冲突，即使不同意对方的观点，也不会直接说"不"。为了照顾对方的"面子"往往会通过委婉的方式提出自己的反对意见。中国人受儒家传统文化的影响，讲究"礼尚往来"，但为人处世的核心就是给人"面子"。因此，"面子"（Face）或"脸面"是最重要的假设。对于中国人来讲，在经济交易中，"面子"更多的被看作是一种名誉、信誉、名声和人情；在组织管理中，"面子"则更多的是被看作一种人情、权力和影响。

在中国的社会生活中，"面子"就是一种信用的代表物。"面子"可以使道德风险的不确定性减少，可以增进组织或管理者个人的人际资本。但是，当受儒家文化影响的中国人一旦脱离了由人际关系构成的圈子，就很少受"面子"的约束，从而表现出了很强烈的机会主义取向，认为整个世界可以为自己自由地利用。因此，"面子"的约束力量只是在人际关系的圈内起作用，在圈外并不起作用。

(2)"家"的基本假设。中国文化以人的自然化作为伦理的参考系，这就形成了"家"的借喻、隐喻、明喻，甚至讽喻的意义派生。在中国，所谓的"家"（Family）这个概念是广义的，是泛指高于个人的大众。小则是指家庭、家族和大家，大则是指政党、国家。

在关于中国组织文化和管理的讨论中，任何学者都不会低估"家"的基本假设对中国社会和组织的影响。严格地说，中国的组织文化既不是个人主义的文化，也不是集体主义的文化，而是小团体的"家的文化"。研究中国的组织管理，如果脱离"家"的基本假设这个中国传统文化的核心价值系统，那么是难以想象的。

在中小规模的家族企业内，家庭结构或家族结构成为企业组织的基本构架；在规模较大的所谓的现代企业组织中,“家”的基本假设也成为企业权力结构的来源之一。既然企业组织结构是“家”的基本假设的物质载体的实现,则亲属集团(Kinship group)、宗亲(Lineage)、氏族(Clan)、朋友、同学、熟人、乡亲等各种关系就会接踵而来,构成组织内的基本人际关系,再加上一起“打天下”的弟兄,组织内结拜认领等形成的干亲,就会共同构成中国组织错综复杂的人事关系。面对这种错综复杂的人事关系,“情、理、法”就成为处理组织内部关系的三种手段。

从某种意义土说,中国组织管理的全部都是从“家”的基本假设上筑起的。“家”的基本假设深深地凝固于中国管理者的心灵,“家”的基本假设所体现的组织的家长制、人情至上和等级制均是中国式管理的“人治”特征的具体体现。

(3)“关系”的基本假设。在传统的中国社会文化和组织文化中,“关系”的基本假设无所不在。有研究者认为,华人社会的一大特色就是信息的隐蔽性。在华人文化圈中,信息的传递主要不是通过正式的渠道进行的,而是通过由家庭、亲属、各种社会关系组成的非正式社会网络进行的。中国人做生意、办事情,甚至做员工的思想政治工作都要讲“关系”,否则人们将一事无成。只是中国人常挂在嘴上的“关系”多半是由家族、族群、语言、经验等的相似性扩展而来,强调“个人化”的人情关照和信赖,是一种非系统化的非正式关系。西方企业则较强调通过契约、协定等成立的正式关系。非正式关系一度被西方企业视为阻碍市场公平与组织效率的障碍,并为其所不屑。

(4)“有限自利性”的基本假设。“有限自利性”的基本假设是指中国人对人的自利主义行为的容忍度和接受度有限。中国人同西方人一样也讲自我(Ego)和自利,但中国人对自利的接受有一个限度。超过这个限度,就会引起他人的反感、不舒服,甚至遭到他人的攻击,这表明中国传统文化中对个人自利行为的容忍度和接受度远远低于西方社会。如果将中国人和西方人的自利性进行比较,可以说中国人对人自利的容忍和接受性是感情型的,有一套特殊主义的价值取向标准来认同结果和财富的差异;而西方人对人的自利的容忍和接受性是理性型的,采用的是普遍主义的价值取向标准来认同结果和财富的差异。

“有限自利性”的基本假设或许与中国人对需求的多层次性和利益关系的多样性的看法有关。中国人在生存的需求层次上具有较强烈的分割性,这种需求往往以个人或家庭为单位排他性地获得满足,利益体现为个人的自利主义的(Egoistic)的利益。但是,由于“家”的概念和“家的意识形态”的假设,在满足生存的需求之后,社会和组织群体更强调共享型的需求(如安全的需求和归属的需求)和依存型的需求(即个人需求的满足是建立在他人特定需求满足基础之上的需求)。因此,在中国传统文化中,在需求具有非排他性和不可分割性时,必须强调群体利益和社会利益(即大家的利益);在需求具有依存性时,利益就具有相关性,就应强调各个层次的人的需求满足。自利行为的目标超过某一临界点时,不考虑“家”的共享型的需求和依存型的需求,就是“为富不仁”,从而被社会和人们所唾弃。因此,在中国组织的管理中,只承认或者只以单一的个人利益的自利性或群体利益最大化的观点来分析人们的行为机制,是片面的和不符合中国传统文化假设的。

王登峰等人认为,中国人更加重视人际交往的内在品质;而西方人则更加重视自己作为一个对象在跟别人打交道的时候,给别人留下了什么印象,这种印象是信任的、坦诚的,还是虚假的。在西方,人们都强调礼仪的培养,例如如何微笑,如何握手;而对于中国人来讲,人际关系主要还是看对方的品质如何,过于注重人际礼仪往往让对方产生距离感。中国人不太看重外在的东西,而是通过直觉的思维方式来观察别人的内心世界,这与中国传统文化中重知觉思维和务实的思想有关。

知识总结

本章主要介绍了沟通的障碍,包括沟通的个人障碍、沟通的组织障碍和沟通的文化障碍三个部分。

(1)个人因素包括个体的个性差异、个体的心理素质和心理品质以及个体对信息的态度等。信息沟通在一定程度上受个人心理因素的制约。个体的性质、气质、态度、情绪、见解、畏惧感方面的差别,都会成为信息沟通的障碍。

(2)组织中各个部门和各个职务是相互依存的,依存性越大,对协调的需要越高,而协调只有通过沟通才能实现。没有适当的沟通,管理者对下属的了解也不会充分,下属就可能对分配给他们的任务和要求他们完成的工作有错误的理解,使工作任务不能正确圆满地完成,导致组织的利益受到损失。

(3)文化是一种“共同的心理程序”,即文化不是一种个体特征,而是具有相同的教育和生活经历的许多人所共有的心理程序。正是此程序才将不同的群体、区域或国家的人类群体得以相互区分开来,而这个共同心理程序的核心就是共有的价值观。

教学检测

一、名词解释

(1)沟通障碍

(2)组织障碍

(3)文化障碍

二、填空题

(1)所谓沟通障碍,是指信息在传递和交换过程中,由于信息意图受到__________或__________,而导致沟通失真的现象。在人们沟通信息的过程中,常常会受到各种因素的影响和干扰,使沟通受到__________。

(2)个人因素包括个体的__________、个体的__________和__________以及个体对信息的态度等。信息沟通在一定程度上受个人心理因素的制约。个体的性质、气质、态度、情绪、见解、畏惧感方面的差别,都会成为信息沟通的障碍。

(3)在沟通过程中,由于存在外界干扰以及其他种种因素,信息往往会被__________和__________,使得信息的传递不能发挥正常的作用,这就形成了管理过程中管理者与组织成员之间的沟通障碍。

(4)文化的差异性是指由于人类历史演进中的条件和过程________,决定了不同的文化有不同的特点。文化的同一性则反映了人类一般的生理特征和他们适应自然和________的一般需要。

三、问答题

(1)影响沟通障碍的个人因素有哪些?

(2)沟通在组织管理中有什么作用?

(3)如何实现跨文化沟通?

项目五

书面沟通

☞**知识要点**

(1)了解书面沟通的含义。

(2)掌握书面沟通的优缺点。

(3)了解商务信函的种类。

(4)掌握商务信函的写作技巧。

☞**关键词**

书面沟通　公文　书信　商业信函

书面沟通是管理沟通的一个重要组成部分,在一定程度上决定了管理的有效性。而事实的情况却是:书面沟通往往被大家所忽视,从某种程度上来说,甚至是整个管理阶层都缺乏书面沟通的能力。与其他领域的进步一样,管理的发展也离不开职业化,书面沟通的能力就是其中的一项基本技能,是现代管理者必须掌握的一项技能。本项目将介绍书面沟通的基本概念、基本特点,并对书面沟通的过程及其注意事项和书面沟通过程中可能使用的几种商业文书作大概的介绍与阐述。

【情境导入】

张经理的苦恼

最近,某公司人力资源部的张经理非常苦恼。由于年龄关系,去年该部门的老王退休了。为了解决编制的问题,人力资源部从一家比较有名的高校招聘了一位专门学习人力资源管理的毕业生小李接替老王的工作。招聘之时,张经理对小李寄予厚望,认为她年轻、有思想,懂得现代人力资源管理的理念,同时沟通能力也很好。可是,张经理渐渐发现,小李的写作能力非常差,不要说对人力资源报告的书写方法一窍不通,就连一般书信和便签也写得差强人意。张经理几次提醒小李要好好学习一下与书面沟通相关的知识,但是效果并不明显,小李好像对于这些东西很不感兴趣。张经理对此非常苦恼。

客观来讲,小李在其他方面的能力还是很好的,口头讲解自己观点的时候思路也很清楚,就是写出的东西让大家看不懂,或者是不像一份商业报告。因为这一项不足就辞退小李确实有些可惜,可张经理认为她确实没有做好自己目前的工作。

【思考】

通过本案例,我们可以看到书面沟通对于一个职业人士的重要,它在一定程度上决定了管理的有效性。所以初入职场的人一定要注意书面沟通的重要性,做好相关技能储备。

任务一 书面沟通概述

【至理名言】

恰当地用字极具威力,每当我们用对了字眼……我们的精神和肉体都会有很大的转变,就在电光石火之间。

——马克·吐温

一、书面沟通的含义

书面沟通是以文字为媒体的信息传递,形式主要包括文件、报告、信件、书面合同等(口头沟通是以口语为媒体的信息传递,形式主要包括面对面交谈、电话、开会、讲座、讨论等)书面沟通是一种比较经济的沟通方式,沟通的时间一般不长,沟通成本也比较低。这种沟通方式一般不受场地的限制,因此被我们广泛采用。这种方式一般在解决较简单的问题或发布信息时采用。在计算机信息系统普及应用的今天,我们很少采用纸质的方式进行沟通。

小贴士

书面沟通适用情形

书面沟通适用情形包括下面几种:

(1)简单问题小范围内沟通时(如3~5个人沟通一下产出物最终的评审结论等)。

(2)需要大家先思考、斟酌,短时间不需要或很难有结果时(如项目组团队活动的讨论、复杂技术问题提前知会大家思考等)。

(3)传达非重要信息时(如分发周项目状态报告等)。

(4)澄清一些谣传信息,而这些谣传信息可能会对团队带来影响时。

二、书面沟通的特点

(一)书面沟通的主要特点

在组织管理中,书面沟通作为一种正式沟通形式,通常表现为大量的文书工作,主要具有以下五个特点。

(1)书面沟通的信息可以长期保存,有助于信息接收者对信息进行深度加工与思考。一般情况下,信息的发送者与接收者双方都拥有不同记录,书面沟通的信息可以长期保存下来。如果对信息的内容有疑问,过后也可以对其进行复查。对于比较复杂的和长期的组织运作活动,书面信息尤为重要。例如,一个新产品的市场推广计划和一个市场调查计划可能需要后面几个月的大量工作,单凭人的大脑记忆是远远不够的,以书面的方式记录下来,可以使计划的实施者在整个计划的实施过程中有依据。

(2)可以促使信息发送者对自己要表达的东西进行更加认真的思考,使其更加条理化。书面语在词语的组织运用、词语间的关系规则和习惯、句子语法等方面有着明显的逻辑性。书面文字包括段落、主题句和其他结构上的要素,以便给读者提供一个关于文章内容、结构、逻辑顺序的概要标志。因此,书面沟通显得更加周密,逻辑性强,条理清楚。书面语言在正式发表之前能够反复修改,直到表述者满意为止。作者所要表达的信息能够被充分、完整地表达出来,从而减少了情绪、他人观点等因素对信息传达的影响。而且书面内容易于复制、传播,这对于大规模传播来说,是一个十分有利的条件。

(3)书面沟通是一种多样性的有形展示。书面语的形式多种多样,包括报纸、杂志、书籍、报告、标语、电子邮件、传真、电视、计算机屏幕上的文字说明、通知以及标志等。书面语不是僵化的,信息的发出者可以通过华美的图片、图表及简捷而清晰的语言,甚至光碟等形式来增加书面沟通的功效。

(4)耗时较长。相同时间的交流,口头比书面所传达的信息要多得多。据研究,花费一个小时写出的东西只需要15分钟就可以说完。

(5)不能及时提供反馈信息。口头沟通能够使信息接收者对听到的东西及时提出自己的看法,如果有不明白的地方可以及时提出疑问。而书面沟通缺乏这种内在的反馈机制,结果无法确保接收者对信息的理解恰好是发送者的本意。发送者往往要花费很长的时间来了解信息是否已经被接收并被正确地理解。

书面沟通与口头沟通的比较,如表5-1所示。

表5-1　书面沟通与口头沟通

相关要素	书面沟通	口头沟通
传播速度	慢,但可以持久存在	迅速,但消失得快
反馈性	速度慢	双向沟通,能立即澄清疑点
特性	正式,有权威性	随意,经济
传送区域	内容可以远距离传播	只在沟通中传播
准确性	准确性高	准确性低,较个性化
信息通道	少,以言语沟通为主	多,可利用非言语通道表达

(二)书面沟通的优点

书面沟通本质上讲是间接的,这使得其有许多优点。

(1)可以是正式的或非正式的,可长可短。

(2)可以使写作人能够从容地表达自己的意思。

(3)词语可以经过仔细推敲,而且还可以不断修改,直到满意地表达出个人风格。

(4)书面材料是准确而可信的证据,所谓"白纸黑字"。

(5)书面文本可以复制,同时发送给许多人,传达相同的信息。

(6)在群体内部经常受限于约定俗成的规则。

(7)书面材料传达信息的准确性高。

(三)书面沟通的缺点

间接性也给书面沟通造成了一些特殊障碍。

(1)发文者的语气、强调重点、表达特色,以及发文的目的经常被忽略,从而使理解有误。如图5-1所示。

(2)信息及含义会随着信息内容所描述的情况,以及发文和收文时的情况而有所变更。这包括:

①个人观点。收文者很容易忽略与他自己的看法有冲突的信息。

图 5-1　书面沟通的障碍

②发文者的地位。发文者是上司、部属还是同一阶层的同事,会影响信息的意义。

③外界的影响。收文者能否专心阅读收到的信息?收文者的心情如何?你写这封函或备忘录的时候心情如何?这封函送达的时间是大清早还是午餐的时候?这些都会影响信息的含义。

④若发文者选择的格式或时机不当,收文者很可能因为发文者一开始采用的格式不当,而不太注意其信息内容。

三、书面沟通的种类

根据不同的分类标准,书面沟通可以划分为不同的类型。

(一)按照沟通目的划分

在管理沟通中,根据沟通的目的,书面沟通可以大致分为以下四类。

(1)通知型书面沟通。通知型书面沟通包括通知、通告、通报,还包括日程安排、会议安排、课程时间安排等。

(2)说服型书面沟通。说服型书面沟通包括项目提案、申请、广告宣传册等。比如购买一套光华管理学院培训课程的光盘,需要先写一个购买申请,说明购买原因以及重要性和必要性。又如给产品写广告宣传册,以此来说服客户购买产品等,这些都属于说服性写作。

(3)指导型书面沟通。指导型书面沟通包括用户手册、操作指南、业务流程等。

(4)记录型书面沟通。记录型书面沟通包括工作总结、个人总结、会议记录、备忘录等。

(二)按照沟通用途划分

根据书面材料的用途,书面沟通可以分为以下五种类型。

(1)通用公文。通用公文是指党政机关、群众团体、企业单位处理公务的有一定规范的应用文书,它从属并服务于一定的社会集团,是一定的社会集团进行管理的手段和工具。一般具有政治性、权威性、实用性、规范性、特定性等特点。虽然公文较多地应用于政府机关,但实际上,通用公文的写作方法具有共性,其格式往往能套用在其他方面。比如在企业内部,由于等级关系的存在,上述提到的各类公文形式都可能用到,尤其是通知、报告、公函、会议纪要等。在日常生活中,某些事例也可以套用公文的格式,比如请假条就类似于“请示”。

(2)事务文书。事务文书包括计划、总结、调查报告、工作研究、讲话稿、汇报提纲、会议记录、提案、简报等。

(3)专用文书。专用文书包括财经调查、经济活动分析、经济预测报告、经济合同、商品说明书、广告词、科技文摘、学术论文等。

(4)生活文书。生活文书指的是日常生活中经常使用的文书,比如介绍信、证明信、感谢信、慰问信、建议书、聘书、请柬、启示、海报、贺词、申请书等。这些文书是日常沟通的重要方式,常常用来联络信息,互通感情。由于种类很多,使用时尤其需要注意选用合适的文稿格式。

(5)涉外文书。涉外文稿写作常有特殊的格式和要求,有涉外意向书、合资企业可行性研究报告、涉外合同、涉外公证书、涉外仲裁申请书、外贸商业信函等。不同的领域,不同的国家,其相应的文书几乎都有一些差别。

(三)按照沟通渠道划分

根据渠道的不同,沟通可以分为纸张沟通与电子沟通。纸张沟通包括报告、信件、备忘录等一般意义上的纸张沟通,同时也包括传真沟通。电子沟通包括电子邮件沟通和电子会议系统沟通。

四、书面材料的写作

(一)写作的过程

书面沟通很重要的一个方面就是如何进行写作。一般来讲,顺利完成写作大致包括以下三个步骤。

1.写作准备

准备阶段是写作过程中的重要环节,占了整个创作活动的一大半时间。只有在充分准备的条件下,才容易成稿,同时也可省去大量的修改时间。

在准备阶段,作者首先要明确创作的日标,然后据此确定文章的主题。在此基础上,根据主题需要,选择、组织相关的材料。选材可以是通过自己的感知和体验直接摄取的材料,也可以是通过阅读或采访调查间接摄取的材料(其中包括借助电影、电视、广播、计算机等工具)。然后对材料进行筛选,选取自己最熟悉、最动情、最理解、最有意义的典型事物材料。在准备阶段,作者还须考虑文章的结构安排、叙述说明方式等问题。

(1)确定写作目标。就像建筑师运用蓝图,旅行者借助地图一样,写作者必须在写作前先制定出一个计划来指导自己的行动。确定写作目的是使文章条理清楚、结构完整的关键。明确写作目的会有助于你决定是写备忘录、信函、短篇报告,还是长篇报告。

为了确定所写材料的宗旨,首先要分析一下材料要说明的主要观点。如果事先没能确定材料的宗旨,则写起来很容易偏离主题,写出的材料就容易使读者感到没有头绪。所以,必须尽可能详细地列出文章的宗旨,这样可以在写作和修改时获得提示。

(2)分析读者。认真分析读者,才能使你提供的材料符合他们的需要。在写材料的过程

中,问自己以下几个问题:

①谁将是这份材料的读者,他们是公司内部的人,还是公司以外的人?

②如果是内部的人,他们的职务是什么?责任范围又是什么?

③如果是外部人,他们与你是什么关系?与公司又是什么关系?

④读者对你说的材料的主题是否熟悉?他们是否熟悉材料中所指的特殊领域?

⑤他们对你的观点会有什么反应?

弄清楚以上问题可以保证在写作的过程中具有更强的针对性。通过了解读者,写作者就可能选择对读者有用的信息,或者选择他们可能感兴趣的信息,也就知道该运用什么样的方法来写作,知道该使用什么样的语言。

(3)收集信息。信息量的多少取决于所写材料的类型。如果只是一份主持会议的备忘录,则只需要少量的信息;如果是一份有关销售和市场情况的调查报告,就需要有大量的信息。不管是写简短的备忘录还是较长的报告,都要收集有关信息并检查其准确性,然后才能把这些材料写进去。如果要写一份主持会议的备忘录,需要掌握有关会议日期、时间、地点和会议目的的准确信息。

收集信息可能会花费较长的时间,可以从图书馆查找有关的出版物,从公司记录中查找有关的数据,或从专业协会获取有关的专业信息,还可以通过委托代理、与顾客个人交谈和采用问卷调查等方式进行。根据写作的目的和涉及的范围,在动笔之前,可能需要进行一次综合性的调查研究。

收集有关信息还需要注意停止收集信息与开始写作的时间该在什么时候,这一点很重要。有的作者会把收集信息作为不动笔的借口。如果需要收集大量的信息,便很容易拖延开始写作的时间。有经验的写作者非常清楚收集的信息是否完备,什么时候应该动笔开始写作。如果作者并不急于完成这份材料,则给自己确定一定的实际信息收集截止日期,在适当的时候结束信息收集并开始写作,这样做是比较恰当的方式。

无论写的是正式的报告还是非正式的便条,都需要一些素材。这些材料可以来自于头脑里的记忆,但更多的需要从各个渠道收集而来,并对其加以归纳整理,提炼出对写作有用的信息。无论是一般文书还是调查报告,或是理论性文章,都需要充分地准备材料。

在准备材料时应该注意以下几个问题:

①在收集资料前必须明了写作的意图。只有在清楚为什么要写作后,才有可能去收集到真正有价值的素材,也只有带着问题去收集,才能使收集具有针对性,才能不遗漏真正重要的素材。

②在收集材料时,还要明确阅读者的背景。为了和读者做到有效的书面沟通,作者必须了解到读者是什么人,他们已懂得什么,感兴趣的是什么,想要知道什么,能理解什么样的语言和术语等。而要想清楚地知道这些,只有通过有关读者对象的资料收集。

③确定文书性质。文书是简短还是复杂,也将影响到资料的收集。例如,一份有关竞标项目的可能候选人的报告一般是非常综合的,并需要许多详细的证明材料,这就要求作者收集大量多而全的资料。

信息时代的特点,一方面资料非常多,另一方面,真正需要的资料却很难找到。因此,了解所需资料存在于什么地方显得尤为重要。大致来讲,信息可以通过三个主要途径获得。

第一个途径是一些书面媒体。比如书本、杂志、期刊、报纸以及报告、论文等。这类资料总量非常庞大,寻找合适的资料通常要花费一番工夫。

第二个途径是现代媒体。比如 Internet,随着网络化时代的到来,这种先进的媒体必将引发资料存储、检索等方面的革命,由于信息量异常的大,而且寻找方便,通过 Internet 收集资料将越来越被人们所接受和采用。另外,材料来源还有 CD-ROM、录音带、录像带等。

第三个途径是非书面的资料。如个人的经历,这可能存在于记忆当中。通过访谈、会见或会议等手段,可以使与会者充分交流自己的经验、知识、观点、看法,为作者提供详细生动的资料。有人认为非书面材料可以通过直接观察和社会调查获得。

除了注意材料的来源外,收集材料还必须有一些相应的技巧。

①从身边的资料开始找起。资料收集的次序对收集效率会产生较大的影响,一般而言,从身边已有的资料开始找起,是比较妥当的。有时无需查找一些高深、稀少的资料,手头资料就已经能满足写作的要求,这样就节省了时间和精力。

②尽量利用高科技手段。现代技术对资料收集产生了重大影响,以前采用卡片、索引、剪报等形式,现在有计算机自动检索等方式。紧跟科技发展,掌握先进的资料收集方法,从新的比如 Internet、CD-ROM 等媒体上收集,可能会起到事半功倍的效果。

③注重平时积累。当收集一个自己比较熟悉的课题时,往往能够驾轻就熟;而在一个陌生的领域里收集资料时,却往往会有无所适从的感觉:不知道哪里有相关资料,不知道哪些资料是有价值的。虽说可以通过关键词索引、脚注、尾注、参考文献等查到一部分,但总的来说效率较低。因而注重平时积累,并做一些卡片,提高自己的素养和能力,这往往会使得进一步的资料收集变得容易起来。

④材料数量坚持适应原则。材料太少,不能全面、正确反映事物的本来面貌,使用起来捉襟见肘。但是,材料的增多,会随着收集所用时间的增多而出现边际效应递减的现象。另外,材料太多,容易让人抓不住方向,产生负面引导效应。

(4)列出大纲。列出写作提纲是非常重要的任务,如果能够在正式写作之前列出观点,那么写作效率就会大大提高。当然,大纲的长短根据材料的形式而定。如果是一个简短的信件,大纲可以短一些;如果是比较长的报告,则大纲必须很详细。在列大纲时,必须明确怎样列提纲最有利于显示信息的内容、性质、材料的目的以及满足读者的需要。

2.正式写作

在作了充分的准备之后,就需要把自己的观点和大纲中提出的内容通过文字的形式表达出来,这一阶段是整个写作的核心环节。作者依托写作前的准备工作,围绕文章的主题,不断实现由思路转化为文字而同时又产生新思路的过程,这是个不断激发创造力的过程。这个过程能否继续下去取决于作者对写作目标的熟悉程度,取决于作者对行文构成的掌握和理解,也取决于作者自身知识和阅历的宽广度。

企业总经理和总裁经常会浏览大量的书面材料,他们总是详细阅读其中的一部分,忽略另外一部分,有的甚至是只看一眼。这意味着报告不可能被详细地阅读,因此,写出的东西一定要能抓住读者的注意力。

(1)良好书面材料的标准。概况来说,有以下几点。

①材料的形式必须让人很快形成一个良好的第一印象。如果说读者对材料有了一个较好的第一印象,他们就有可能读下去。这一印象不只来自材料说了什么,或者主题是什么;更主要是来自材料的与众不同,包括纸张的质量,书写的整齐程度,空白是否留得适当,表格插图的视觉效果等,这些因素都能决定读者对材料第一印象的好坏,现在流行的计算机平面设计软件能很容易地制作出视觉效果非常好的材料。一封版面拥挤、空白狭窄、分段很少的长信很难使人感到亲切,也难以让人产生阅读的兴趣。

②要有个性鲜明而有感染力的开头,开头几句话最好能开门见山地表明所写材料的最终目的。据说读者在开头几分钟,便可以知道这份材料是否与自己有关,是否是自己感兴趣的题目。如果开头几句话意思混淆、模糊、使人感到不舒服,除非是读者自己非常想要的材料,否则他就会把材料扔到一边。

③材料的可读性。要做到易于阅读,很大程度上依赖于写作的水平。在写作水平一定的情况下,仍然有一些方法可以使你写的东西容易让人阅读。例如,如果是备忘录,可以用提纲的形式把信息列出来,然后在每条的开头用符号标出来以突出信息的重点;如果是一份报告,则需要列出大纲和概要,然后在不同的要点项突出主要观点。要使材料具有可读性,应该注意以下两点。

一是要了解读者的背景。作者必须使自己写的东西适合阅读者的身份、受教育水平、知识经验甚至时间安排等。当读者水平参差不齐时,写的东西最好考虑最低水平的读者。

二是要简洁。以读者熟悉的字句来表达作者的意思,以简洁的句子来表达作者的观点,这样比用晦涩的词组、专业的数据的可读性更强。在商业文件写作中句子应该力求简洁,通常 15 个词左右的句子便足够了,当然并不是说所有句子都应该少于 15 个词。偶尔出现一个长句,也会产生一定的变化,使人有新鲜感,增加一定的刺激性,不会影响材料的可读性,反而会大大提高材料的可读性。

(2)写作的一般技巧。写作的过程是创造的过程,应该注意摒除一些影响创造力发挥的习惯。

①不要在乎写作顺序。不要强迫自己从文章的开头一直写到结尾,应该从最容易的写起,如果在某个地方停滞不前了,可以把它搁置起来先写其他的部分。

②合理安排时间间隔。最好在初稿出来之后,间隔一段时间再去修改。这样写作的效果就会提高。

③不要边写边改。写文章不仅仅是有逻辑,更多的是要有创造力。在写作的初期,不要担心细节问题。如果有些地方没有想好,可以空出来,留下标记,以后再做修改。

(3)集体写作。集体写作在商业界变得越来越普遍。合作意味着材料失去自己的某些特点，同时也可以从其他人身上获得新的特质。玛丽·蒙特给出了以下的小组写作建议。

①在集体的指导原则上达成一致。在加入到一个写作小组之前，要就集体的指导原则和基本规则达成一致，使小组能够更加有效地运行。确定谁可以推动小组会议的进程，怎样对各项问题进行决策，如何处理违背小组原则的行为。

②在任务安排上达成一致。时间安排应该围绕战略制定、资料收集、资料提炼、文稿修改和最后细节几个方面的任务展开。在制定战略时，应该考虑所有涉及写作的人应具有充分的时间完成写作任务。在收集资料时，要根据小组成员的兴趣和擅长的技能来分配任务，并列出阶段性会议的时间表，避免不必要的时间重叠和人员重叠。在组织提炼材料时，可以采用多种方式，如可以采用面谈，也可以采用电子会议，可以是一个人从事该项工作，也可以是小组来完成这项工作。在修改文稿时，可以只使用一位修改者，也可以采用小组修改的方式。最后细节中包括校对、审批和文章分发。

写作的步骤

1.搭建框架

以章为单位精确到最细的一级目录。每个目录下先写出两三句话说明这一段的主要内容和核心观点，保证章节的整体思路通畅。

2.填充文字

把自己平常积累的文字剪切到符合主题的小节中，补写缺少的内容。不考虑文字细节，把想说的都写出来，保证速度，利用零散的时间来完成。

3.理顺逻辑

按顺序通读文章，重点关注段落、句子间的逻辑通畅。主要是调整段落、句子的位置，增加过渡句，删除废话。

4.调整风格

关注语言的一致性，增加例子，对话。增删图标，简化内容，添加特色内容。

5.后期制作

前四步骤结束之后是初稿，给同事、同学、相关行业的同仁、前辈等评审，然后再整体修改。

3.编辑修改

写作的最后步骤是编辑修改。无论什么情境下，作者都不应该认为一次写出的材料就是最后的定稿。即便是有经验的作者，也无法一次性完成写作任务，也不能保证一次写出来的东西就是完美无缺的定稿。编辑修改的次数会因作者写作技巧的熟练程度、所写材料的重要程度和性质不同而不同，一封短信可能只需要改 次就成功了，而一份正式的报告可能需要改五六次。修改的内容涉及对现有写作目标、写作方法和整个文本的重新检查修订，是一个精益求精的过程。这些改变可以是与文本含义有关，或是与拼写、语法等有关。一般来讲，经验丰富的作者在开始写作时会忽视对文本细节的关注，直到他们对文本的核心观念提炼到满意为止。

概括来讲,修改可以围绕以下几个方面进行。

(1)提炼校正文章主题。主题是文章的灵魂,通过主题校正,可以使文章的主题更加正确、鲜明、集中、深刻和全面。

(2)增删更换材料。材料是主题的载体,材料的质量如何,影响着主题的表现。因此修改时,须认真分析材料的精彩程度、可靠程度。

(3)调整结构安排。文章要做到言之有序,必须有严谨的结构安排。因此,在修改文章时要注意对组织构造作细致的鉴定分析,以便重新调整组合,使结构达到最佳。

(4)斟酌变更写作手法。能否选用恰当的表达技巧,会影响文章的表达效果。修改文章时,应对写作手法予以斟酌。

(5)推敲润色语言。语言能否准确、生动、传神地表情达意,是书面沟通的重要特点。文稿能够修改是写作这种沟通方式的巨大优越性,正是因为写作过程中有修改,才使得写作能达到正确、清晰、完整、简洁的目的。同时,现代计算机中文本校正程序的广泛应用已使修改工作大为方便。

(二)写作过程的影响因素

写作的三个步骤不能一蹴而就,写作的环境、作者的经验与能力、外部客观条件都会影响写作的过程。

1.环境的因素

这里的环境因素,主要是指读者对象的性质、文化水平、专业技术、需要等对文本创作的影响。如果读者对象是业务经理,那么作者创作文本时就可以用一种特殊的风格来写作,并使用一定的专业术语。然而,同样主题的文本,如果是以缺乏专门知识的人为对象,就要用另一种风格写作,中间少用术语,即使使用术语,也要对之做出专门的解释。

2.作者的自身素质

作者写作的主题也受其自身因素的影响。如果是自己非常熟悉而又有着丰富经验的内容,写起来肯定是得心应手,而且读者看了也会大有收获。作者的经验、能力和知识水平对文章创作过程具有重要影响。一般来说,作者的知识水平包括以下几方面。

(1)与任务相关的知识。如打字方法、研究技巧、统筹安排时间的技巧等。

(2)与主题相关的知识。如有关主题及数据资料来源的知识,对主题相关的术语和专业知识的了解等。

(3)与读者对象有关的知识。如对读者的文化水平、专业知识、经验的了解等。

3.写作时间与主题

对写作过程有重要影响的环境还包括进行写作的有效时间和写作主题。由于缺乏时间,在限定时间内完成的研究成果创作文本很少能得到检查和修改。然而,为保证效果和信誉,写成的公司报告就有必要进行充分的检查和修改,写作者必须花时间对所写报告进行细心修改。这里的检查和修改有时是涉及材料的复杂性所要求的,或者是因为其读者对象是总经理、董事长等重要人物所要求,但更多时候是由可利用时间的充裕度所决定的。

资料链接

书面沟通技巧

书面沟通,是人与人之间沟通的方式之一。它是以文字为媒介进行交流的方式之一。它的形式多种多样,如报告、心得体会、信件、文件、合同等,书面沟通是把所有的语言转化成文字,让人们便于记忆和理解,更是作为一种交流和达成某种协议的一种书面的方式。随着时代的发展,人们在工作中,在日常生活中,都已经离不开书面沟通。那么进行书面沟通的技巧有哪些呢?

1.改善书面沟通所必备的思考模式

某人的语言缺乏逻辑性,一定程度上也说明他需要提升逻辑性思维的能力。

2.如何写明一件事(各大要素)

怎样清晰地写明一件事?都需要哪些要素?(案例分析、讨论、练习)。

3.如何明确终极目标

一份函件、报告、总结,一定有它主要传递的中心思想和终极目的,而其他的部分则都是为了这个主要目标服务的。

4.书面沟通中的身份定位与沟通的对象分析

当我们跟一个人沟通的时候,在我们内心里面,就给了对方一个身份定位了。这个定位要合适,能有利于达成良好沟通。

5.如何设计内容架构

任何一篇文章,都需要一个很好的架构。不同的架构给人的感觉迥异。掌握架构之后,就好像有了一个毛坯房,而报告的内容就像内部装修一样。把不同的内容放在合适的位置,这份书面沟通就标准而通俗易懂了。

任务二　书面沟通文体写作

【至理名言】

写作要严格、严格、再严格,求快意味着不是往上爬,而是从上坡向下滚,到头来只有死路一条。

——富曼诺夫

一、公文

(一)公文的含义与特点

1.公文的含义

公文,全称公务文书,是指行政机关在行政管理活动中产生的,按照严格的、法定的生效程序和规范的格式制定的具有传递信息和记录作用的载体。

什么是公文?自古以来定义甚多,众说纷纭,见仁见智。取其共识,公文乃公务活动的产物和工具,是公府所作之文,是公事所用之文。换言之,公文是各级各类国家机构、社会团体和企事业单位在处理公务活动中有着特定的效能和广泛用途的文书,它能够超越时空的限制,为国家管理提供所需的信息。公文处理是围绕公文形成并产生效力的整体过程,它涉及了国家机关和社会组织的各级各类人员。认识公文的特点、内涵是写好公文的先决条件。

2.公文的特点

(1)公文的制作者是依法成立的组织。

(2)公文具有特定效力,用于处理公务;公文具有行政机关赋予的特定的效能和影响力。

(3)公文具有规范的结构和格式,各种类型的公文都有明确规定的格式,而不是像私人文件那样主要靠各种"约定俗成"的格式。

公文区别于其他文章的主要特点是公文是具有法定效力与规范格式的文件。

(二)公文的种类

《国家行政机关公文处理办法》对"公文"种类是这样规定的:

第九条 行政机关的公文种类主要有:

1.命令(令)

命令(令)适用于依照有关法律公布行政法规和规章;宣布施行重大强制性行政措施;嘉奖有关单位及人员。

2.决定

决定适用于对重要事项或者重大行动做出安排,奖惩有关单位及人员,变更或者撤销下级机关不适当的决定事项。

3.公告

公告适用于向国内外宣布重要事项或者法定事项。

4.通告

通告适用于公布社会各有关方面应当遵守或者周知的事项。

5.通知

通知适用于批转下级机关的公文,转发上级机关和不相隶属机关的公文,传达要求下级机关办理和需要有关单位周知或者执行的事项,任免人员。

6.通报

通报适用于表彰先进,批评错误,传达重要精神或者情况。

7.议案

议案适用于各级人民政府按照法律程序向同级人民代表大会或人民代表大会常务委员会提请审议事项。

8.报告

报告适用于向上级机关汇报工作,反映情况,答复上级机关的询问。

9.请示

请示适用于向上级机关请求指示、批准。

10.批复

批复适用于答复下级机关的请示事项。

11.意见

意见适用于对重要问题提出见解和处理办法。

12.函

函适用于不相隶属机关之间商洽工作,询问和答复问题,请求批准和答复审批事项。

13.会议纪要

会议纪要适用于记载、传达会议情况和议定事项。

(三)公文的主要特征

1.主题的职能性

公文是实现机关管理职能的工具和手段。在公文里,鼓励什么遏制什么,支持什么反对什么,允许怎么办和不允许怎么办,或褒或贬,或是或非,或倡或戒,或行或止,十分鲜明。

2.材料的可靠性

在公文里所采用的事实材料、数字材料、理论材料以及所依据的法律法规、方针政策,必须真实、准确,来不得半点臆想、虚构和捏造。

3.结构的逻辑性

公文写作思维方式主要是逻辑思维,通过概念、判断、推理,通过综合、比较、论证形成写作思路,完成写作任务,多用说明、叙述、议论的表达方式,慎用文学手段。

4.文风的平实性

力求准确、鲜明、生动,力戒说大话、空话、假话、套话,不能言之无物,也不能哗众取宠,要实实在在,明明白白。

5.表述的简明性

结构力求简约,层次力求简化,语言力求简洁,在把事情、想法写清楚、写明白、写透彻的前提下,文字越简越好。

6.体式的规范性

要有强烈的文体、文种意识,要注意公文的书写格式、语体特点,也要注意公文的附加标识。

(四)公文的写作要求

1.确定文种

公文文种体系中包括有:条例、规定、办法、决定、命令、指示、批复、通知、通报、公告、通告、议案、请示、报告、调查报告、总结报告、函、会议纪要等。

文种是写作公文首先要明确的。我们在写作公文前,要弄清楚这个文件具有或者说应该发挥什么作用,是在什么背景下写这个文件材料。根据写作的背景、目的、受文对象确定采取哪个文种。

选择公文文种的依据主要有三个方面:一是看作者与主要受文者间的工作关系;二是看作者的法定权限;三是看行文目的、行文要求和表现公文主题的需要。

2.规范写作

公文写作要努力做到“七个规范”。

(1)主题规范。主题是文章所要表达的中心思想。任何文章都要有主题,公文也不例外。公文主题的提炼标准,就是集中单一、鲜明显露。要求一文一事,一个主题,主题鲜明突出,主张什么,反对什么,要鲜明直接,不能含糊,不能让人产生歧义。

(2)使用材料规范。公文材料的选用标准必须是真实典型,新鲜有力。所谓真实,就是实实在在存在的、能够反映当前事物本质规律。我们分析问题时,所列举的现象,不是人为编造的,也不是偶然现象和个别现象。所谓典型,就是既是个性特征,又是共性特征。新鲜有力,就是我们所列举的、分析的问题、提出的办法,必须是符合当前实际的,必须是有说服力的。

(3)文章格式规范。公文普遍的结构格式是:公文标题—主送机关—正文—结尾—成文时间。

标题的写法:公文标题的写法一般是发文机关+事由+文种。主送机关的写法:一是只写受文机关的名称,不写领导个人名字(领导特别要求的除外);二是只能写一个主送机关,其他需要送达的受文机关采取抄送方式;三是用统称或者规范的简称,不能随意写,如市政府、市人民政府都是规范的简称,但不能写成市府;四是行文关系,只能逐级行文,一般不能越级行文,某些经费请示属特殊情况。

正文的写法:正文是主送机关以下、结束语之前的部分。正文是一篇公文用笔最多、最重要的部分。一般是在主送机关之后,先写一段或几句导语,说明写这篇公文的原因、根据或者目的,导入正文。正文要做到逻辑层次清楚有序,说理简洁准确并力求深刻,用语符合规范。

结尾的写法:正文写完后,一般要写几句号召的话,或者表决心、态度的话。请示要说

"妥否,请批示";意见要说"以上意见若无不妥,请批转执行";通知和报告可以不要结尾,说完就落款结束;讲话稿类的一般有鼓劲、号召的话语;汇报材料一般有表示感谢和今后打算、态度的话语。

(4)文字表述规范。公文的用语用字要求简明、准确、朴实、得体、通俗、易懂,体现字面意义而非联想意义,讲求陈述性、写实性,而非描绘性、虚拟性。一般以概述为主,据事说理,言之有物。

二、书信

(一)书信概述

书信,是个人与个人之间、个人与单位之间、组织与单位之间,借助文字交流思想感情或互通情报的一种应用文体。按用途,可以分为一般书信、介绍信、证明信、感谢信、慰问信、表扬信、申请书、求助信、引荐信、探问信、邀请信、规劝信、常用条据等。书信一般包括称呼、正文、署名等几个部分。

(二)一般书信的构成

一般书信是指同志之间,亲友之间来往的私人书信。这种书信可写的内容是非常广泛的。

跟人家说情况,谈看法,抒发感情,请别人代办事情等,都可以作为写信的内容。另外,别人给你写信,需要写回信,答复或说明人家在来信中提到的问题或事情。再说,学生们写信,还有一种特殊的情况,那就是用书信的形式写文章。小学课本里就有这样的要求。如果在信中,或向对方叙述一两件有意义的事,或向对方介绍一个自己熟悉的人,或向对方描述一个风景优美的地方,或向对方说明一个事物的特点,那就是借写信在记事、写人、绘景、状物了。这样的书信,要求就比较高了。

一般书信可分为称呼、正文、结尾、署名、日期五个部分,每个部分都有一定的格式。

1.称呼

根据自己和收信人的关系,平时怎么称呼,在信中就怎么写。如给爸爸写信,称呼就写"爸爸";写信给老师、同学的信,称呼就写"×老师""××同学"。称呼要从第一行顶格写起。称呼后面要加冒号":",表示下面有话要说。

2.正文

这是信的主要部分。写信人要说的话都写在这里。正文的开头空两格,通常先写问候的话。如果是回信,先要写明来信收到,并对来信中提及的问题或要求办理的事情做出回答。如果写的事情较多,可以分段写,一件事情写一段,每段起行空两格,转折顶格。

3.结尾

结尾可根据写信人跟随收信人的关系和具体情况,写上表示祝愿,勉励或敬意的祝颂语。如"此致敬礼""祝你健康"等。祝愿语一般分两行写。以"此致敬礼"为例,"此致"可以紧接正文之后写,也可以另起一行空两格写,"敬礼"则一定要另起一行顶格写。

4.署名

在结尾的再下一行的后半行写自己的名字,署名的前面也可以写上跟随对方相应的称呼,如"儿""弟""学生"等。

5.日期

可以写在署名的后面,也可以写在署名下一行的后半行。最后写清年月日,以便查考。

此外,如果信已经写完,又发现内容有遗漏,或某件事叙述得不够全面时,在信的后面还可以补写。但是在补写的话前面要加上"还有""另外""再";或在后面加上"又及"等字样。

信写好了,要寄出去,还必须要有信封。现在的标准信封是横写的。信封上面写收信人的邮政编码、收信人地址;中间写收信人的姓名;下面写寄信人的地址、姓氏及邮政编码。

(三)一般书信的写作要求

书信写得好不好,关键在正文。写信的正文,要注意以下几点。

1.要说得清楚明白

写信时,不管目的是什么,都必须把话写得清楚明白。因为,收信人不在你的身边,你不把话写得一清二楚,人家看了就会不明不白,甚至发生误会。因此,写信时必须考虑好要写哪几件事情,先写什么,后写什么,用简洁的语言把你要写的内容叙述得清清楚楚。

2.书信感情要真挚

写信就是和收信人交谈,只是交谈时,收信人不在面前,而是通过书面语言把要说的话写出来。说话要有感情,写信同样要有感情。母子之间、师生之间、朋友之间……写信时都要表示自己的一番真情。

3.语言要得体

写信时要注意写信人和收信人的关系。关系不同,用语要有所不同。给长辈写信,要用敬语;给同辈写信,也要讲礼貌。

一般书信又分成给亲人的信,给老师的信、给同学朋友的信、给名人的信、给领导的信。给亲人的信,是一般书信较常见的一种。因为离别亲人,才必须给亲人写信,因此信中一般要写出对亲人的思念之情,要向亲人表示问候。

给老师的信,可以向老师表示谢意,可以向老师汇报自己的收获,也可以向老师提意见。在向老师提意见时,一定要态度诚恳,用词宛转,讲究礼貌。

给同学朋友的信,可以交流情况、商量问题、委托办事、规劝指正、回忆友谊、表示慰问……总之,信的内容非常丰富。给同学朋友写信,要热情,讲礼貌,即使是规劝指正,介绍经验等,也应晓之以理,施之以情,措词委婉,语气亲切。

给名人的信,一般要对这些有成就的人表示崇敬、赞颂,但称颂褒奖名人,一定要掌握分寸,实事求是,不要夸大过分。

给领导的信,一般是提出建议、反映问题、要求帮助等。写信时,一定要实事求是,不要提出不切实际的建议,反映问题要准确,要预先进行调查研究。

小贴士

一般书信的不同称呼用语

也称“起首语”,是对收信人的称呼。称呼要在信纸第一行顶格写起,后加“:”,冒号后不再写字。称呼和署名要对应,明确自己和收信人的关系。称呼可用姓名、称谓,还可加修饰语或直接用修饰语作称呼。这里简要说明几条细则。

(1)给长辈的信。若是近亲,就只写称谓,不写名字,如“爸”“妈”“哥”“嫂”等;亲戚关系的,就写关系的称谓,如“姨妈”“姑妈”等。对非近亲的长辈,可在称谓前加名或姓,如“赵阿姨”“黄叔叔”等。

(2)给平辈的信。夫妻或恋爱关系,可直接用对方名字,爱称加修饰语或直接用修饰语,如“丽”“敏华”“亲爱的”等;同学、同乡、同事、朋友的信,可直接用名字、昵称或加上“同学”“同志”,如“瑞生”“老纪”“小邹”“三毛”等。

(3)给晚辈的信。一般直接写名字,如“乐毅”“君平”“阿明”等;也可在名字后加上辈分称谓,如“李花侄女”等;亦可直接用称谓作称呼,如“孙女”“儿子”等。

(4)给师长的信,通常只写其性或其名,再加“老师”二字,如“段老师”“周师傅”“宏海老师”等。对于十分熟悉的师长,也可单称“老师”“师傅”。假如连名带姓,在信首直称“孙松平老师”“王达夫师傅”,就显得不大自然且欠恭敬。对于学有专长、德高望重的师长,往往在姓后加一“老”字,以示尊重,如“戴老”“周老”,亦可在姓名后加“先生”二字。为郑重起见,也有以职务相称的,如“董教授”“陈大夫”“佟工程师”等。

(5)给一个单位或几个人的信,又不指定姓名的,可写“同志们”“诸位先生”“××等同志”等。给机关团体的信,可直接写机关团体名称。如“××委员会”“××公司”。致机关团体领导人的信,可直接用姓名,加上“同志”“先生”或职务作称呼,亦可直接在机关团体称呼之后加上“领导同志”“负责同志”“总经理”“厂长”等。

如果信是同时写给两个人的,两个称呼应上下并排在一起,也可一前一后,尊长者在前。

三、商业信函

(一)商业信函概述

1.商业信函含义

商业信函,简称商函,国外称为邮件广告或DM广告。它是以信函为载体,将客户所需发布的商务性信息广告,通过邮寄的方式,直接传递到客户所指定的目标对象手中的一种广告形式。商业信函以信函为载体,选择有针对性的目标客户群的名址打印封装,通过邮政渠道寄发的一种函件。与电视等媒体相比,商业信函的优势是针对性极强,"命中率"极高。

2.商业信函的特点

(1)灵活性强,便于选择。客户可以根据不同的目标顾客选择不同的商函内容,增强宣传的灵活性和针对性,可以提高宣传的效果,同时客户可以自己选择投递的时间和数量。

(2)针对性强,收效大。客户可以根据自身的需要,从邮政部门提供的名址信息库中有针对性地选择具体的目标对象范围,避免了宣传的盲目性。

(3)阅读率高,覆盖面广。商业信函直接针对具体的目标单位(个人),用户可随时拆开邮件仔细阅读并保存,时效性强,同时客户可利用庞大的邮政网络,把商函发往全国各地,覆盖面广。

(4)价格低廉、方便迅速。商业信函收费低廉,邮局提供广告设计、制作、邮件封装、寄发等一条龙服务,方便省事,随时可邮寄,不出门产品便可向全国推销。

(5)信息量大,适用性强。商业信函作为信息载体,容纳信息量大,不受篇幅的限制,可装寄文字、图片或合同、订单等内容详尽、图文并茂的资料,便于收件单位(人)保存和参考,有的还可直接签约。账单邮件具有加强企业与用户联系的纽带作用,能及时地让用户掌握自己的账务开支,明明白白消费;同时也能保证企业资金的及时回笼,是企业规范服务标准与国际接轨的重要举措。

(二)商业信函的种类

1.普通类商业信函

普通类商业信函以传递商品、服务的信息,进行广而言之的一种信函广告。它的内容可以是宣传单、征订单、通知书、邀请函、优惠券、市场调查表、产品说明书等印刷品广告;也可以是各类产品试用袋、CD 碟、计算机光盘、广告小礼品等实物广告。

2.账单类商函(邮件)

账单类商函以传递经济结算单为内容的信函。它的内容为金融单位的信用卡结算单、电信系统的话费通知单、保险行业的保费通知单以及其他服务行业如水、电、气费通知单等。

(三)商业信函的写作要求

1.信函组成部分

如同一般信函,商业信文一般由开头、正文、结尾、署名、日期等五个部分组成。

(1)开头。开头写收信人或收信单位的称呼。称呼单独占行、顶格书写,称呼后用冒号。

(2)正文。信文的正文是书信的主要部分,叙述商业业务往来联系的实质问题,通常包括:

①向收信人问候。

②写信的事由,例如何时收到对方的来信,表示谢意,对于来信中提到的问题答复等等。

③该信要进行的业务联系,如询问有关事宜,回答对方提出的问题,阐明自己的想法或看法,向对方提出要求等。如果既要向对方询问,又要回答对方的询问,则先答后问,以示

尊重。

④提出进一步联系的希望、方式和要求。

(3)结尾。结尾往往用简单的一两句话,写明希望对方答复的要求,如“特此函达,即希函复”。同时写表示祝愿或致敬的话,如“此致敬礼”“敬祝健康”等。祝语一般分为两行书写,“此致”“敬祝”可紧随正文,也可和正文空开。“敬礼”“健康”则转行顶格书写。

(4)署名。署名即写信人签名,通常写在结尾后另起一行(或空一两行)的偏右下方位置。以单位名义发出的商业信函,署名时可写单位名称或单位内具体部门名称,也可同时署写信人的姓名。重要的商业信函,为郑重起见,也可加盖公章。

(5)日期。写信日期一般写在署名的下一行或同一行偏右下方位置。商业信函的日期很重要,不要遗漏。

2.信函应注意的事项和要求

商业信函不同于文学创作。文学作品忌显不忌隐,忌直不忌曲,而商业信函应清楚明确,不隐不曲。商业信函的写作要求如下。

(1)主题突出,观点明确。商业信函是为开展某项商业业务而写的,具有明显的目标。信函内容应紧紧围绕这一目标展开,不要涉及无关紧要的事情,以免冲淡主题;也不必像私人一般信函那样,写入问候、寒暄一类词语。向对方提出的问题要明确,回答对方的询问也要有针对性,不能答非所问,或故意绕弯子,回避要害。鉴于商业信函往来涉及经济责任,所谈事项必须观点明确,交代清楚。例如,答复对方订货要求时,必须将供应商品的规格、性能、供货日期、价格与折扣条件、交货方式、经济责任等,一一交代清楚,切忌含混不清,以免日后纠纷。

(2)面向对方,态度诚恳。在写信之前,要设身处地想一想:对方的需要、对方的处境、利益与困难;如何在互惠互利的前提下尽可能考虑对方的需求,还要考虑对方的地位、身份、专业知识、文化程度,接受能力等,使对方正确理解信中所谈内容。态度诚恳是指信文内容应实事求是,不要夸夸其谈,弄虚作假。同时即使对方提出的要求不能接受,也应用委婉的语气加以解释,以求保持良好关系,不致损害以后的买卖来往。

(3)实事求是,谦恭有礼。经商往来要求实事求是,遵守职业道德,维护企业与个人的信誉,不得蓄意欺骗对方或设下圈套诱使对方上钩,以谋求不正当利益。谦恭有礼不是仅说几句客套话,而是要尊重对方,讲究文明礼貌。例如,收到对方来函,应尽快给以答复,拖延回信的做法是不礼貌的。

(4)结构严谨、首尾圆合。结构严谨,要做到这一点应在动笔之前,首先把所要写的内容有条不紊地组织起来,列成提纲或打草稿,以免结构松散,首尾脱节。商业信函的特点是开门见山,可在信的开头直接进入主题而不落俗套,在信的结尾可提出各种希望等。

(5)语气平和,用词准确。为了达到买卖往来的目的,注意写信的口吻与语气是很重要的。商业信函的语气要平和,要平等相符,不得用命令或变相威胁的语气,要做到不卑不亢。用词要准确,不要用一些晦涩的或易于引起歧义的词语。用词不当或不准确,常常会使对方引起误解,甚至被人利用而导致一方经济损失。例如,提请对方供货时,不要用“大量”“许多”这类词语,应具体说明数量。同样,报价不能笼统地说“合理价格”或“市场价格”,而应说明具体价格为多少,用何种货币,怎样结算,有没有各种附加收费,尽量避免使用“大约”“左右”这类词语。答复对方的来信,最好说明那封来信的日期、内容、编号,不要笼统地说“来信收到”或“上月来信”等,因为来信可能不止一封。此外,信函用字应规范化,还要正确使用标点符号。

(6)清楚简洁,注意修辞。信文内容与形式要清楚简洁。做生意讲求效率与节省时间。要避免使用长句冗词以及不必要的修辞词。

商业信函以实用为宗旨,它不像文学作品那样讲究修辞,但必要的修辞也是不可少的。不通顺或逻辑混乱的语句,就会影响意思的表达和信息的交流。

最后要养成寄信前至少检查一遍的习惯。除核实内容是否完整、事实是否准确外,还要检查语句是否有毛病,以及检查信件是否能为对方理解和接受,经过检查认为满意后,再签名寄出。

资料链接

商业信函完整性要求

对商业信函的“完整”要求,理由有以下几点。

(1)一封完整的书信比一封不完整的书信,有更大的可能性带来预期的效果。

(2)一封完整的书信,有助于建立和表达友善关系。

(3)一封完整的书信,可以避免由于遗漏重要情况(情报)所导致的诉讼(Lawsuit)。

(4)有时,某些不显眼的书信或文件,由于所提供的情况完整而又生动有力(Complete and Effective)而成为极为重要的文件。

拓展阅读

会议主持人的沟通技巧

一个优秀的会议领导者经常提出他们简短的意见以指引会议讨论的进程。比如说“让我们试试”“这是一个好的思路,让我们继续下去”。事实上,如果我们仔细观察,就会发现优秀的会议主持人最常用的引导方式是提问题,针对目前所讨论的问题引导性的提问,会使与会者的思路迅速集中到一起,提高工作的效率。我们常用的问题大致可以分为两类:开放式的问题和封闭式的问题。开放式的问题需要我们花费更多的时间和精力来思考回答,而封闭式的问题则只需一两句话就可以回答了。比如说:“小王,你对这个问题怎么看?”这就是开放式的问题;“小王,你同意这种观点吗?”这就是封闭式的问题。作为一名有经验的会议主持人,应该善于运用各种提问方式。

1.棱镜型问题

把别人向你提出的问题反问给所有与会者。例如,与会者:“我们应该怎么做呢?”,你可以说:“好吧,大家都来谈谈我们应该怎么做。

2.环形问题

向全体与会者提出问题,然后每人轮流回答。例如:“让我们听每个人的工作计划,小王,由你开始。”

3.广播型问题

向全体与会者提出一个问题,然后等待一个人回答。如“这份财务报表中有三个错误,谁能够纠正一下?”这是一种具有鼓励性而没有压力的提问方式,因为你没有指定人回答,所以大家不会有压力。

4.定向型问题

向全体提出问题,然后指定一人回答。如“这份财务报表存在三个错误,谁来纠正一下?小王,你说说看。”这种提问方式可以让被问及的对象有一定的准备时间。

知识总结

本章主要介绍了沟通方式中的书面沟通,包括书面沟通的含义、特点、种类以及常用书面沟通文体的写作。

(1)书面沟通是以文字为媒体的信息传递,形式主要包括文件、报告、信件、书面合同等(口头沟通是以口语为媒体的信息传递,形式主要包括面对面交谈、电话、开会、讲座、讨论等)书面沟通是一种比较经济的沟通方式,沟通的时间一般不长,沟通成本也比较低。

(2)公文,全称公务文书,是指行政机关在行政管理活动中产生的,按照严格的、法定的生效程序和规范的格式制定的具有传递信息和记录作用的载体。

(3)书信,是个人与个人之间、个人与单位之间、组织与单位之间,借助文字交流思想感情或互通情报的一种应用文体。

(4)商业信函,简称商函,国外称为邮件广告或DM广告。它是以信函为载体,将客户所需发布的商务性信息广告,通过邮寄的方式,直接传递到客户所指定的目标对象手中的一种广告形式。

教学检测

一、名词解释

(1)书面沟通

(2)公文

(3)商业信函

二、填空题

(1)纸张沟通包括__________、__________和__________等一般意义上的纸张沟通,同时也包括传真沟通。

(2)是写作过程中的重要环节，占了整个创作活动的一大半时间。只有在________的条件下，才容易成稿，同时也可省去大量的修改时间。

(3)写作的三个步骤不能一蹴而就，________、作者的经验与________、________都会影响写作的过程。

(4)书信，是________之间、________之间、________之间，借助文字交流思想感情或互通情报的一种应用文体。

三、问答题

(1)书面沟通的优缺点分别是什么？

(2)写作材料的修改一般有哪几个方面？

(3)商业信函具有什么特点？

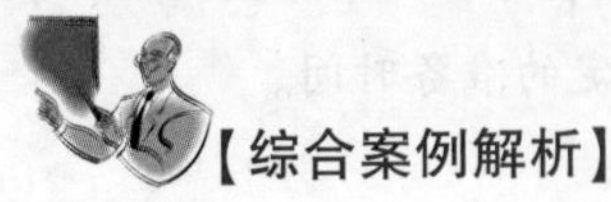

【综合案例解析】

北京大学发展规划部简报

北京大学校园规划委员会2014年第一次会议于1月2日上午在办公楼103会议室召开。会议主要针对基建工程部提交的“治贝子园迁建设计修改方案”“学生公寓41号至43号楼设计修改方案”“畅春园研究生公寓设计修改方案”、环境学院提交的“成府书铺胡同9号院落架异地复建修改方案”等项目进行了审议。会议由校园规划委员会主任林钧敬主持。校园规划委员会成员鞠传进、岳庆平、张宝岭、张虹、吕斌、初育国、罗志良、张永和、方拥等出席了会议。校园规划办公室成员郭立佳、夏旭东，基建工程部莫元彬等列席了会议。北京市住宅建筑设计研究院来宇红、钱程，北京市古代建筑设计研究所李大雪等分别就各自设计方案进行了介绍。

一、对已获准立项申请工程项目的方案评审

1.关于“治贝子园迁建设计修改方案”的再次审议

此次提交了三个治贝子园迁建设计修改方案：方案一，需要占用镜春园73、74号院，院落东西方向狭长；方案二，需要占用镜春园77号院及其南侧空地，院落设计完整，建筑布局东西对称，但需要占据77号院东侧与76号院之间的通道；方案三，需要占用77号院及其南侧空地，保留了77号院与76号院之间的通道，建筑布局东西不完全对称。

会议经过认真研究认为：方案一，建筑东西方向长，不符合古代建筑的布局形式。方案二及方案三的布局比较合理，但各自存在不足之处。最终决定，对方案二进行修改，东侧的连廊仅做至中庭正房，北半部分连廊取消，北部的院落需要设计出入口。修改后的方案二上报北京市消防局，如果获得批准，则按照此方案进行进一步设计工作。若未能获得北京市消防局批准，则对方案三加以修改，继续上报。

2.关于“学生公寓41号至43号楼设计修改方案”的评审

根据2013年12月3日校园规划委员会会议的审议意见，此次基建工程部提交了两个设计修改方案：方案一，总建筑面积为26 049平方米（阳台面积算一半），居住人数2 680人，北侧出入口偏西。方案二，总建筑面积为23 326平方米（未含阳台），居住人数2 628人，北侧出入口居中，东部靠北设有架空过街通道，东北角设计避让了一棵大树。

会议经过研究决定：采用方案二的布局形式，东侧不设架空过街通道，仅在东南部设计一人行通道，设计时不必考虑避让东北角的大树。充分利用土地，尽量设计较多的宿舍。设计单位根据上述要求进行修改。

3.关于“畅春园研究生公寓设计修改方案”的再次评审

北京市住宅建筑设计研究介绍了修改后的畅春园研究生公寓设计方案，采用了平屋顶的建筑造型，在建筑造型主要在视觉焦点处着重进行了修饰。会议经过审议，同意此次提交的畅春园研究生公寓设计修改方案。

4.关于“成府书铺胡同9号院落架异地复建修改方案”的评审

根据2013年12月25日校园规划办公室会议对成府书铺胡同9号院落架异地复建方案的审议意见，建筑学研究中心对方案进行了修改。此次提交的方案，院落整体向南移，北侧留有可以通行的环岛小路。会议经过审议，同意此次提交的复建修改方案。建筑学研究中心需要针对该方案的建筑基础处理、周边环境美化等项目，向学校提交一个经费筹措及申请报告。

二、会议讨论审议并通过立项申请的工程项目 关于“在化学大院门口设立铭牌申请报告”的审议

原则上同意立项申请。化学与分子工程学院临街大门重建后，尚未设立学院名牌。此次申请在大院门口设立临时性“化学与分子工程学院”及“北京分子科学国家实验室（筹）”两块拉丝不锈钢名牌。会议经过研究决定，原则上同意设立名牌。但作为永久性名牌，学院的名牌采用学校统一规定的600×400铜质横向牌，悬挂于学院大门立柱上。实验室的名牌可采用申请设计的拉丝不锈钢横向牌，镶贴在面临成府路的化学北楼的北墙上。此事由发展规划部商化学与分子工程学院现场踏勘确定。

【思考】

（1）案例属于哪种书面沟通文体？

（2）该文体是否具备了需要的写作要素？

（3）该文是否存在谬误，应该如何改正？

项目六

危机沟通

☞**知识要点**

(1)了解危机的定义、特点、分类。

(2)了解危机沟通的要件、原则、基本步骤与战术。

(3)了解冲突管理中的有效沟通方法。

(4)了解冲突中的沟通技巧。

☞**关键词**

危机　危机沟通　冲突

危机管理是一种应急性的公共关系,立足于企业突发的危机事件,通过有计划的专业处理将危机的损失降到最低。同时,成功的危机管理还能将危机转化为机遇,使企业在危机过后获得更多的利益,树立更优秀的企业形象。

【情境导入】

沟通中语言的运用

迈凯轮车队宣布将车队内的一名高级官员停职后，法拉利随后也宣布正式向赛车发展总管尼格·斯蒂芬(Nigel Stepney)提起起诉，指控他与迈凯轮车队的内部工程师勾结，窃取法拉利的技术信息。

法拉利之后又宣布他们已经要求英国当局采取了法律措施，在这位迈凯轮车队工程师的家中收集证据。搜查的结果很有效，周三时的确从该名员工的住处中收集到了可以指控的证据。法拉利周二时就已经宣布将尼格·斯蒂芬停职，因为他采取了一些对车队非常不利的行动，在摩纳哥大奖赛之前篡改了赛车的油箱。迈凯轮车队内部的员工从法拉利车队窃取技术情况可能是本案的关键之处。

由于法拉利诉讼间谍的对象正是现在锦标赛的胜利之师迈凯轮车队，所以现在该事件变得十分复杂。还有谣言怀疑斯蒂芬收集信息，是因为他人向他做出斯蒂芬将来会成为他的员工为利益诱惑，这个他人会是谁呢。毫无疑问，迈凯轮车队的名誉会受到极大影响。但是迈凯轮车队很快做出反应，声称这只是员工个人的行为，与车队无关。

现在法拉利已经开始寻求国际汽联帮忙参与此事。法拉利车队发表声明“根据合适的法律，法拉利保有追溯嫌疑人的权力，包括他们的罪行，他们的斗争等”。

【思考】

上述案例属于那种危机类型？

任务一　危机管理中的沟通

【至理名言】

危机是对一个社会系统的基本价值和行为准则架构产生严重威胁，并且在时间压力和不确定性极高的情况下，必须对其做出关键决策的事件。

——(美)罗森塔尔·皮恩伯恩

一、危机概述

(一)危机的定义

关于危机的定义有很多，这里列出六种。

(1)危机是当人们面对重要生活目标的阻碍时产生的一种状态。这里的阻碍，是指在一定时间内,使用常规的解决方法不能解决的问题。危机是一段时间的解体和混乱,在此期间可能有过多次失败的解决问题的尝试。

(2)危机是由生活目标的阻碍所导致的,人们相信用常规的选择和行为无法克服这种阻碍。

(3)危机之所以是危机,是因为个体知道自己无法面对某种境遇而做出的反应。

(4)危机是一些个人的困难和境遇,这些困难和境遇使得人们无能为力,不能有意识地主宰自己的生活。

(5)危机是一种解体状态,在这种状态中,人们遭受重要生活目标的挫折,或其生活周期和应付刺激的方法受到严重的破坏。它指的是个人因某种破坏所产生的害怕、震惊、悲伤的感觉,而不是破坏本身。

(6)危机的发展有三个不同的时期。

①出现了一个关键的境遇,并分析一个人的正常应对机制是否能够满足这一境遇的需要。

②随着紧张和混乱程度的增加,逐渐超越了个人的应对能力。

③需要解决问题的额外资源(如咨询)。

凯普兰(Caplan)最先系统地提出危机的概念。他认为,每个人都在不断努力保持一种内心的稳定状态,保持自身与环境的平衡与协调。当重大问题或变化发生使个体感到难以解决、难以把握时,平衡就会被打破,内心的紧张不断积蓄,继而出现无所适从甚至思维和行为的紊乱,即进入一种失衡状态,这也就是危机状态。简言之,危机意味着稳态的破坏。危机形成的过程大致分为以下几期:危机前状态、易感期、重整期。

在通常状态下,个体通过应用已拥有的应付技巧和解决问题的技巧,能保持自身与环境间的平衡,可视为一种稳态。

然而,个体可能会遭遇应激强度很大的事件,在这里我们称之为"有害事件",即对个体的生活目标或自我形象等重要方面构成威胁的事件。此时,个体会一如既往地动员所有解决问题的常规技能,但结果却发现仍不足以摆脱困境,在这种情况下,不安感开始产生。有害事件的发生,揭开了危机发展过程的序幕。

在危机期,紧张和焦虑达到难以忍受的程度,个体处于渴求解脱的状态。这一时期有一定的时限,一般不会超过6~8周。在这一时期,个体往往不得已而求助于专业人员。有些人会因难以忍受强烈的焦虑和高度的紧张而出现精神和行为的紊乱。还有些人会用适应不良性行为来减轻焦虑,如大量饮酒或滥用某些镇静剂。

在危机期之后,是所谓重整期。此时,焦虑水平降低,某些方面开始恢复正常。个体在危机之后的适应水平可能与危机前相当,也可能低于或高于危机前的水平。通过专门的干预,治疗者可帮助患者至少恢复到危机前的状态,若能借机使其达到更高的适应水平就更为理想。

(二)危机的特点

1.必然性与偶然性

正如有句名言所说:“危机就像死亡和纳税一样是不可避免的。”但危机的发生又是偶然的,组织的任何薄弱环节都有可能因某个偶然因素导致危机发生。这就是危机防不胜防、容易给组织带来混乱和惊慌的原因。因此必须防患于未然,做到居安思危。

2.未知性与可测性

危机在什么时间、什么地点发生,破坏性多大往往是难以预料的,特别是自然灾害、科技新发明等带来的冲击是难以抗拒的。但是危机的发生也存在一定的规律性因素,可以通过对这些规律性因素的研究来预见发生危机的可能性,这就是可测性。

3.紧迫性与严重性

危机发生后,情况往往瞬息万变,危机的应对和处理具有很强的时间限制。严重性是指危机往往具有连锁效应,引发一系列的冲击,不仅破坏正常的经营秩序,更严重的是会威胁组织的未来发展。

4.公众性与聚焦性

组织的危机事件会影响公众的利益,公众会对整个事件高度关注。由于现代传播媒体十分发达,组织的危机情况会迅速公开化,成为各种媒体热评的素材;同时公众不仅关注危机本身,更关注组织的处理态度和采取的行动。媒体对危机报道的内容和对危机报道的态度影响着公众对危机的看法和态度。

5.破坏性与建设性

危机必然会给组织造成不同程度的破坏,但处理危机的过程也是体现组织决策能力、应变能力的时机,更是展示组织形象、塑造组织形象的难得的机遇。抓住这个机会,就会坏事变好事,迅速提高组织的知名度、美誉度。

(三)危机的类型和分级

准确认识和判断危机的类型,以明确危机处理的权限和责任主体,是危机管理的前提。从不同角度划分,危机存在不同类型。

(1)根据危机产生的原因:人为的危机和非人为的危机。

(2)根据危机给组织带来损失的表现形态:有形危机和无形危机。

(3)从危机同组织的关系程度及归咎的对象:内部公关危机和外部危机。

根据《国家突发公共事件总体应急预案》,按照各类突发公共事件的性质、严重程度、可控性和影响范围等因素,将危机事件分为四级,即Ⅰ级(特别重大)、Ⅱ级(重大)、Ⅲ级(较大)和Ⅳ级(一般),依次用红色、橙色、黄色和蓝色来表示。根据“能力本位”和“重心下移”的分级管理原则,特别严重、严重、较严重和一般严重突发公共事件,分别由中央级、省级、市级和县级政府统一领导和协调应急处置工作。

小贴士

导致危机的原因

1.外部原因

(1)其他谣言和敲诈者的破坏等给组织带来的危机。

(2)政治制度、经济政策、法律法规等因素变化,对组织既得利益的影响而造成的危机。

不可抗力的灾难或重大事件、事故如火灾、地震、台风、水灾造成的自然灾难,或由人为原因造成的重大事件、事故,如恐怖活动、抢劫事件。处理这类危机要尽快做好抢救和善后工作,以最大限度减少损失,争取受害者及社会的理解;同时要及时将事实真相告知公众,消除谣言。

(3)失实报道引起的危机,社会公众对事件本身缺乏详细而全面的了解,对事情的本质不会也很难进行科学的分析。公众对新闻媒体的信任度高,他们的报道习惯上被理解为事实。由于新闻媒体报道失实、不全面,甚至曲解事实、报道失误,从而导致公众对组织的误解,使组织形象受损。

2.内部原因:组织内部的管理体制或人为因素

(1)管理者缺乏危机意识当组织利益与社会利益发生矛盾时,管理者社会责任、公众利益意识淡薄,只顾维护组织自身利益,损害公众利益,导致危机出现,如“齐二药”事件。

(2)产品、服务质量有问题产品质量是企业形象的基础。如食品、药品、饮料行业发生的中毒事件使组织在一段时间里给公众留下很差的印象,组织要为此花费大量的时间和资金。

(3)组织人员素质低下。一方面,领导者缺乏公关意识,对公众的正当权益置若罔闻,甚至粗暴对待公众,以至引发组织形象危机;另一方面,很多时候公众是通过员工行为举止了解、认识组织形象的,员工的不当行为会给组织形象带来恶劣后果。

二、危机沟通的定义、内容和对象

(一)危机沟通的定义

危机沟通是指以沟通为手段、解决危机为目的所进行的一连串化解危机与避免危机的行为和过程。危机沟通可以降低企业危机的冲击,并存在化危机为转机甚至商机的可能。如果不进行危机沟通,则小危机则可能变成大危机,对组织造成重创,甚至使组织就此消亡,如图 6-1 所示。

图 6-1　危机沟通

危机沟通既是一门科学也是一门艺术，它可以取得危机内涵中的机会部分，降低危机中的危险成分。

(二)危机沟通的内容和对象

1.内容

危机沟通包含两个方面的内容。

(1)危机事件中组织内部的沟通问题。

(2)组织与社会公众和利益相关者之间的沟通公关。

概括来说，企业组织危机沟通的覆盖范围主要有：企业内部管理层和员工、直接消费者及客户、产业链上下游利益相关者、政府权威部门和行业组织、新闻媒体和社会公众等五类群体。

2.对象

根据迈克尔·布兰德(Michael Brandnem)给出的理论，企业沟通的对象大概涵盖四大方面。被危机所影响的群众和组织、影响公司运营的单位、被卷入在危机里的群众或组织、必须被告知的群众和组织。依据此种划分，企业的危机沟通对象其实也就是企业的利益相关者，即投资者、企业员工、工会、政府及社会中介组织、媒体、顾客、供应商、经销商、竞争者等。企业如果不能够与它们进行很好的沟通，必然会产生不同类型的危机。

三、危机沟通的要件

(一)危机沟通的时效性

鉴于危机发生时的意外性，以及发生后效果的迅速蔓延性，只有在最短时间内和利益相关者沟通并共享那些必须让对方知道的信息才能迅速控制局势。这就要求危机沟通必须具有时效性。沃伦·巴菲特(Warrn Buffett)在所罗门兄弟投资公司危机后说："必须清楚地说明你并不了解全部情况，并迅速将你知道的说出去。"沟通的时间迟滞会引发诸多负面影响，比如导致危机的扩散和恶化，失去对危机处理的内外部支持，引起利益相关者的猜测和不信任，纵容非正式渠道的不实信息的传播等。

(二)危机沟通的渠道和组织

危机沟通作为危机管理的一个部分，在危机管理系统启动之后，必须针对危机事件的实时发展进程,确定沟通对象和范围,并且同时选择适当的沟通渠道。在世界500强公司里,特别是一些从事消费品生产的跨国集团,如可口可乐、宝洁、强生、罗氏等企业里,一般都设有专门的部门来处理危机沟通问题,他们直接向最高决策层负责。当危机发生后,这个部门立即成为最高决策层对内和对外的唯一沟通出口,所有的信息披露和处理意见(包括最高领导人的个人言论)都在并且仅在这个部门的确认和共同参与下才被视作有效。

四、危机沟通的原则

沟通是化解危机最重要的工具,贯穿在危机管理的每一环节。无论事前的危机预防,事中的危机管理还是事后的恢复管理,都离不开沟通。放弃沟通,危机管理就无从进行;沟通不善,组织就会在危机的泥潭里越陷越深。因此,沟通管理是危机管理的核心,危机沟通应遵循以下原则。

(一)真诚原则

真诚是沟通的基础。所有关于危机沟通的建议都会提到真诚的重要性,真诚包括诚实地承认发生的问题,报告正在采取的措施,公开可能会出现的后果,以及责任追究等。在危机发生后,组织要全面了解情况,积极查明事实真相,给利益受到损害者以圆满解释,履行组织的社会责任与承诺,并尽力做出超过有关各方期望的努力。同时,组织要冷静地倾听受害者的意见,向其道歉,给受害者以安慰和同情,真诚地对待受害者及其家属。

(二)重视利益相关者原则

利益相关者是指在危机中组织需要与之沟通的人,或者说是和危机的发生有着利害关系的人。利益相关者可以大致分为内部利益相关者和外部利益相关者。内部利益相关者就是组织内部的信息接收者,如发生危机的公司中的员工、出现危机的学校中的老师等。外部利益相关者就是组织外部的信息接收者,如公司的客户、供应商、新闻媒体等。在危机中,每一名细分的利益相关者都需要接收一系列不同的信息,内部利益相关者和外部利益相关者必须受到同样的重视。危机应对委员会应该站在利益相关者的角度考虑问题,列出所有的信息,以确认什么信息发送给什么人,这样可以在很大程度上消除利益相关者的不满与顾虑。

(三)快速反应原则

在危机沟通中,经常提到"24小时"原则。有关专家认为,危机发生以后的24小时是最关键的,即企业应在获悉危机发生后的24小时内启动危机管理机制,做好相应资源的协调工作,如各方言论的搜集、基本立场的确认、官方声明的拟定等准备工作。危机沟通者必须重视沟通的快速反应。危机发生后,组织要以最快的速度与受害者接触,了解情况,坦诚相待。公司负责人延迟发表意见,常常会给公司带来灾难性的后果。

(四)核心立场原则

核心立场原则强调企业对危机事件的基本观点和态度不动摇。危机一旦爆发,企业便应在最短的时间内针对事件的起因、可能趋向及影响(显性和隐性)做出评估,并参照企业一贯秉承的价值观,明确自己的核心立场。在危机事件管理的过程中,各发展阶段、各工作部门均不可偏离初期确定的这一立场。这种立场不应是暂时的、肤浅的、突兀的,而应是持久的、深思熟虑的,与企业长期战略和基础价值观相契合。核心立场应简单(不会产生歧义)、明确(能够清晰准确地表述出来),同时,所有参与危机管理的人员都须深入理解、始终贯彻这一立场。

(五)计划性原则

为危机做准备的第一步就是要明白:任何组织,无论处于什么行业什么地理位置,都会发现自己可能陷入前面所讨论的危机之中。制定危机干预弥补计划尽管不能完全避免危机,但却可以在最大限度上降低危机带来的损失。按照危机与危机沟通计划的相对时间关系,可以将危机计划分为先导性计划和反应性计划。先导性计划是指在危机发生之前就已做好准备的计划;反应性计划就是对危机发生后做出的应对策略。先导性计划通常起到预测和提前准备的作用。在制订先导性危机计划时,负责组织危机沟通的人应该建立一个包括最易受危机影响的部门人员和几乎公司所有高层管理人员的智囊团,进行集思广益。如果危机已经发生,就需要制订反应性计划,此时需要综合考虑各个利益相关群体反应,对事态的发展做出预测,协调组织内部各部门和组织外部的力量共同积极应对。

五、危机沟通的基本步骤

(一)进行危机预测

在高层领导的小组讨论会上将可能出现的危机列出来,例如,产品存在缺陷,造成了死亡和伤害,或需要召回;某种产品过时,面临淘汰的危险;竞争对手突然大幅度调低价格等方面的危机。此外,人力资源、财务、公司声誉等方面可能存在的危机都应考虑在内。在危机预测中,对可能发生的危机采取何种措施应对应有充足考虑,只有这样,在危机真正发生时,组织才不会手足无措、慌作一团。

(二)建立适当的危机小组和危机中心

潜在危机逐渐清晰时,要建立工作小组负责审查所有的危机。制订抵御危机的策略,并在危机产生时解决危机。组织中的危机管理应该包括所有与公众打交道的部门,不仅仅是危机管理人员。危机管理团队既要包括内部资源(如人力资源),也要包括外部资源(如危机顾问)。大多数的重大危机都至少由一名高级官员负责,高级管理团队应该由两三名主要管理者组成,支持团队应该由各部门负责人、主要经理和职能专家参加,而现场应答管理要由公司的性质决定,涉及设备、经营等方面的因素。重要的是团队成员观察问题的角度要有所不同,如从法律、市场、运营、沟通、安全以及外部沟通顾问等方面整体把握。

危机管理中心是团队成员可以聚集在一起工作的地方。给会议室添加电话线以及预先指定计算机、打印机和复印机的工作,有助于快速执行任务,并为今后节省宝贵的时间。

危机小组形成后，成员应该接受做决定和实施方案的训练。如果危机到来时，团队无法确定应该做什么，员工就会察觉，媒体也会注意到。进行口头模拟练习或反应训练可以暴露出一些支持系统的弊端，并让每名成员都意识到沟通对整项工作的重要性。

(三)制订危机管理计划

从某种程度上说，危机管理意味着所有危机都可以克服。管理过程存在于危机的前期、中期和后期。例如，公司可以做好以下工作：预测危机，建立并培训危机小组，设计并装备危机中心，为所有潜在危机制订管理计划，设计在沟通活动中要传递的信息以及如何应付媒体采访。聪明的公司会将所有工作都反映到危机管理计划中，这样，危机降临时，公司就可以实施这些计划。虽然计划不可能解决“在公司产品中发现玻璃”之类的问题，但却可以解决如何应付谣言或媒体的错误报道，谁负责与媒体对话，甚至对媒体说什么话的问题。

(四)制订沟通策略

1.确定需要信息的观众

不是所有观众都有必要了解与危机有关的信息。怀特赛尔(Whitesell)曾说过：“重要的是只与适当的观众沟通，没有必要让新闻媒体知道公司内部发生的与公众无关的事儿。还要为二级观众制订意外计划，因为危机可能超过最初的范围。例如，一位非常气愤的客户或竞争对手会突然决定召集新闻媒体，这种情况就会涉及其他观众。”

2.确定公司的发言人

应该为公司指定一名正式发言人和一名候补发言人。通常，这项工作是由首席执行官或公司最高官员承担的，当然这样做也有利有弊。危机管理协会主席拉里·史密兹(Larry Smits)主张“公司发言人应该是可以信赖的、职位很高的人，而不是最高管理者。最好让首席执行官成为后盾，这样，某人的话需要更正时首席执行官就可以出场了。先把最好的枪拿出来了，就再也没有武器可用了”。当然，在涉及死亡或公共卫生的严重危机中，首席执行官必须担当发言人。通常首席执行官的出现显示了强大的组织领导力。

提供次要信息时，可以由公共关系人员负责，他们可以是董事会成员、首席科研人员或审查委员会负责人。通常来说，公共关系人员是被指定听取所有媒体的要求、提问和其他信息的人。重要的是，公司所有人都要知道只有指定的发言人才可以向外界发表评论。

3.确定适当的沟通方式

应该迅速、坦白、积极地传递信息，做到实事求是、从不说谎是非常重要的。当然，这并不意味着要公开机密信息或竞争性信息。因为危机涉及人们的感情，所以沟通时要注意到这些因素，制订沟通策略和传递信息时要有同情心。最后，同所有书面沟通和口头沟通一样，在危机中传递的信息也要清晰、简明，不要有技术术语和不明确内容。

4.确定恰当的时机

每次沟通都会受到时机的影响。有了危机管理计划，就可以迅速得到一些数据，并将这些现成的数据传递给必要的观众。一定要制订政策声明，还要准备危机问答表，尤其是对媒体使用的问答表。此外，新闻稿、宣传资料袋、信件等书面资料也应该准备好，并在必要时向有关方面分发。在处理危机过程中，公司会发现需要用到多种沟通形式，如会议、新闻发布会、备忘录、电子邮件、电话会议、信件和面对面采访。

在危机状态下，新闻媒体急于收编信息，所以如果有事要公布，一定要利用这个机会。为了追求新闻的时效性，媒体通常会放弃新闻的质量，在媒体面前，要注意语言的组织性，传达与事件相关的信息。一定要有备而来，信息要清晰、简明。

5.确定采用主动或被动的方式应对媒体

公司必须决定采取主动还是被动方式应对媒体。目前来看，先发制人的方法更成功，但是风险也更大。使用这种方法时，无论危机何时出现，公司都可以立即开始处理危机。事实上，公司常会在媒体还没找到机会收集信息时，就开始与媒体联系了。主动应对媒体时，要将可以肯定的事实、假定的事实和不知道的情况分清楚。要让参与危机工作的公司员工分清三种信息的内容，因为有些人要与媒体配合，有些人要面对公众，而有些人要协助有权了解情况的管理机构工作。

在与媒体的配合方面，公司指定的发言人应该传递公司希望传递的信息，不能过多，不能含糊其辞，不能让人产生怀疑。与主动方式对应的是被动方式，发表声明前采取观望的态度，通常会起反作用，因为无法与当事人沟通会使媒体更加兴奋。在媒体激进主义时代，被动与防卫性的沟通姿态通常被认为是内疚的表现，主动接触媒体则更易被看作诚实。

小贴士

危机沟通涉及范围及失败原因

危机沟通涉及组织内部沟通，包括管理者与员工之间的沟通；涉及组织外部沟通，包括与媒体、政府职能部门、社区、公众消费者等方面的沟通。

危机沟通根据危机形成和发展的不同阶段可以分为危机事前沟通、危机发生时的沟通和危机事后的沟通。从危机事前到危机事后的沟通过程并非理想的有效沟通过程，特别由于危机爆发时所产生的破坏性组织文化、成员的危机认识的差异、组织外部社会等因素的存在导致危机沟通不畅或未能达到沟通的目的和目标效果。导致危机沟通失败的障碍大致如下：

1.缺乏危机沟通意识

一些企业或者是管理者对公司企业眼前的发展没有深刻的认识，被企业的良好发展蒙蔽，没有对企业进行危机评估，一旦危机发生企业不能很好地面对，将会造成企业的衰败影响企业形象。

2.封闭式的组织文化

组织文化是组织长期形成的，是组织成员共同的价值观和行为准则。在封闭的组织文化中，组织内部缺乏有效的纵向和横向的沟通，组织外部缺乏与利益相关者和其他相关组织或机构的遭遇。危机发生时内部组织混乱,外部谣言四起,加深外部对组织的压力,使事态恶化。

3.缺乏预警系统

危机发生前总有些迹象表明危机的发生,但由于企业缺乏必要的预警机制,企业的管理者没能真正认识事情的发展。相反,他们在互相推脱责任,对于产品的销售、质量以及顾客的反应没有真正的认识,在互相推脱中致使危机扩大。

4.不善倾听

企业的上层管理者对于企业一线员工及主管人员等危机反应的感应者置若罔闻,不能听进他们对企业发展的建议以及对危机感知。当危机发生时企业的管理者无法应对危机的发生,使企业遭受重创。

5.提供虚假信息

当危机发生时以及在危机发生的反应阶段,基层向领导反映虚假信息,或者通过舆论掩盖真实情况,做表面文章,而不进行有效的沟通,欺骗消费者,失去第一时间对危机的控制力,陷入极其被动的局面。

6.缺乏应变机制

由于组织平时在较为平稳的、正常的公司运作,缺乏危机沟通意识,在危机发生前无法做好准备。危机发生时措手不及,最终导致危机管理失控。

六、危机沟通的战术

就危机的沟通战术方面,福莱灵克(Fleishman Link)公关咨询公司特别情况小组发明了一个简单公式:(3W+4R)8F+Vl 或 V2。该公式被公关界称为危机公关成功的“金科玉律”。

(一)3W

3W 是说在任何一场危机中,沟通者需要尽快知道三件事:

(1)我们知道了什么(What did we know)。

(2)我们什么时候知道的(When did we know about it)。

(3)我们对此做了什么(What did we do about it)。

寻求这些问题的答案和一个组织做出反应之间的时间,将决定这个反应是成功还是失败。

如果一个组织对于它面临的危机认识太晚,或是反应太慢,那它就处在一个滑坡上,掌控全局会变得极为困难;如果不能迅速地完成 3W,它将会无力回天。对于沟通者来说,信息真空是你最大的敌人,因为总有人会去填充它,尤其是竞争对手。

(二)4R

4R 是指在收集正确的信息以后,就该来给这个组织在这场危机中的态度定位了。

(1)遗憾(Regret)。

(2)改革(Reform)。

(3)赔偿(Restitution)。

(4)恢复(Recovery)。

换句话说,与危机打交道,一个组织要表达遗憾、保证解决措施到位、防止未来相同事件发生并且提供赔偿,直到安全摆脱这场危机。很显然,这并不是一个声明或者一个行动就能取得所有“4R”的。相反,我们需要把4R当作一个过程来执行。

(三)8F

8F则是沟通时应该遵循的八大原则。

(1)事实(Factual)。向公众沟通事实的真相。

(2)第一(First)。率先对问题做出反应,最好是第一时间。

(3)迅速(Fast)。处理危机要果断迅速。

(4)坦率(Frank)。沟通情况时不要躲躲闪闪,体现出真诚。

(5)感觉(Feeling)。与公众分享你的感受。

(6)论坛(Forum)。公司内部要建立一个最可靠的准确信息来源,获取尽可能全面的信息,以便分析判断。

(7)灵活性(F1exibility)。对外沟通的内容不是一成不变的,应关注事态的变化,并酌情应变。

(8)反馈(Feedback)。对外界有关危机的信息做出及时反馈。

如果3W、4R和8F都做得正确了,你的组织在危机中会成为V1,即“勇于承担责任者(Victim)”的形象便凸显出来。这个结果很不错,公众会认为你很负责任、会想尽办法解决问题并且让他们满意。相应的,他们会对你从轻处罚或抱怨,甚至还可以原谅你。

相反,如果你不能做好3W、4R和8F,你很可能会被当作V2,即“小丑和恶棍”(Villain)的形象。公众将认为你的行为和言辞避重就轻、不上心和不负责任。这反过来最终会导致雇员意志消沉、股东抗议、顾客投诉、管理层动荡等不良后果。

任务二　冲突管理中的沟通

【至理名言】

“要出事,就出在政权内部。”

——邓小平

一、冲突概述

(一)冲突的概念

冲突是由于某种差异引起的对立双方在资源匮乏时出现阻挠行为,并被感觉到的矛盾。人与人之间由于利益、观点、掌握的信息或对事件的不同理解存在差异,有差异就可能引起冲突,如图6-2所示。

图6-2 冲突

冲突这一概念包括三层含义。

(1)必须有对立的两个方面,缺一不可。

(2)为取得有限的资源而发生的阻挠行为。

(3)只有当问题被感觉时,才构成真正的冲突。

(二)冲突观念的变迁

1.传统观点

在20世纪40年代之前,传统的观点占优势地位,这种观点认为:所有的冲突都是不良的、消极的,它是组织功能失调的结果。它常常作为暴乱、破坏、非理性的同义词。

冲突是有害的,应该采取各种方法尽可能避免。

2.人际关系观点

20世纪40年代末至70年代中叶,人际关系观点在冲突观点中占统治地位。人际关系观点认为:对于所有组织来说,冲突都是与生俱来的。由于冲突不可能彻底消除,有时它还会对组织的工作绩效有益,组织应当接纳冲突,使其合理化。

3.相互作用观点

人际关系观点接纳冲突,而现代的相互作用观点则鼓励冲突。这一观点认为,融洽、和平、安宁、合作的组织容易对变革的需要表现出静止、冷漠和迟钝。因此,该观点鼓励管理者维持一种冲突的最低水平,这能够使组织保持旺盛的生命力,善于自我批评和不断创新。

(三)冲突的分类

(1)根据内容划分。根据内容划分可分为目标冲突、认知冲突、感情冲突和程序冲突。

(2)根据影响划分。根据影响划分可分为建设性冲突与破坏性冲突。建设性冲突是指冲突双方目标一致,由于手段(方法、途径)或认识不同而产生的冲突,这种冲突对组织效率有积极作用;破坏性冲突是由于双方目标不同而造成的冲突,这类冲突具有消极或破坏性作用。

(3)根据范围划分。根据范围划分可分为人际冲突、群体冲突和组织间冲突。

①人际冲突。人际冲突指个人与个人之间发生的冲突,即由于个人之间生活背景、教育、年龄、文化、价值观及态度和行为方式等的差异,或者双方潜在利益的对立,而导致的一种对抗性相互交往方式。

②群体冲突。群体冲突这是指两个或两个以上的群体之间的冲突。群体是指为了实现某个特定的目标,两个或两个以上相互作用、相互依赖的个体的组合。群体冲突可因为有限资源的争夺,价值观不一致,所承担角色的不同,群体的需要没有获得满足等所引起的冲突。

③组织间冲突。组织间冲突是指两个或两个以上的组织之间的冲突。为了生存和发展,任何组织必须与其他组织之间进行物质、能量、信息的交流,在交流过程中,经常会由于目标、利益的不一致而发生各种各样的冲突。

二、冲突管理中的有效沟通方法

冲突是客观存在的,并且具有一定的危害。如何趋利避害进行有效的冲突管理是一个企业的重要策略,其中沟通是一个非常好的技巧和方法。

(一)有关企业冲突管理及沟通问题相关概述

如今的商界,企业之间的竞争日益加剧,非常残酷。大多数企业,尤其是中小企业所处的环境更不是我们想象中的美好的"桃花源",各种各样的冲突不同程度地存在于各个企业中。比如,上下级因为工作协调不力而引发的冲突,或者是同事之间因相互竞争引发的冲突,还有的是员工工作不开心、不顺利与自己内心的冲突等。显而易见,在企业中,冲突无时不在,并严重威胁着企业的发展,而我们又发现管理的方方面面都有沟通的影子,沟通贯穿整个管理工作,没有沟通就没有管理。尤其是对于冲突管理来说,沟通简直就是它的核武器,80%的冲突能够因为沟通的得力而被直接化解,另外20%的冲突也能够因为沟通而缓和。如果沟通不良的话,尤其是高层决策者与普通员工之间,沟通的渠道越来越少,这种趋势反过来更会导致冲突的爆发,而且冲突的复杂程度也将会越来越高。

(二)掌握沟通的六大要素

沃尔玛公司总裁萨姆·沃尔顿(Sam Walton)说过:沟通就是管理的浓缩,管理是离不开沟通的,冲突管理对沟通的依赖更是明显。没有沟通的冲突管理只能以失败而告终,很多管理者对冲突管理的理解就是化解冲突,虽然没有太大错误,但是是非常片面的。冲突管理既要能够化解冲突,又要能够避免冲突,而且后者的重要性更强。只有真正理解沟通,掌握沟通要素,管理者才能合理避免冲突,对沟通的六大要素彻底的理解和把握,相信会有不一样的效果。

1.目的

沟通的目的就是管理者对信息的传播和接收。通过沟通,管理者让对方明白所要传递的信息,同时,也从对方那里获取自己想得到的信息。沟通的目的本来就是非常直白的,但是管理者在沟通之中,经常会忽略沟通的目的,也就是偏题。特别是中国人的沟通以情感交流为先,理性交流为后,所以就会因为情绪的问题,导致理性交流的缺失。没有目的的沟通是无效的,因此管理者要使自己的一切行为都围绕着沟通的目的展开。

2.对象

想要获得正确的信息,必须要找对人沟通。管理者如果对企业组织内部分工不熟悉,沟通对象寻找错误,尤其是在冲突管理中找错了沟通对象,就会导致信息错位。最终不仅不能避免冲突,反而会因为找错对象加速了原来冲突的升级。在与客户的沟通之中,管理者一定要找准沟通对象才有对话基础。

3.地点

管理者不管进行什么样的沟通,都应该注意场合。不注意场合的后果有很多,但最终必然是导致沟通失效,激化冲突。中国式沟通里,地点的选择已经不仅仅是为了营造一种氛围,更表明了管理者的态度,跟员工沟通,在食堂肯定就轻松,在办公室肯定就严肃。选择正确的场合,对应沟通的目的,能够让对方感到受尊重。

4.技巧

技巧在一定程度上能够促进沟通的效果,怎么样让沟通更加顺畅,或者让人更清楚地明白管理者所要表达的观点,以及让对方能够畅所欲言,这都是好的沟通技巧可以带来的。好的沟通技巧会让管理者能够更容易实现沟通的目的,提高沟通的效率。但是运用的沟通技巧一定要适当,过多的技巧也可能会给对方一种不够真实可靠的感觉,所以一旦超过限度,就让沟通有了副作用,得不偿失。

5.人际关系

在日常管理中,管理者就应当注意和企业组织成员建立良好的人际关系。关键时刻就会发现,有着良好的人际关系的人之间,双方已经基本对彼此有了较为准确的认识,沟通起来会顺利很多,不要为了沟通再去建立人际关系,那就晚了,工夫要下在平时。对于管理者来说,人际关系就是一笔宝贵的财富,一定要小心经营。而且沟通还能稳固人际关系,这样就形成了一个良性循环,为管理者源源不断地带来便利。

6.态度

沟通的态度比沟通的信息还要重要,把态度这个要素放到最后,是因为态度问题确实是最重要的问题。有时候传递的信息并不令对方满意,但是因为有良好的态度,双方还是能够很愉快地结束沟通,甚至因为态度好,而进行一些妥协让步,也是很有可能的。态度可以看出来很多信息,一个沟通态度不端正的管理者即便把握了上面五个要素也不是最好的沟通者,有个良好的态度,是管理者开展沟通最要紧的前提,沟通是一把管理的利器,只有懂得以上沟通的六要素的人才能完美地驾驭它,才能合理避免冲突。

(三)冲突管理中的沟通对策

1.冲突出现前加强平时沟通

管理者应当在组织内部建立起良好的沟通机制,这一机制对于人人都是平等的,每个员工都可以参与进来。通过这样的机制,促进员工之间、员工与管理者之间的沟通。管理者不能等出了问题之后才想起来去沟通。平时员工虽然经常在一起工作,但其实还是会出现很多缺乏沟通的问题。工作时间紧张,工作任务重,员工之间只能针对某个特定问题的细节进行交流,而不能分享自己的思想和观念。很多冲突就是因为员工之间了解得太少,太片面而引起的,而员工和管理者更是不容易沟通,管理者平时要处理的事情太多,跟员工仅有的交流恐怕就是分配工作任务。试想,一个管理者不能了解员工的心理状态,无法获知他们的需求,这就是失职。搭建起与员工之间有效沟通的桥梁,管理者能够更加了解员工,熟悉他们所关心的问题,在心中对于组织成员有个大概的认识。管理者可以多组织非正式的讨论、聚餐,让团队成员在轻松愉悦的气氛里开始沟通,打下坚实的沟通基础。

2.冲突中及冲突后融入沟通

管理者在处理冲突的时候,不必将沟通单独抽出来,在了解冲突的起因、过程、结果的时候,管理者就是在和冲突双方沟通。这个时候,管理者要运用一些沟通技巧,比如对方在讲述的过程中,要多进行眼神的交流,让对方感到被理解,这就会让对方真正敞开心扉,告诉管理者真实的想法,这就是融入沟通促进管理的小例子。有的管理者不注意沟通,完全是审犯人的感觉,那当然只能得到冲突双方的冷淡态度了,尤其是商讨最终解决方案的时候,有的管理者纯粹就是宣判,指责冲突双方的过错,让他们负责任,这些单向的灌输都不叫沟通,他们没有借助沟通的力量。冲突的结束可不是冲突管理的终止,问题是解决了,但是为了保证它不会死灰复燃,卷土重来,管理者还要在事后继续与冲突双方继续沟通,得到对解决方案的反馈意见,了解他们是否真的接受,有没有产生新的矛盾等,用沟通来让管理延续,解决一切隐患。事实上,事后的沟通能够让冲突双方深刻地反省错误和接受正确的观点,从冲突之中有所收获。

3.真正注意做到科学地聆听

在应对冲突事件的时候,一个管理者要提前做好各方面的准备,要保证自己有一个特别好的精神状态,如果没有精力,管理者可能会无精打采,漫不经心,肯定会影响有效聆听。尤其是管理者的注意力一定要集中,不能做出一些诸如看表或者看手机的小动作,才能全面把握对方话语的真实意义和要点。但是光认真听还是不行的,接下来一定要把重要的信息分离出来,就是要找到对方语言里面的基本信息和话语中心、最强烈的需求和真实的思想状态,不仅要善于从说话者的话语层次中去抓住话语的要点和中心,还要善于聆听言语背后掩盖的内容和情感,了解讲话者的真实想法和感觉,真正听懂话语的意图。另外,听就一定要听完,如果打断再想继续就难了,对方正在认真地说,却被毫无原因地打断,原本酝酿的感情可能就此被硬生生地截断，当然也就不愿意再继续透漏更多的信息，不过遇到确实偏题的情况，管理者也可在对方停顿的时候，善意地告诉对方，才能做到友好的沟通。最后，管理者在听的过程中要控制好自己的情绪，不能随便就流露出自己的情感，尤其是对于不认同的事情，不能马上表现出反感、不满的负面情绪，就算是真的认同、赞赏等积极的情绪出来后，管理者也要控制住。在科学聆听的过程中，管理者要明白，公正公平是冲突管理中最重要的原则，所以听的时候要处于完全中立的状态，才不会造成对方的心理失衡。

4.科学把握反馈利用互动化解冲突

反馈，说得直白一点，就是接收到信息的一方对于信息的反应。对于沟通双方来说，存在给予反馈和接受反馈。许多管理者对反馈的概念很模糊，事实上，在现代管理学中，关于信息管理中的反馈的研究已经越来越成熟了，也有很多成功企业将反馈运用到了管理之中，比如华为、万科都有高效的反馈机制，成就了今日的辉煌。事实上很多中小企业存在的普遍情况是这样的：管理者在接受反馈上面很欠缺，而员工给予反馈方面做得也很不够，这样做非常危险。首先，要改变这种局面，管理者和员工都应该改变意识，把反馈当成沟通中固有的一部分，反馈应当是频繁且无限制的，要互相分享观点，重视反馈。其次，有了意识之后还要建立反馈机制，要有畅通的信息渠道，只要员工想反馈，就有途径反馈；只要管理者想接受反馈，就有地方接受。再次，还要有定期的反馈活动，只有平时反馈还够，管理者在公司内部可以安排定期的员工反馈时间，让每一个阶段员工的反馈信息都得到集中的接收，这样可以减少员工心里的意见，一定程度上可以减少很多冲突的爆发。最后，则是保障信息被利用，员工对公司的决策、制度等的意见都是很宝贵的，管理者一定要认真对待并加以分析，根据实际情况利用起来，该改善就改善，该改正就改正。如此一来，有效的反馈机制就建立起来了。反馈信息将通过互动方式帮助管理者化解更多的冲突。

总之，沟通是一把管理的利器，只有好好开展沟通活动，真正将沟通融入冲突管理之中，才能够最大限度地发挥沟通的作用，借沟通之力应对冲突管理，才能更好地合理避免冲突，真正地将“干戈”化为“玉帛”。

课堂案例

在通用电气，韦尔奇经常参与员工面对面的沟通，与员工进行辩论，通过真诚的沟通直接诱发同员工的良性冲突，从而不断发现问题，改进管理，从而使通用电气成为市场价值最高的企业之一，也使他成为最有号召力的企业家。美国著名组织行为学家罗宾斯认为：“冲突是一个过程，这种过程始于一方感觉到另一方对自己关心的事情产生消极影响或将要产生消极影响”。管理决策学派的代表人物西蒙把冲突定义为：“组织的标准决策机制遭到破坏，导致个人和团体陷入难于选择的困难”。曾任国际冲突管理课程协会主席的乔斯沃德教授认为：“冲突是指个体或组织由于互不相容的目标认知或情感而引起的相互作用的一种紧张状态”，他认为一个人的行为给他人造成了阻碍和干扰就会产生冲突，冲突和暴力、争吵是两码事。

三、冲突中的沟通技巧

(一)主动认真聆听

聆听的技巧是最基本的,主动的聆听是最有效的。主动聆听的技巧包括:参与及追踪的技巧、回应的技巧。

(1)在参与及追踪的技巧中,需要做到:

①用言辞表达对述说的遭遇和感受的了解。

②表示了解对方的处境,感受得到对方对你的好感。

③对方愿意更进一步与你研讨问题,并从研讨中找出解决方案。

④在回应时能掌握对方的意思,纠正因对方的情绪问题而导致的偏差,以建立对对方正确的了解。

(2)在回应的技巧中,需要注意的是:

①如果你自认能够掌握所谈的问题及对方的立场与背景,可以将你的了解与认识表达给对方知道。

②对对方的意思不确定时,应再问清楚,以免误解。

③由语调推断对方的意思。

(二)合适的回应

沟通时,易导致对方排斥的回应方式有如下三种。

(1)以提供处理方法、建议与忠告来代替回应者应有的真正感受,这样的做法可能使对方认为你自认优越、高人一等或轻蔑他人的能力,从而引起对方反感,以致产生更多的问题。

(2)以评审、责难、批评的话语来回应。自我防卫心态造成沟通困难,将引起对立心态产生,引发反抗情绪,同时自以为是的主观心态将引起对方的反感。

(3)以特殊语调、讽刺或不相关的言语、问句或托词回应,这样会使对方不能了解你的意向,产生误导,以致问题不能沟通。

正确的回应应该是直接、坦白、有限批评与自我的。这里所说的合适回应的做法包括:

(1)诚实表达自己的感觉,而非表达对他人或事物的批判。

(2)用字遣词表达自己的感觉时,应就自己的感受有感而发。

(3)用事实说明你的感受而非对行为进行批判。

(三)管理自己的情绪

在冲突中,情绪是很难控制的,以下是一些控制情绪的指导原则。

(1)如果你正经历严重的情绪反应,给你自己一个机会释放出你的情绪。例如,喝一杯茶或咖啡,散散步,深呼吸,听一些轻松的音乐。

(2)和朋友、同事或家人谈谈你的情绪。

(3)花一点时间专注在情绪上,想一想该情绪从何而来,以及为何会发生。

(4)当你在冲突中与他人沟通你的感觉时,不要将他们当作替罪羔羊,避免将你的情绪投射在他们身上。

(四)处理他人的情绪

除了控制自己的情绪之外,更要能处理他人的情绪,应当做到以下几点。

(1)聆听别人表达他的情绪。

(2)尊重他人。在冲突中,我们常会不尊重他人,这种不尊重即使试图隐藏,也会从身体语言中流露出来。

(3)不要采取报复行动。报复只会激化冲突。

(4)当他人能将他的情绪表达清楚时,你也可以表达你自己的感觉与目标。适当地说出在管理冲突中意欲完成的目标,对将冲突带回实际问题上有极大的益处。

小贴士

管理者如何处理两种冲突

1.管理者如何处理与上司之间的冲突

管理者在他所面临的诸种意见冲突中,最棘手、最难处理的,莫过于和顶头上司的分歧。由于在这类分歧中不具有主动权,有效地解决这类冲突就需要更多的技巧。下面列出了在处理与上司关系时应注意的一些原则。

(1)在非正式场合提意见比在正式场合提意见的效果好。之所以选择非正式场合,是因为非正式场合的回旋余地较大。如果是在正式场合,领导必须面对意见表示态度,基本上没有回旋余地。并且在正式场合提意见还可能置领导人以非常难堪的境地,即使不发生正面冲突,对以后双方保持融洽的感情或沟通也毫无裨益。

(2)以个人身份提意见比以上下级身份提意见的效果要好。个人身份是指师生、亲戚、朋友、晚辈、熟人等;上下级身份则指等级或干部身份,如下属、企业经理等。这一原则的宗旨与上面的原则宗旨一样,也是为了创造一种比较亲切的气氛,为领导留下较大的回旋余地。同时,当批评者以个人身份出现时,可以消除对方的戒备心理,令其感到一种真心帮助自己的诚意,而并非带有权力争夺的意味。在没有戒备心理的融洽气氛中,意见被接受的概率比较大。

(3)个别提意见比公开提意见效果更好。个别提意见是指两人私下交谈,而公开提意见则指有第三者或更多的外人在场的情况。在个别交谈中,领导没有丢面子、丧失尊严与权威的顾虑;在人多的场合下,领导总会有一种维护尊严的本能,而当众批评又很容易触动这种本能,引起抵触情绪,甚至会使被批评者恼羞成怒,当众变脸。这对一般人来说,都是大忌,何况是对做惯了领导者、习惯于指责别人的上司。

(4)在领导心情舒畅时提意见比其紧张疲劳时提意见效果好。人在精神紧张、身体疲劳时,往往耐心大大降低,脾气暴躁,此时提意见十之八九要碰壁,这是一般常情。心情舒畅、一帆风顺时,领导的气量和耐心会随之增加,此时不但容易从善如流,甚至对提出意见的方式及态度也不会计较,所以,你如果选择这种机会进言,往往事半功倍。

(5)在轻松的气氛下提意见比在严肃气氛下提意见效果好。在严肃的气氛下提意见,实际上和在正式场合以干部、同事身份提意见所产生的效果是一样的,容易令人产生戒备心理及反感心理;而轻松的气氛可以解除这些障碍,使批评者和被批评者的信息交流在一种融洽的关系中进行。

(6)以间接的方式提意见效果更好。以间接的方法表达意见有很多形式,如含沙射影、借古喻今、以物喻人等。以间接的方式提意见,批评者可以不直接针对所议之事,而是用比喻、暗示等方法达到批评的目的,这样做可以给予被批评者一个回旋余地。

2.管理者如何处理下属之间的冲突

管理者在调解下属冲突之前,首先要做好全面周详的调查研究工作,要分清冲突的性质,认识冲突产生的原因,然后对症下药。

处理具体问题时,管理者应该注意以下两个方面的原则。

(1)要冷静公正、不偏不倚。管理者在对下属冲突进行仲裁时,应该以公平的面貌出现。尤其是调节利益冲突时,更需要如此。有些下属因为与企业领导有很深的私交或特殊关系,如老同学、老朋友、老邻居等,用这种感情来影响领导人,使其做出有利于自己的裁决。在这种情况下,作为一个企业领导人要冷静,不能带着感情色彩去看问题。当其中一方炫耀他与自己的特殊关系时,必须在公开场合予以批评,或以适当方式向另一方澄清,以消除不良影响。对于下属的观点分歧,管理者最好保持超然态度,不能介入派别斗争,拉一派打一派。当然管理者的看法与某一部分下属相同也是很自然的。但要注意在表达自己态度时,对持不同观点的人绝不能贬低,要肯定他们勇于思索的精神,允许其保留意见,要造成一种人人畅所欲言的气氛,尽量避免下属的意见分歧演变为派别对立。

(2)要充分听取双方的意见。管理者在处理下属之间冲突时,最忌讳的就是只听一面之词,然后就武断仲裁。因为这种做法很容易留下复杂的后遗症。即使偏听之后所做出的判断是正确的,未被听取意见的一方也会心怀不平,会认为领导偏袒对方,这种不满很容易造成感情冲突。所以,一个高明的管理者在处理部下冲突时,不要急于表态,要充分听取双方的意见。听取意见可以分别进行,也可以把对立双方召集在一起当面进行。一般来说,利益冲突最好分别了解情况,避免对立双方碰面,以致激化冲突。如果发现是误会,最好让对立双方碰面,当面阐述理由,以使双方有机会互相沟通信息,有时候根本不需要领导人调解,双方在互相理解之后,误会自然地就会消失。领导人如果能有耐心,冷静地听取各方意见,那么当他裁决之后,裁决不利的一方也会心平气和地听取意见,并乐于服从。同时,领导人在下次调和冲突时仍有权威性。但如果因为偏听而出现冤情,那么领导人的威信将从此不复存在。

管理者还必须注意使用得当的沟通方法,常见的处理冲突的技巧有如下几种。

(1)晓以大义,帮助下属树立全局观念。这种方法主要用于为了维护局部利益的下属所发生的冲突。当一些人为了各自的局部利益发生冲突后,企业领导人应当让冲突的双方站到一个更高的角度,全面了解整个企业生产经营的宏伟过程。

(2)换位思考,促进下属间相互理解。在局部利益的冲突中,冲突双方所犯的错误多半是考虑自己,以自己为中心,而不能体谅对方。要想让他们互相了解、体谅对方的最好办法,莫过于让他们各自站在对方的立场上去考虑一下问题。

(3)折衷调和,求同存异。在很多情况下,冲突的双方均各有道理,但又各执一端,很难明确地判明谁是谁非。在这种时候,折衷协调、息事宁人是很好的解决办法。

(4)创造轻松气氛。在发生冲突之后,冲突双方之间均抱有成见和敌意,所以在进行调解时,首先要缓和气氛,这时选择场合与时机都很重要。在气氛比较轻松的场合中,冲突的双方不带防备心理,比较容易倾听对方的意见和调解人的意见,也比较容易互相谅解。作为冲突的仲裁者,也不应板着像法官一样的面孔,用一副公事公办的口气说话,适当的幽默在某些场合有利无弊。

(5)冷却降温。冲突发生之初,冲突的双方都会很激动,立即调解往往收效甚微,还会火上加油、弄巧成拙。在这种情况下,明智的办法是暂时将双方分开,不要让他们接触,使双方情绪冷静、头脑清醒之后,再进行调节。

(6)注意给双方留台阶。在人们的冲突中,经常发生如下的场面:冲突的双方均已知道自己的错误(或有一方意识到错误),但面子上拉不下来,只好死顶硬拼,互不让步。这时作为仲裁者的企业领导要注意给双方台阶下,以免造成僵局。

(7)加强制度建设。调节冲突,若能做到有依据、有章可循,那么很多问题将变得简单得多。若能做到有法可依,就不会有偏袒之嫌,同时也可以采取比较强硬的手段来命令双方执行仲裁或调节结果,而不必在技巧问题上过多地周旋。

个人危机沟通

不仅是政府和企业需要关注形象,个人也需要注重形象。尤其是整天被大众关注的社会公众人物，他们的一言一行都有可能会引起争议和风波。社会公众人物在面对危机时，如果稍有疏忽，其形象就很可能一落千丈，逐渐被人们忘记或者遭到封杀，从此退出历史舞台。因此，个人层面的危机沟通也显得十分重要。

（一）个人危机的类型

1.职业危机

随着金融危机的蔓延，各个国家的就业率普遍降低，找到一份适合自己的工作越来越困难。即使有一份工作，如果稍有不慎，也可能即刻被炒鱿鱼，所以职业危机是现代人面临的重要危机之一。

2.情感危机

现在很多的职场人士，特别是一些白领，由于受工作忙碌、职业压力大、交际圈子窄等外界因素的影响，延误了个人情感生活，或者目前的情感生活不尽如人意，感情上出现失重状态。

3.规划危机

调查表明，超过半数的职场人士，特别是女性，处于长期忙碌的工作中，无法对自己的兴趣、水平、能力、薪资期望、心理承受度等进行全面分析，从而无法做出较为准确和理智的职业规划。人们每一天匆忙地奔走在工作途中，眼下的工作只是既定的程序，对于以后会做什么，想做什么则毫无头绪。没有合理规划的工作毫不留情地把人们带入规划危机。

4.身体危机

由于职业需要，人们的健康受工作环境的影响（如被迫接受计算机辐射、长期站立、疏于运动、长期高空飞行）出现身体不适和疾病，造成积累性机体受损。显然，过度的资讯饱和、长期的机能失调、工作过量和不良的工作环境是导致身体危机的主要因素。

千万不要以为自己年轻而充满活力的身体可以抵抗任何外来侵害，表面看起来似乎和三年前没什么两样的身体或许正走在岌岌可危的钢丝上。

5.名誉危机

名誉是指社会对特定的公民的品行、思想、道德、作用、才干等方面的社会评价。名誉集中体现了人格尊严。客观公正的社会评价可以使人们得到精神上的满足，有良好名誉的人可以获得社会的更多尊重。名誉危机是指名誉受到了损害，这将在很大程度上影响一个人在社会上的立足和发展。

6.心理危机

心理危机，可以指心理状态的严重失调，心理矛盾激烈冲突难以解决，也可以指精神面临崩溃或精神失常，还可以指发生心理障碍。很多职场人士长期得不到充分休息与放松，缺乏良好的心理调节，外界压力陡然增大会导致不良情绪和反应障碍，轻则焦躁不安、注意力降低、惶恐紧张，重则出现反应异常，有引发抑郁症的可能。

（二）个人危机的特点

与企业危机比较，个人危机有如下几个特点。

1.涉及范围窄

个人危机涉及范围主要是个人和家庭,与企业危机比较,危机范围窄。因此,个人危机虽然也具有突发性,但可预防性较企业危机强,企业危机成因繁多,几乎无法预防。

2.危害小,可控性强

与企业危机比较,个人危机危害相对较小,它只对受害者本人及家庭造成危害,社会影响小。同时,个人危机可控性也较企业危机强,这主要表现在几个方面:①个人危机预防阶段,很多种类的个人危机是有先兆的,如身体危机,当我们觉得身体不适时,如果能及时检查、休息和调整,很多疾病可以控制;②危机发生后,危机主体控制危机事态的可能性大,个人态度在危机处理中起决定作用,合适的态度可以化干戈为玉帛。

3.可规避大众传媒

由于个人危机影响较小,受关注程度较低,危机发生后,是保持沉默还是通过媒体表达个人态度,危机主体一般能够掌控,即使不通过媒体发表声音,随着时间的流逝,危机事件也会渐渐淡出人们的视野。而企业在发生危机后,往往是不能够规避媒体的,一般要主动联系媒体,发表有利于企业的言论,以争取事态向好的方向发展。

(三)个人危机沟通和处理原则

1.认真评估危机

任何一次危机的发生,当事人都要了解公众,倾听别人的意见,确保你能把握住决定你命运的关键人物,并做出准确的判断。不管事态发展得如何严重,只要有准确的评估,根据评估的结果,就能衡量其危害性并制订相应的策略。

2.坦白换取将功赎罪的机会

首先要和经理有沟通和表态,给经理在态度上留下积极的看法,然后将自己的心里所想实话实说,把自己所有的问题放在明面上,希望主管能给自己一个将功赎罪的机会,然后让企业和领导看到你的真诚和行动,并要在短期内产生行动的效果。

3.千万不要拖延

关键是面对错误不要抱着得过且过的心理,推延自己的危机公关行为。犯错时,最重要的就是坦白承认,然后思索事情发生的原因。想清楚下一步该怎么做,尽快建立自己的新事业,不要一直陷入先前犯错的情境当中。

4.思索事情发生的原因

回想为什么会发生这样的疏失,并思考该如何改善,避免类似的情形再度发生。如果是因为自己的技能不够纯熟,可以接受训练,改善工作技能,提升专业度。

5.冷静思考当前的处境

很少人能看清犯错背后所隐含的事实,这代表你在工作上必须做出改变或是重新选择。也许你的长处与这份工作所需要的技能不相符合,必须转换跑道。

6.拟定未来的方向

找到自己的长处与潜能,想清楚自己下一步该怎么做,尽快重新建立自己的新事业,不要一直陷入先前犯错的情境当中。当你拖延得越久,就越难回到职场上。你必须立即找到未来的方向,做好生涯规划。

知识总结

本章主要介绍了危机沟通的定义、内容和对象、要件、原则、步骤。冲突管理中的有效方法与沟通技巧。

(1)危机具有意外性、公众性、破坏性、急迫性等特点。

(2)危机沟通要遵循真诚原则、利益相关者定向原则、快速反应原则、核心立场原则、信息对称原则和计划性原则。

(3)危机沟通可以分为四个步骤,每个步骤需要关注不同的焦点。

(4)组织中的冲突可以分为建设性冲突和破坏性冲突。解决冲突可以采用竞争、合作、妥协、回避、迎合五种方式中的任何一种。

(5)冲突中的沟通技巧主要包括主动认真聆听、合适的回应、管理自己的情绪和处理他人的情绪等。

教学检测

一、名词解释

(1)危机

(2)危机沟通

(3)冲突

二、填空题

(1)危机的特点:__________、__________、__________、__________、__________。

(2)危机沟通是指以__________、__________所进行的一连串化解危机与避免危机的__________和__________。

(3)危机沟通的原则:__________、__________、__________、__________、__________。

(4)冲突是__________,并且具有一定的__________。

(5)沟通的六大要素:__________、__________、__________、__________、__________、__________。

三、问答题

(1)危机沟通包含哪两个方面的内容?

(2)危机沟通的要件是什么?

(3)简述危机沟通的基本步骤。

(4)简述冲突管理中的沟通对策。

(5)沟通时,易导致对方排斥的回应方式有哪些?

【综合案例解析】

亚通网络公司是一家专门从事通信产品生产和电脑网络服务的中日合资企业。公司自成立以来发展迅速,销售额每年增长50%以上。与此同时,公司内部存在着不少冲突,影响着公司绩效的继续提高。

因为是合资企业,尽管日方管理人员带来了许多先进的管理方法。但是日本式的管理模式未必完全适合中国员工。例如,在日本,加班加点不仅司空见惯,而且没有报酬。亚通公司经常让中国员工长时间加班,引起了大家的不满,一些优秀员工还因此离开了亚通公司。亚通公司的组织结构由于是直线职能制,部门之间的协调非常困难。例如,销售部经常抱怨研发部开发的产品偏离顾客的需求,生产部的效率太低,使自己错过了销售时机;生产部则抱怨研发部开发的产品不符合生产标准,销售部门的订单无法达到成本要求。

研发部胡经理虽然技术水平首屈一指,但是心胸狭窄,总怕他人超越自己。因此,常常压制其他工程师。这使得工程部人心涣散,士气低落。

【思考】

(1)亚通公司的冲突有哪些?原因是什么?

(2)如何解决亚通公司存在的冲突?

【案例来源】http://www.doc88.com/p-895118910784.html

项目七

时间管理概论

☞**知识要点**

(1) 了解时间的概念与定义。

(2) 了解时间的内涵、特点与职能。

(3) 了解时间管理的内涵、意义、模型圈及发展过程。

(4) 了解时间管理四象限法。

☞**关键词**

时间　时间管理　时间管理四象限法

千百年来,人们对时间的探索和追问始终是一个亘古不变的主题。从"光阴似箭,日月如梭"的感慨,到"一寸光阴一寸金,寸金难买寸光阴"的警示,时间留给了我们太多的思索。在高速运转和竞争日益激烈的社会环境下,人们越来越感觉到时间的紧迫和珍贵。怎样才能在相同的时间里创造更多的价值?怎样使有限的生命更有意义?这些问题都迫使我们对时间和时间管理进行更加深入的探索和思考。

【情境导入】

浪费时间,毁坏生意

广州某家日用品公司与法国某进出口公司谈成了一笔生意,有一天,该法国进出口公司的经理杰克打算当日下午5点赶到中山去会见一位重要的客户,但在这之前正好路过广州,于是决定来考察该公司。下午2点,考察已经结束,杰克对该日用品公司各方面都很满意,决定告辞去珠海,但该日用品公司的接待经理出于礼貌提出用车载杰克去中山,拒绝不下的杰克只得同意,但让杰克没有想到的是,接待经理把他带到了广州一家知名饭店,想请杰克品尝正宗的广州本地菜。杰克很不高兴,认为对方在没有和自己打招呼的前提下就自作主张,是很不礼貌的,但考虑到两家公司已经有了合作,只得勉强答应,但提出就餐以节省时间为主。

虽然接待经理满口答应了,但是事实上却没有这么做。接待经理根据我国一些传统的经商观念,认为杰克去中山的约会迟到并无大碍,于是安排了很多名菜,以便在杰克面前展示公司的实力。就这样一直吃到下午4点半,被灌得醉醺醺的杰克才被送上了去中山的车。结果可想而知,杰克不仅迟到了约会,一脸醉意还给客户留下了很不好的印象。晚上杰克火冒三丈地打电话给公司董事长:“和这家日用品公司的合作从此解除,公司各方面都不错,但是却让我蒙受了很大的耻辱,你是知道的,我从来没有在约会中迟到过一分钟,可这次却迟到了将近一个小时!”

【思考】

如何对时间进行管理?

任务一　时间的概述

【至理名言】

世界上最快而又最慢,最长而又最短,最平凡而又最珍贵,最容易忽视而又最令人后悔的就是时间。

——高尔基

一、时间的概念与定义

(一)概念

时间是一个较为抽象的概念,是物质的运动、变化的持续性、顺序性的表现,如图7-1所示。时间概念包含时刻和时段两个概念。时间是人类用以描述物质运动过程或事件发生过程的一个参数,确定时间,是靠不受外界影响的物质周期变化的规律。例如,月球绕地球周期,地球绕太阳周期,地球自转周期,原子震荡周期等。爱因斯坦说时间和空间是人们认知的一种错觉。大爆炸理论认为,宇宙从一个起点处开始,这也是时间的起点。

图 7-1 时间

爱因斯坦在相对论中提出:不能把时间、空间、物质三者分开解释。时间与空间一起组成四维时空,构成宇宙的基本结构。时间与空间在测量上都不是绝对的,观察者在不同的相对速度或不同时空结构的测量点,所测量到时间的流逝是不同的。广义相对论预测质量产生的重力场将造成扭曲的时空结构,并且在大质量附近的时钟之时间流逝比在距离大质量较远的地方的时钟之时间流逝要慢。现有的仪器已经证实了这些相对论关于时间所做精确的预测,并且其成果已经应用于全球定位系统。另外,狭义相对论中有"时间膨胀"效应,即在观察者看来,一个具有相对运动的时钟之时间流逝比自己参考系的(静止的)时钟之时间流逝慢。

就今天的物理理论来说时间是连续的、不间断的,也没有量子特性。一些至今还没有被证实的,试图将相对论与量子力学结合起来的理论,如量子重力理论、弦理论、M 理论等,预言时间是间断的,有量子特性的。一些理论猜测普朗克时间可能是时间的最小单位。

根据斯蒂芬·威廉·霍金所解出广义相对论中的爱因斯坦方程式,显示宇宙的时间是有一个起始点,由大爆炸开始的,时间没有"之前"一说,讨论在此之前的时间是毫无意义的。而物质与时空并存,只要物质存在,时间便有意义。

爱因斯坦认为:"现在、过去和将来之间的差别只是一种错觉。"时间倒流或回到过去,其实是建立在一个不存在的逻辑基础上的。

在基本的物理学定理中没有时间概念,时间不参与计算,这并不表明其不存在,物种衰老、昼夜更替都证明其真实存在,切莫误解其意。相对论中,粒子的很多运动,裂变、聚变,互相之间都是这种关系,互为倒放的关系。

(二)定义

1.基本概念

从广义上讲:当一个点相对于某坐标系运动时,其运动所形成的直线或线段或曲线就是相对于该坐标系静止的点的时间之一。每个点对应多个时间。相对于某一个时间,静止的点开始运动速度越快时间越慢,当速度与该时间中运动的点一样时时间停止,速度超越该点时相当于正回到过去。

2.相对时间

相对时间即实时间,用实数表示的时间,指不在额外维运动的点所形成的时间。

3.绝对时间

绝对时间即虚时间,用虚数表示的时间,指在额外维运动的点所形成的时间。

4.与空间关系

空间使事物具有了变化性,即因为空间的存在,所以事物才可以发生变化。空间是没有能量的事物,即当事物能产生变化时,变化产生的能量已经和阻碍的能量相互抵消。点在空间中变化对点的描述称为被描述点相当于该点的时间(该点运动到某一位置时,被描述点都会有唯一的对应位置,称为此时被描述点的位置)。

被描述点可以随时间变化位置不变,可知时间与被描述点的位置有函数关系。

5.与平行宇宙关系

从广义上讲:平行宇宙就是宇宙在高一维度的空间中多出来的方向上有差值的平行时空。相邻的宇宙在多出来的维度(坐标)上有着不为零的最小差距。多出来的维度便是相对于宇宙的虚时间,可以通过穿越平行宇宙穿越虚时间。

小贴士

时间形式

(1)直线时间:在直线上运动的点所形成的时间。

(2)线段时间:在线段上运动的点所形成的时间,即时间段。

(3)时间点:在某一位置上的点所形成的时间。

(4)零时间:始终不动的点所形成的时间。

(5)不存在时间:

(6)相对不存在时间:不是相对于能在最高维度上运动的点的虚时间。

(7)绝对不存在时间:相对于能在最高维度上运动的点的虚时间。

(8)其他形式时间:在曲线、抛物线、折线等上运动的点所形成的时间。

二、时间的内涵

时间的内涵,除了通常所说的几小时几分几秒以外,可以用下面几句话来描述时间。

(1)时间的基本元素是事件,是过去的事、现在的事和未来的事。时间是由每个过程所发生的事件构成的。

(2)时间是组成生命的有机材料,生命中的一切活动都要在时间中进行。

(3)时间最长又最短,最快又最慢,最能分割又最宽广,最不受重视又最宝贵,没有它,什么事都做不成,它使一切渺小的东西归于消亡,使一切伟大的东西永垂不朽。

(4)时间对每个人都是平等的,但时间在每个人手里的价值却是不同,管理好时间,就可以让自己的时间增值。

世界上最公平的事就是:每个人的一天都是 24 小时。有的人善用这 24 小时,创造了奇迹,造就了自己,成就了一番事业;有的人却终日浑浑噩噩,一事无成。时间是一种心态与心境的表现,如何看待时间、如何运用时间,在一定程度上反映了人们的处世态度。

三、时间的特点和职能

(一)时间的特点

1.流逝性

时间的流动不受任何条件的限制。《论语》有云"逝者如斯夫,不舍昼夜",意思是说,时间就像那奔腾的河流一样,不论白天黑夜,都在不停地流逝。它不会因为任何人而暂停下来,我们的生命也随着时间的流逝而逐渐缩短。正因如此,时间对我们才格外重要。

2.不可停滞性

任何时候,时间都以它固定的速度前进,从不会为任何人或任何事而停留。人们常把时间比作河流,但河流可以堵截,河水也可以存储,时间却是无论如何都无法暂停的,它永远朝着未来的方向从容地前进。正是由于时间的这种不可停滞性,才使得古人发出这样的感慨:"莫等闲,白了少年头,空悲切!"

3.不可逆转性

古语有云:"时光一去不复返。"无论是虚度光阴还是有效利用,时间从不会给人重来一次的机会。一位哲人也说过:"时间的步伐有三种:未来姗姗来迟,现在像箭一样飞逝,过去永远静立不动。"时间的不可逆转性注定了过去的将永远过去。

4.不可再生性

时间从来都是不可再生的,一旦逝去就难以再现。正是由于这些特性,时间成了世界上最独特、最宝贵的资源。因而,如何对时间进行有效管理和充分利用就成为人们关注的焦点。

（二）时间的职能

1. 自然职能

自然职能指的是时间是整个世界以及自然界中所有生物得以发展所必需的一个重要因素，万事万物的产生、发展与灭亡都离不开时间，时间比阳光、空气和水等都更重要，因为任何事物任何时候都离不开时间。

2. 经济职能

经济职能指的是时间因素在经济活动中所发挥的作用，与人的生产、消费等都是密不可分的。马克思认为，时间虽然不是直接的经济要素，但是和经济的本质是紧密相关的。人类生活中的经济领域和其他领域通过时间而紧密联系在一起，所以，从时间因素的角度看人类的经济活动并研究人类生活发展的历史是考察问题时的一个基本角度。

3. 社会职能

社会职能指的是时间是社会发展和进步的重要因素，人类社会中的个人、群体等的产生和成长都是随着时间而不断发展的。人们通过为群体、整个社会做贡献来推动其发展，而这个过程正是人们借助时间这个载体才能实现的，这也正是时间的社会职能。

小贴士

支配时间的方法

一个成功的人，善于运用他的时间，是最重要的成功因素之一。企业发展到今天，一个业务主持者，时间不够用，往往是普遍的现象，既然谁也无法获得比别人更多的时间，那么，唯一的办法是如何充分利用你的时间。

1. 充分利用时间

想要成功分配时间，可以使用估计、分配与控制等方法，还可以使用排定事件先后次序、工作时间表以及分配任务等方式，来在达到目的。

只要将所有的活动按部就班地做成记录，工作效率自然就提高了，这必须在做完一件事后，就尽快地记录下来，而且，即使是小事，也不容忽略。

2. 排定处理顺序

“对于各种不同的事，是否分配了恰当的时间去做？”“是否将有限的几小时利用得有效？”要将这些问题仔细思索，认真地分析所有的活动，然后，就必须决定何事应先处理。有许多人都从公文堆最上面的一件开始做，结果很可能使堆在下面的旧公文“越陈越香”了。很多事，就是因为被搁置以致成了无法解决的问题。

要避免这种错误，只有在每天晚上或早晨，坐在办公桌前先看看那些堆在案上东西，花点时间浏览一番，并且归类，分成数堆，再分辨出缓急依次排好，这样，“陈年老酒”就可绝迹了。

3.分派工作

当你应用这原则去处理事情时,一定会发觉有些已拖延了好几天,甚至好几个星期。如此一来,你就该去查明产生这种拖延现象的原因,相信你经常会发现有些职员,拿了薪水却没做他分内的事。你是老板,那么就完全看你怎样防止这类事重演了。通常这种情况下,是应该实施企业管理上的分层负责制度。有人使用下列的方法来改进。

(1)决定哪些事由秘书处理。

(2)将一些工作分配给助手做。

(3)然后看看其余的,再次决定哪些仍可由秘书或助理"分忧",此外,就该自己亲历亲为了。

4.分配时间

当你注意今天的每一件工作时,就必须决定该花多少时间在这上面,我们把这称为"分配时间"。一大早,口述和笔录大约要30分钟,接下来30分钟就该和老板讨论了,也许你还得要15分钟的时间去应付求职者。如果你九点上班,现在已经十点四十五分了。午餐前,也许要和采购部门接触,而且说不定还得赶到市区去参加别的会议。这就是"时间分配"。它的秘诀是要确定你眼前的工作,到底要用多少时间,那也只有"经验"这位先生才能帮忙了。只要这样做,你将会很快地发现不必要的琐事,都已分配给属下操心去了,再也不会溜到你工作表上,这可替你减掉不少的麻烦。

有一位身任数家商业杂志社的总编辑,要求下属把信件都送到他办公室里,他必须拆信、看信,再把信件分成若干堆,决定分给下属那位编辑处理,接着亲自送到每人桌上。整个过程平均就用了一个钟头,于是,他每天加班,要不然就带着"家庭作业"下班,才有办法把工作完成。除此以外,更糟糕的是他的编辑人员,不得不等他送信来,于是整个编辑部门成天都是口述作业。这位总编辑之所以会这样,就是他想知道下属究竟是在做什么事。但终于,他觉悟到自己只是在浪费时间。以后,他的编辑开始直接收信,并做成新闻或新动态的摘要呈给他了,事实证明以往他一直浪费了大半的时间,因为几乎有3/4的信件是向废纸篓报到的。

5.排定时间表

某大石油公司的一个训练主管,为推销员设计了一个预估工业产品推销方法,他给每人一张表格,并建议他们在每周开始前将它填好。填表只要半个钟头,但在填完后每个人都找出访问客户的最佳途径,而且将每个停留点上所要做的事,也都记在上面,再不会被遗忘掉了。把事情依其重要性列成表,从最重要的开始做,完成后,核对一下,再从表中删掉它。何时开始做记录表并不重要,重要的是你心中必须经常有时间表的观念。

6.应付意外事件

火车、飞机、公共汽车、轮船等依时间表运行,但依然会有意外事件,同样的情形也可能发生在你身上,所以,为意外事件留时间,是很明智的。某百货公司的经理,早计划在星期一举行大减价，而很不巧的是，星期日恰好是该公司一年一度的员工野餐活动。当天艳阳高照，是个很难得的好日子，结果星期一早晨，1/4 的职员因阳光灼伤而请假，筹备已久的大减价就因此流产了。这就是未预留处理意外事件的时间的一个例子。

聪明人有三个预防此类事件发生的方法：①每项计划都留有多余的预备时间。②努力使自己在不留余地，又饱受干扰的情况下，完成预计的工作。这并非不可能，事实上，工作快的人通常比慢吞吞的人做事精确些。③另准备一套应变计划。

假使你为每件工作立下时间限制，你将发现，有三件事已经做成功了。

(1) 迫使自己在规定时间内完成工作。

(2)对你自己的能力有了信心。

(3)你已仔细分析过将做的事了，而把它们分解成若干单元，是正确迅速完成它们的必要步骤。

一旦拟定了目标，计划好时间表，剩下的关键就是尽快动手去做了。

7.赢取时间的办法

(1)把该做的事，按重要性排列，这件工作，你可以在周末前一天晚上就安排妥当。套句俗话说："豫则立、不豫则坏"，凡事要把握先机。

(2)每天早晨比规定时间早十五分钟或半个小时开始工作，这样，你不但立下好榜样，而且有时间在全天工作正式开始前，好好计划一下。

(3)开始做一件工作前，应先准备好，把所有需要的资料、报告放在桌上，这样可避免为寻找遗忘的东西而浪费时间。

(4)利用电话、电报、信件和像口述机一类的装备，以节省时间。

(5)购买各种书籍、手册，及寻求客人的帮助，尽可能吸收及准备知识，这样可增进处事能力，减少时间浪费。

(6)把最困难的事搁在工作效率最高的时候做，例行公事，应在精神较差的时候处理。

(7)养成将构想、概念、凭据及资料，存放在档案里的习惯，在会议、讨论或重要谈话之后，立即记录下重点，这样，虽事过境迁，但仍会记忆犹新，因为没有比忘记履行诺言更的事了。

(8)训练速读。想想看，如果你的阅读速度增快 2~3 倍，那么行事效率该有多高?这并不难做到，书店及图书馆都有增进你这些能力的指导训练书籍。

(9)不让闲聊浪费你的时间，对于那些上班时间找你东拉西扯的人知道，你很愿意和他们谈天，但却应在下班以后。

(10)利用空闲时间。它们应被用来处理例行工作的，假如哪位访问者失约了，也不要呆坐在那里等下一位，你可以顺手找些别的工作来做。

(11)充分发挥你的手提箱的功用。把文件有条不紊地排好，知道哪些东西在哪个位置上,这样就可以避浪费时间去找东西,更不会再在与人洽谈时,翻箱倒柜的事。

(12)琐事缠身时。务必果断地摆脱它们。尽快地把事做完,以便专心一致地处理较特殊或富有创造性的工作。口述时,只述重点,其余就让秘书或助手来替你做,只要让他们知道你期待他们什么事就可以了。

(13)管制你的电话。电话虽然不可缺少,但如果完全被你太太或朋友占用了,那这工具岂非像一个被埋没掉的天才?还有,在拿起电话前,先准备好每件要用的东西,如纸、笔、姓名、号码及预定话题、资料等。

(14)该做的事都放在桌上,以免遗漏。

(15)晚上看报。除了业务上的需要外,尽可能在晚上看报,而将一日之计的宝贵光阴,用在读信、看文件或思考业务状况上,这样将可使你每天工作更加顺利。

(16)开会时间最好选择在午餐或下班以前,这样你将会发现这段时间,每个人都会很快地做出决定。

(17)当你遇到一个健谈的人来访,最好站着接待他,这样他就会打开窗子说亮话,很快就道出来意了。

(18)将相关的工作列在一起,举例说,你应口述数小时,或与属下连贯地讨论,如此会使你较有概念。

(19)休息片刻,来杯咖啡、茶、冷饮,甚至只要在窗前伸个懒腰,就足够使你精神抖擞了。

(20)沉思。每天花片刻时间思索一下你的工作,可寻求出各种增进工作方法及满意的灵感,受益匪浅。

任务二　时间管理

【至理名言】

我们知道,时间有虚实与长短,全看人们赋予它的内容怎样。

——马尔夏克

一、什么是时间管理

时间管理是有效地运用时间,降低变动性。

时间管理的目的是决定什么事该做,什么事不该做。

时间管理最重要的功能是通过事先的规划,作为一种提醒与指引。

(一)无法管理外在的要求

主管最大的困扰就是,太多来自外界的干扰,随时得放下手边的工作去做别的事情。

担任主管的责任之一就是集合多人的努力,共同完成一份工作。换句话说,主管的工作有很大的一部分需要与别人互动,外界的干扰是主管工作的一部分。你可以排定某些时段作为你的工作空挡,当有人临时找你需要讨论事情时,告诉他,你这会儿忙着呢,不急的话,在你的空挡时间再来详谈。

时间管理发展得很快,第一代是建立备忘录;第二代就需要事先的计划和准备;第三代会根据你对任务的理解排列优先顺序;到了第四代,就是分工合作的授权管理。

(二)做事没有方法

我们常运用自己所熟悉或直觉想到的方法做事,但事实上,这并不是最有效率的方法。

完成一件事情,可以有许多方法,关键在于你能否找出最快速的方法。不要毫不考虑就直接做了,先花几分钟的时间衡量一下,有什么方法可以更有效率地完成事情?

(三)周围干扰因素

周围众多干扰因素,是时间流逝的致命杀手,嘈杂声、杂志、零食、报纸、美容品、温度、安全感、方向感、氛围、性欲、压力、烟瘾、联想、健康状况,都是诸多的影响因素。

小贴士

时间管理的演进

学习时间管理,首先了解一下时间管理理论的演进。在科技发展的过程中,每一个人追求的就是更好的效率、效能、效果。在追求的过程中,如何去节约更多的时间,如何把时间投入到最有效率的结果上,历史上曾存在几种方式,这种方式间发生的变化就好像一个历史的演进。

最初的时间管理基本是备忘录型,一方面顺其自然,另一方面也会追踪时间的安排,备忘录管理的特色就是写纸条。逐渐发展到强调对时间的是“规划与准备”,特色是记事簿。从记事簿开始慢慢地能科学地去安排时间,将每天的活动,写在纸上或输入计算机,详细地规划各种各样的规划表。

当代时间管理理论强调了一切以自然法则为中心的罗盘理论。这种管理法则超越传统上追求更快、更好、更具有效率的观念,它不是换一个时钟,而是提供一个罗盘,因为人走得多快是一回事,方向对才是最重要的。怎么走,不是求快,而是怎么向未来的目标接近。这种管理理论强调的是每一天的行动,每一个时段的行动,都要与未来的目标很接近,所以它强调的是一种方向,也叫作正北理论。

当代时间管理的代表是时间管理的二八定律。意大利经济学家帕累托认为,万事万物都可以分为重点的少部分和一般的大部分,这就是通常所说的二八定律,即80%的结果源于20%的努力,也就是80%的结果是因为20%的关键因素所致。

所谓“打蛇打七寸,擒贼先擒王,好钢用在刀刃上”,用最有效率的时间去做20%的最有效率的工作,在这些时间段,注意力要高度集中,一口气把事情干完,不要中间停止,从而达到一种高效率。同时,要调整生物钟,控制好工作的节奏,使得效能最高。

在你的生活过程当中,每一个决定不是离你人生的目标很远,就是离你人生的目标很近。所以你每一个时刻都在做选择,每一个时刻都在做决定。

二、时间管理的内涵

时间管理是指在相同的时间里,通过有目的的规划和控制来提高时间的利用效率、增大产出价值的过程,如图7-2所示。时间管理的目的不是为了在固定的时间内做更多的事或把所有事情都做完,而是要让人懂得决定什么事情该做、什么事情不该做,它是通过事先的规划,作为一种提醒与指引,帮助我们更轻松、更有效地完成目标,令单位时间的产出最大化。

图7-2 时间管理

实际上,时间管理所管的并不是时间本身,而是方法和流程。通过方法和流程的改善,合理规划、分配并利用时间,从而更快速、高质量地完成一件事情。在时间管理中,应强调以下几项内容。

(1)目的性。对某一段时间进行管理的目的是什么,要达成的目标及效果是什么。

(2)顺序性。目标应有轻重缓急之分,首先确定哪些是非常重要的事情,哪些是急于完成的事情。

(3)规划性。根据目标,对时间做出合理的规划。

(4)控制性。做出时间管理的规划后,要采用一定的方法来控制时间,以保证时间的有效利用。

三、时间管理的意义

时间管理的意义包括以下几方面,如图 7-3 所示。

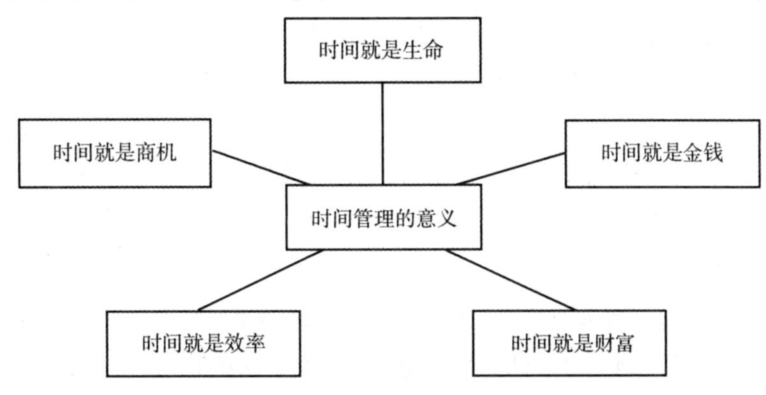

图 7-3　时间管理的意义

(一)时间就是生命

一位哲人说过这样一句话:“浪费别人的时间等于图财害命,浪费自己的时间等于慢性自杀。”时间是组成生命的元素,时间在流逝,生命也在流逝。这一点一滴的时间就累积成了人生。

假定一个人可以活 80 年,也就是 29200 天。在这 80 年中,睡觉就占去了 30%的时间,还要减去读书成长的 20 年和退休后的时间,剩下可供我们工作的时间非常之少。一个人的生命是有限的,如果不能利用这有限的时间去创造价值,那么生命也就失去了意义。因此,每个人都应该清楚地认识到时间对我们的重要性,珍惜时间,对自己的时间进行有效的管理,这不仅是对自己的尊重,也是对人生的负责。

(二)时间就是金钱

“一寸光阴一寸金,寸金难买寸光阴。”这句话是对时间与金钱的关系的最佳描述。它不仅告诉了我们时间的重要性,还令我们意识到,只要时间利用得好,“一寸光阴”就能产生“一寸金”。尤其对于现代人来说,这一理论更富有说服力。如老师讲课以课时来计算工资,学生做家教以小时计算报酬,心理医生为病人看病按时收费、钟点工做家务按时计费、电视台黄金时段的广告以秒计费等,这些都是以时间为单位来计算报酬的。人们将无形、无价的时间与有形、有价的金钱联系起来,一方面体现了时间的价值,另一方面也展示了时间的重要性。如何利用时间来创造金钱,则是人们需要思考的问题。

课堂案例

威利的时间观念

威利是某家著名外国银行的总经理,每天和其他同事一样朝九晚五地工作,但是,他每天都会准时5点打卡下班，回家之后从来不需要再想工作的事情，而是与家人享受天伦之乐。这对于该银行的其他同事来说，是非常难的，因为该银行的工作非常多，加班是常有的事情。威利能做到这些，源自于他的时间管理方法。不像其他老总都有自己独立的办公室，他的办公室是与其职员在一起的，这样可以方便他随时指挥下属的工作，但这并不代表他每天和员工的交流时间非常多；相反，除了比较重要的生意上的接洽外，他与人的交谈从来不超过10分钟。所以，当你走进办公室，你可以很容易地看到他，但除非是有要紧事，否则不要打扰他，因为他不会欢迎你的。威利曾经说过一句话：我最不能容忍的就是浪费时间，在我看来，时间不仅仅是金钱和财富，更是生命。

（三）时间就是财富

人们常说“年轻就是资本”，为什么呢？年轻就是还有时间，而这些时间就是一笔宝贵的财富。每个人每天都有24小时，只要人们能合理地利用这些时间，朝着自己的目标去学习、去奋斗，就可以创造出名誉、地位、金钱等更多的财富。而实际上，人们有效地利用时间获得成功的这个过程，也是一笔非凡的精神财富，它会使人们了解到如何有效地利用每一分每一秒，才能朝着期望的方向井然有序地前进。

（四）时间就是效率

每个人的生命都是有限的，假设每个人的生命都为“1”的话，我们都希望能在这“1”单位的时间里创造更大的价值。有的人勤恳努力铸就辉煌，有的人则浑浑噩噩，虚度光阴。所以，当我们利用自己的时间时，就体现了一种效率。

在企业管理中，“时间就是效率”也得到了极大的重视。如何利用时间、管理时间，这一点对管理者来说尤为重要。工作是永远做不完的，但是时间却是有限的。如何使单位时间的产出更多，就体现了“效率”的差异。在激烈的市场竞争中，时间就是潜在的资本。有效地管理时间、利用时间，是提高效率的关键，也是赢得竞争的本源。

（五）时间就是商机

“时间就是商机”在企业管理中运用得尤为广泛。企业要想在激烈的市场竞争中取得胜利，一定要懂得“时间就是商机”这个道理。延误时间、痛失良机有时不仅仅是利润的差异，甚至可能使竞争地位、竞争优势产生翻天覆地的变化。在高速运转的市场环境中，企业只有当机立断、抓住时机，才能在市场竞争中独占鳌头，将时间转化为优势和效益。

时间管理对每个人来说都非常重要，对企业而言其重要性更是不言而喻。有效的时间管理，可以让人们发挥所长，摆脱一切重担的束缚；可以省掉消耗体力、精力及不利于心灵成长的事情，带来更多的热情和更好的工作成果；也可以为企业塑造有效的工作氛围，为企业提高效率、扩大收益打下坚实的基础。

四、时间管理的模型圈

处理任何事务或者问题都包含一系列纷繁复杂的活动，而这些活动之间存在着一定的联系，且按照一定的顺序进行，我们可以把这个相互联系的活动过程用一个模型圈来表示，如图 7–4 所示，这样可以让时间管理的各个功能之间的关系更加清晰明了。

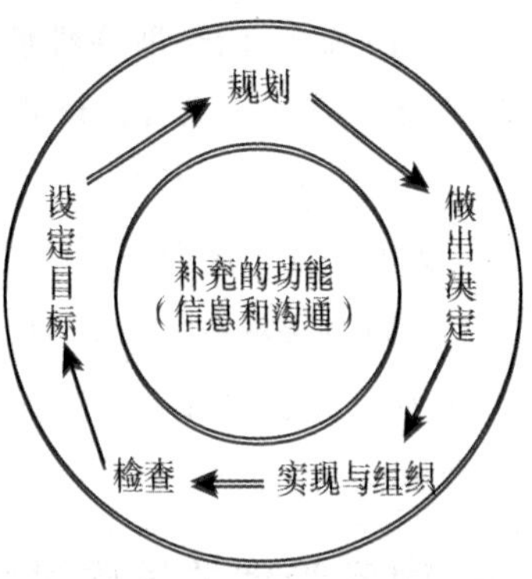

图 7–4　时间管理的模型圈

（一）外圈

外圈有五种不同的功能，分别是：设定目标→规划→做出决定→实现与组织→检查。这五个功能构成了一个闭合的圆圈，说明这五个步骤是首尾相连，不断循环的。

1.设定目标

这是活动的起点，它用于指导自己的行动，这一般是个人或组织目标的分析与表述。

2.规划

设定目标以后，就要制定具体的行动方案和计划，从而一步步地实现这个目标。

3.做出决定

在规划制定好之后，就要付诸行动，这时就要决定先从哪些任务开始做起。

4.实现与组织

为了完成这些任务，要对自己或者下属的工作进行分配，将任务落实到各人去完成，这样才能保证目标的完成。

5.检查

任务完成以后，对于目标的实现程度进行检查，如果目标实现了，证明事情完成，如果没有实现，就要重新审视是哪个环节出了问题，应该怎样改正，必要时需要重新调整目标。

（二）内圈

内圈有补充的功能，即信息和沟通。内圈对于外圈功能的实现有重要的意义。信息传递是外圈各项活动所不可缺少的，而沟通是信息交流的主要手段，在时间管理的过程当中各个环节都需要良好的沟通以实现最终目标。

刘总的时间管理秘诀

刘总是当地一家知名公司的总经理，他在公司的威望很高，尤其是他的时间管理技巧特别出名。很多同事都向他请教，因为他看起来总是时间特别充足，而且从来不将工作带回家里，劳逸结合得非常好。他说："我刚升为总经理的那段时间，也总感觉事情特别多，时间总是不够用，常常加班、应酬，陪家人的时间都很少。我以为这样公司的业绩就会有提升，但实际上并没有太大差别。于是我就开始思考是不是自己的时间管理方面有问题。我开始阅览关于时间管理的书籍，并将相关的时间管理理论应用到实际当中。经过总结和实践，慢慢就越来越会规划时间了。”

他总结出了三点比较重要的秘诀。

(1)确定目标,即要将眼光向前看,这样就可以提前设计出实现这些目标的各种途径,并提前准备好一些应对危机的管理方法。

(2)做一个工作的优先顺序的排序,即确定各项工作的优先级别。对这种优先级别的确定,要从公司角度和个人职业发展角度出发。

(3)懂得授权。他认为,很多人之所以总认为自己有做不完的活儿,是因为不懂得授权。他平时会注重对员工进行实践培训,从而挖掘出人才,帮他处理一些工作,减轻自己的工作负担。

五、时间管理的发展过程

时间管理的发展过程分为三个阶段,如图 7-5 所示。

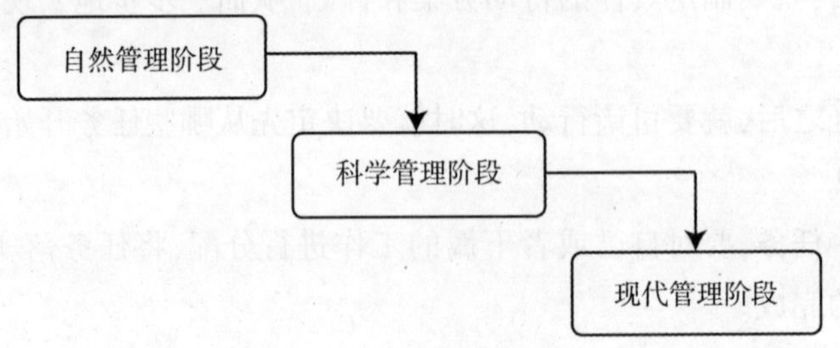

图 7-5 时间管理的过程

(一)自然管理阶段

自然管理是时间管理的初期,在这一时期,计时工具尚未发明,人们对于时间的认识只是由日升日落、万物枯荣而得来的。17 世纪,钟表的诞生使人们对时间有了进一步的认识。人们可以利用钟表来记录时间,但由于钟表的指针循环往复地做着类似的圆周运动,人们错误地将时间理解为一种无限重复的圆形运动。在自然管理阶段,人们对于时间的利用也仅限于一种适应性的、不自觉的、非定量的管理。

(二)科学管理阶段

随着人们对世界的认识越来越多,人们对时间的管理开始进入科学管理阶段。在这一阶段,技术水平和经济水平都有较大的提升。人们对时间的认识也已不再局限为重复的圆形运动,而是开始意识到,时间具有不可逆转性、单向性等特点。20 世纪初,爱因斯坦从相对性这一角度出发,将时间分为“过去”“现在”和“将来”,从而使人们对时间有了一个更为量化的概念。这一时期,时间管理的研究和科学管理的实践有了较快的发展。

接着,泰勒(Taylor)作为科学管理的始祖,首次将时间与管理的应用联系起来。他通过秒表测定并制定出一套标准化的作业时间,从而避免操作中的时间浪费,提高了工作效率。

这一事件标志着时间管理发展过程中的突破性进展。

(三)现代管理阶段

随着人类认识水平的大幅提升,人们对时间管理的理解和研究也更加深入、透彻。科学化、定量化成为现代时间管理的主要特点。人们开始利用系统理论、数理科学理论等定量的方法看待企业中的时间和效率,通过对现实问题建立模型来寻找最优解决方案,以实现目标。

这些理论的发展标志着时间管理进入了现代管理阶段,并促进时间管理的持续快速发展。如今,时间已经成为现代管理的重要内容。

六、时间管理四象限法

时间"四象限"法是美国的管理学家科维(Covey)提出的一个时间管理的理论,把工作按照重要和紧急两个不同的程度进行了划分,基本上可以分为四个"象限",如图7-6所示,既紧急又重要、重要但不紧急、紧急但不重要、既不紧急也不重要等。

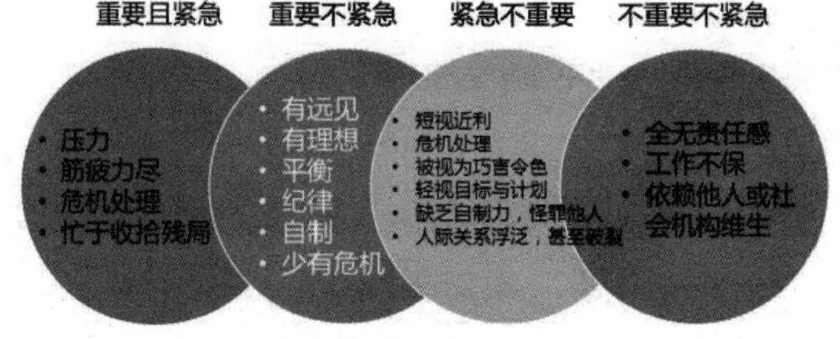

图7-6　时间管理四象限法

按处理顺序划分:先是既紧急又重要的,接着是重要但不紧急的,再到紧急但不重要的,最后才是既不紧急也不重要的。"四象限"法的关键在于第二和第三类的顺序问题,必须非常小心地进行区分。另外,也要注意划分好第一和第三类事,都是紧急的,分别就在于前者能带来价值,实现某种重要目标,而后者不能。

以下是四个象限的具体说明。

(一)第一象限是重要又急迫的事

例如:应付难缠的客户、准时完成工作、住院开刀等。

这是考验我们的经验、判断力的时刻,也是可以用心耕耘的园地。如果荒废了,我们可能变成行尸走肉。但我们也不能忘记,很多重要的事都是因为一拖再拖或事前准备不足,而变成迫在眉睫。

该象限的本质是缺乏有效的工作计划导致本该处于"重要但不紧急"第二象限的事情转变过来的,这也是传统思维状态下的管理者的通常状况,就是"忙"。

（二）第二象限是重要但不紧急的事

例如：主要是与生活品质有关，包括长期的规划、问题的发掘与预防、参加培训、向上级提出问题处理的建议等事项。

荒废这个领域将使第一象限日益扩大，使我们陷入更大的压力，在危机中疲于应付。反之，多投入一些时间在这个领域有利于提高实践能力，缩小第一象限的范围。做好事先的规划、准备与预防措施，很多急事将无从产生。这个领域的事情不会对我们造成催促力量，所以必须主动去做，这是发挥个人领导力的领域。

第二象限更是传统低效管理者与高效卓越管理者的重要区别标志，建议管理者要把80%的精力投入到该象限的工作，以使第一象限的"急"事无限变少，不再瞎"忙"。

（三）第三象限是紧急但不重要的事

例如：电话、会议、突来访客都属于这一类。

表面看似第一象限，因为迫切的呼声会让我们产生"这件事很重要"的错觉——实际上就算重要也是对别人而言。我们花很多时间在这个里面打转，自以为是在第一象限，其实不过是在满足别人的期望与标准。

（四）第四象限属于不紧急也不重要的事

例如：阅读令人上瘾的无聊小说、毫无内容的电视节目、办公室聊天等。

世界经理人管家简而言之就是浪费生命，所以根本不值得花半点时间在这个象限。但我们往往在第一、三象限来回奔走，忙得焦头烂额，不得不到第四象限去疗养一番再出发。这部分范围倒不见得都是休闲活动，因为真正有创造意义的休闲活动是很有价值的。然而像阅读令人上瘾的无聊小说、毫无内容的电视节目、办公室聊天等，这样的休息不但不是为了走更长的路，反而是对身心的毁损，刚开始时也许有滋有味，到后来你就会发现其实是很空虚的。

小贴士

高校管理者的时间管理

高校管理者每天都要面对各种各样的事务，千头万绪，涉及方方面面。如何在繁多的事务中抓住重点，以点带面，从而促进相关工作的开展和完成，时间管理有着重要的作用。科学、规范、有序的时间管理不仅对高效管理者本人极为重要，对提高整个高效的工作效率、降低办学成本也极为重要。但因为主观客观上的原因，我们都习惯了不将时间列入办学成本进行计算。

（一）高校管理者时间管理的必要性

高校管理者为什么要对时间进行管理，这虽是个见仁见智的问题，但由于很多高校管理者未对时间进行科学有效的管理，往往造成疲于奔命却大事抓不了、小事抓不到等浪费时间的现象广泛存在，造成高校管理者时间浪费的原因是多方面的。从主观上说，一方面可能是因为管理者想做的事情太多，却因没有科学区分事情的轻重缓急，甚至缺乏明确的目标，导致各项工作缺乏优先顺序，最后可能有头无尾；另一方面也可能是因为不擅于授权导致自己不得不花费大量的时间于具体事务，或因仓促决策导致了整个学校的时间以及其他资源的浪费。从客观上说，高校管理者浪费时间的原因来自于上级领导、工作系统以及生活工作条件等方面。不管是何种原因，高校管理者的时间一旦出现浪费，对整个部门甚至整个单位的伤害极大，严重的可能会导致部门、单位低效率重复劳动，最终成效不彰。为了避免浪费时间的现象重复出现，必须对高校管理者的时间进行管理。高校管理者永远没有时间做每件事，但应通过对时间进行管理，保证他们永远有时间做最重要的事。

（二）高校管理者时间管理的内容

高校管理者的时间管理并非是对时间这一资源进行管理，而是对管理者自身进行管理，通过提高管理者的时间使用效率，减少浪费，从而达到提高工作效率的目标。对管理者自身进行管理主要包括四个方面的内容。

1.掌握工作的关键

高校不同层次的管理者尽管工作任务和工作责任不尽相同，但管理活动却是一致的，可简单归结为三个掌握，即掌握关键工作，掌握关键人物，掌握关键活动。高校发展目标能否实现的重点不在于每个环节、每个步骤，而在于制约性因素。制约性因素往往体现在关键工作，关键人物和关键活动上，抓住了这三个关键，高校管理者也就解决了制约性因素。所谓“大智有所不虑，大巧有所不为”之所以成为大智大巧者，在于能够扬其长而避其短。高校管理者无论职位、社会地位、学术水平高低，都是普通劳动者，不可能是全能的，也不需要面面俱到，因此，只要掌握了关键也就抓住了时间管理的要诀。具体地说，出现重要而且紧急的事情时，高校管理者应首先进行处理，但要避免成为工作常规，应保证高校管理者的大部分时间花在重要而不紧急的事情上。高校管理者专注于处理重要的事情说明抓住了影响整个部门乃至整个高校的工作全局，主要精力放在不紧急的事情上则意味着未雨绸缪，防患于未然。

2.简化工作程序

工作流程越简化，越不容易出问题，执行部门及人员在工作过程中会越发细致，执行效果越好。同时，简化程序有利于解决高校中出现的“文山会海”现象，不该发的文不发，不该开的会不开，提高行文和会议效率，降低管理成本。就开会而言，会前必须明确会议的目的，是分享信息、辩论还是决策，决策性的会议材料应该在会前几天分发参会者，让参会者能尽早熟悉会议内容并有足够的考虑时间，以提高决策的质量和速度，避免会议流于形式，避免将会议时间浪费在泛泛而谈上却做不出任何科学决策。

3.合理安排工作时间

应该做好每天、每周、每月以及每年的工作计划，列出每一时间单位内应该完成的工作,排出优先次序,突出重点并确认完成时间,并适当安排“不被干扰”的时间。高校管理者常常需要整块的时间去思考一些重要决策或完成重要的任务,在进行这些任务的过程中,不能被外界打断,否则重新进入深度思考与完全工作状态往往需要更长的时间。高校管理者集中时间不受干扰地处理一些重大事项而把其他事情都推到一边,可能会给本部门甚至整个学校带来一些意想不到的麻烦,但如果能有足够必要的时间,不受任何人任何事干扰地思考或者从事对整个部门甚至整个高校至关重要的工作,那么这些可能的麻烦将是微不足道的。

4.合理授权

任何一位高校管理者都不可能独自完成本部门乃至整个高校的所有工作,也不可能独自对所有的事情做出科学决策,因此将一些事情指派或授权给别人,让其他人对工作进行分担,是提高时间使用效率的有效方式之一。列出工作中所有可以授权的事项,并授权于适当的人来决策和执行,会提高整个学校的办学效率。高校管理者的授权必须充分,同时必须重视监督和检验,保证被授权者的行为符合学校的整体利益。在授权过程中,管理者应避免出现把别人当成自己提高效率多做事的资源或者障碍、干扰者的倾向,否则可能会出现控制他人的欲望,倾向于让被授权人按照要求做事,或者让“他们”不要妨碍“我们”做事。从而使授权行为适得其反。在授权中必须要克服“办事拖延”的陋习,推行“限时办事制”。办事拖延是浪费时间的重要原因之一,实际工作中,工作任务的完成时间往往都会超出预期。因此,严格规定每一件事情的完成期限,并要求被授权者在限定时间内报告处理结果,授权效果会更为有效。

七、几款在线的时间管理工具

(一)Rescuetime

Rescuetime 是一个基于 web 的时间管理工具(目前在公开测试),它能准确地判断你花费了多少时间, 不用录入数据,不用费劲就可以收集事务数进行迅速而即时的数据分析。例如,你在 Word 输入和排版上用了多少时间,你在浏览网页上用了多少时间,你在一些 IM 沟通上用了多少时间等;通过每日或每周对你完成目标的情况做出总结。你的时间管理是否到位,做得好与坏一目了然;用了这个工具之后你会觉得自己的工作效率提高了,比别人更勤奋了。

(二)Propelr

Propelr 是一款基于互联网的时间管理工具,是一种“完成事”的方法学,简称 GTD (Getting Things Done)。这款工具不仅可以提高个人的工作效率,还可以和你的客户和同事一起协作完成项目。propelr 可以减少思考安排时间的时间,因为它已经帮你完成了,你只需去做就可以了。propelr 提供了一种通过协同工作而从大规模项目运作中解脱出来的办法。

(三) Intervals

Intervals 能让你集中在你的项目上,跟踪你的工作时间,管理你的任务个性化空间,它的功能很强大,具有以下特点:跟踪时间、管理任务、摆脱混乱的状态、项目管理、文档或文件的存储等。

(四) Tick

什么叫跟踪时间? Tick 给我们的解释是:时间的跟踪就是让你不要做太多的事情,是让你学会在恰当的时间做恰当的事。Tick 给你解决的问题就是通过分析来减少你的损失;告诉你什么是最重要的事情;在这里你不需要复杂的表格和难懂的理论,只有最简单的和你能承受的反馈信息。Tick 除了便签等记事提醒基本功能之外,强调了在时间轴上对时间的管理和预测。

(五) Backpack

Backpack 是一个简单的网络服务,Backpack 具有日历和提醒功能,可把你想做的事情做成一个清单给你发送电子邮件或通知到你的手机上,时间可以自己来定。当然,你也可以把你的任务计划发给你的同事或朋友与他们一起共享。Backpack 使用了 Ajax 接口,让你的想法或计划随手而成,很方便。

(六) Scheduler-Lenovo

Scheduler 是联想试验室出品的在线时间管理工具。Scheduler 可以帮助用户建立日程并进行跟踪而且可以通过 E-mail 及 MSN 的方式提醒用户即将到来的日程。Scheduler 还提供了完整的计划制定、跟踪和回顾的机制,帮助用户制定计划并分解长期的目标将之转化成日程。

拓展阅读

怎样进行有效的时间管理

(一)认识时间管理的概念

时间管理就是用技巧、技术和工具帮助人们完成工作,实现目标。时间管理并不是要把所有事情做完,而是更有效地运用时间。时间管理的目的除了要决定你该做些什么事情之外,另一个很重要的目的也是决定什么事情不应该做;时间管理不是完全的掌控,而是降低变动性。时间管理最重要的功能是通过事先的规划和长期的计划,作为一种提醒与指引。

时间管理就是自我管理,自我管理即是改变习惯,让自己更有效率,更具效能。把事情很快地做完,叫作效率;把事情很快又很好地做完,叫作效能。时间是资本和无法更新的收入,任何一个制定出来帮助我们高效率地安排时间的计划,都必须从我们对时间宝贵性的认识入手,管理好你的时间就能管理好你的工作。在进行有效的时间管理之前,必须充分理解时间管理的概念,从而学会掌控时间,合理安排自己的工作和生活,最大限度发挥时间的效力，提高工作绩效。

(二)树立明确的时间管理目标

成功等于目标，时间管理的目的是在最短时间内实现更多想要实现的目标。人生旅途上，没有目标就如在黑暗中行走，不知该往何处。有目标才有方向，目标是前进的推动力，能够淋漓尽致地激发人的潜能。明确的目标对于构建成功人生至关重要。

然而，制定目标不是一件容易的事。一个有效的目标必须具备以下这些特性。

1.具体性

有效目标不能大而空，应具有阶段性和可操作性。为此，我们可以将大目标分解为一个个阶段性目标，再制定出高效的日程计划，以此督促自己朝向既定目标迈进。

2.可衡量性

任何目标都应该有可以用来衡量该目标完成情况的标准，包括衡量阶段性成果的控制点和衡量最终绩效的指标。

3.可达性

无法企及的目标只能是白日做梦，而太轻易达到的目标则没有挑战性。成功的目标设定应该既有挑战性，又不超出自己的能力所及，经过一番努力最终可以达成。

4.任何目标都应该考虑时间的限定

不但要确定最终目标的完成时间，还要设立多个小时间段上的"时间里程碑"，以便进行工作进度的监控。

(三)制定时间管理的行动计划

哈罗德·孔茨(Harold koontz)说过：计划工作是一座桥梁，它把我们所处的此岸和我们要去的彼岸连接起来，以克服这一天堑。目标是计划的开始和归宿，设立正确的目标是成功计划的前提；计划是实现工作目标的支持系统，是描述使用可以运用的资源达到预先设定的工作目标的方法。在实际行动之前预先对应当追求的目标和应采取的行动方案做出选择和具体安排，计划是预测和构想，即预先进行的行动安排，计划是管理的首要智能。计划可被定义为"决定目标及如何达成目标的一个程序"，它含有三个特性：①前瞻性的思考，思考及判断未来可能的状况；②做决策，决定未来想要达成的状况；③目标导向，规划各个标的，以达成期望的状况。

对于时间管理而言，就是要针对设立的明确时间管理的核心目标，依次按重要性排列，然后依照所设立的目标写出一份详细的计划，并依照计划进行。然后将设定的目标进行分割，何谓分割呢？就是把目标细化，年度目标——季度目标——月度目标——周目标——日目标。

(四)分清轻重缓急

美国一位著名的管理学家认为，有效的时间管理主要是记录自己的时间，以认清时间耗在什么地方了，管理自己的时间，设法减少非生产性工作的时间，集中自己的时间，由零星而集中，成为连续性的时间段。将自己工作按轻重缓急分为重要、次要和一般三类，安排各项学习和工作时间以及占用百分比；在学习和工作中记载实际耗用时间；每日计划时间安排与耗用时间对比，分析时间运用效率，重新调整自己的时间安排，以便更有效地工作。

著名管理学家科维提出了一个时间管理的理论，把工作按照重要和紧急两个不同的程序进行划分，基本上可以分为四个“象限”，时间管理理论的一个重要观念是应有重点地把主要的精力和时间集中地放在处理那些重要但不紧急的学习与工作上。那么什么是重要的事和紧急的事呢？重要的事就是你个人觉得有价值且对你的使命、价值观及首要目标有意义的活动，来自内在的需求，对自己而言要事有时并不紧急但需要更多的时间，并且天天做；紧急的事就是你或别人认为需要立刻处理的紧急时间或活动，来自外界影响你的生活和工作次序。

（五）合理安排工作时间

有效的时间管理意味着合理安排各项工作。抓住“黄金时间”，每个人都有两种黄金时间。一种是内部黄金时间，是一个人精神最集中、工作最有效率的时候。内部黄金时间因人而异，在通过观察掌握了自己的内部黄金时间后，用这个时间段处理最为重要的工作。外部黄金时间是指跟其他人交往的最佳时间。这需要遵循他人的日程，但可以利用这段时间充分表现自身的优势。

不要把日程安排得太满，意外情况随时都有可能发生而占用时间，若日程太满就会穷于应付。因此，每天至少要为自己安排 1 小时的空闲时间，让工作和生活更加从容。同时学会分工合作的授权管理，能让别人代劳的事情，自己就不要做，学会运用别人的时间。因为每个人的精力都是有限的，所谓有所为有所不为，把自己的精力和时间用在最能体现自己价值的方面。

（六）形成有条有理的工作作风

今日事今日毕，习惯拖延时间是很多人在时间管理中经常会落入的陷阱。“等会再做”“明天再说”这种“明日复明日”的拖延循环会彻底粉碎制定好的全盘工作计划，并且对自信心产生极大的动摇。“今日事今日毕”体现的是一种强有力的执行力，这种执行力将指引按照自己设计好的轨道走向成功的彼岸。

同时在工作安排上要与你的价值观相吻合，不可以互相矛盾。一定要确立个人的价值观，假如价值观不明确，就很难知道什么是最重要的，当价值观不明确，时间分配一定不好。时间管理的重点不在管理时间，而在于如何分配时间。人永远没有时间做每件事，但永远有时间做对你来说最重要的事。

（七）应用时间管理技巧

19 世纪意大利经济学家帕累托（Pareto）提出 80/20 原则，其核心内容是生活中 80%的结果几乎源于 20%的活动。比如，是那 20%的客户给你带来了 80%的业绩，可能创造了 80%的利润，世界上 80%的财富是被 20%的人掌握着，世界上 80%的人只分享了 20%的财富。因此，要把注意力放在 20%的关键事情上。同时，领导人员工作效果中的 80%，往往集中在 20%的最重要的工作上，80/20 原则就是抓住工作的 80%的价值，集中在工作的 20%的组成部分这一法则，运用“关键的事情占少数，次要的事情占多数”是一个普遍现象这一规律。时间管理是自我管理中重要的内容，大凡业绩卓越的人大多是能够高效时间管理的人，他们应用有效时间管理的方法和技巧，可以合理安排自己的工作与生活，最大限度地发挥时间的效力，提高工作绩效。

（八）克服内外引起的时间浪费

时间管理当中最有用的词是“不”。学会说“不”，有时拒绝是保障自己行使优先次序的最有效手段，勉强接受他人的请托而扰乱自己的安排，是不合理的。如果有的请托由他人承担可能比自己更合适，不妨向请托者提出适时的建议。量力而行地说“不”，对己对人都是一种负责。首先，自己不能胜任委托的工作，不仅徒费时间，还会对自己其他工作造成障碍。同时，无论是工作延误还是效果都无法达标，都会打乱委托人的时间安排，结果是“双输”。所以接到别人的委托，不要急于说“是”，而是分析一下自己能不能如期按质地完成工作。如果不能，那要具体与委托人协调，在必要时刻，要敢于说“不”。

同时，时间管理的另一个关键就是每天至少要有半小时到 1 小时的"不被干扰"时间。假如你能有一个小时完全不受任何人干扰，自己关在自己的房间里面，思考一些事情，或是做一些你认为最重要的事情。

知识总结

本章主要介绍了时间的概念、定义、内涵、特点和职能；时间管理的内涵、意义、发展过程等内容。

（1）时间是一个较为抽象的概念，是物质的运动、变化的持续性、顺序性的表现。时间概念包含时刻和时段两个概念。

（2）时间的特点包括：流逝性、不可停滞性、不可逆转性、不可再生性。时间的职能包括自然职能、经济职能、社会职能。

（3）时间管理的意义：时间就是生命、时间就是金钱、时间就是财富、时间就是效率、时间就是商机。

（4）时间管理的发展过程分为：自然管理阶段、科学管理阶段、现代管理阶段。

（5）时间“四象限”法基本上可以分为四个“象限”：既紧急又重要、重要但不紧急、紧急但不重要、既不紧急也不重要等。

教学检测

一、名词解释

（1）时间

（2）时间管理

(3)时间管理四象限法

二、填空题

(1)时间是一个较为抽象的概念,是物质的＿＿＿＿＿、＿＿＿＿＿的＿＿＿＿＿、＿＿＿＿＿的表现。

(2)时间的特点:＿＿＿＿＿、＿＿＿＿＿、＿＿＿＿＿、＿＿＿＿＿。

(3)时间管理的意义:＿＿＿＿＿、＿＿＿＿＿、＿＿＿＿＿、＿＿＿＿＿、＿＿＿＿＿。

(4)时间管理的发展过程分为＿＿＿＿＿、＿＿＿＿＿、＿＿＿＿＿。

(5)时间“四象限”法划分为＿＿＿＿＿、＿＿＿＿＿、＿＿＿＿＿、＿＿＿＿＿。

三、问答题

(1)时间有哪些特点与职能?

(2)时间管理的意义是什么?

(3)简述时间管理的模型圈外圈五种不同的功能。

(4)简述时间管理的发展过程。

【综合案例解析】

谁快谁就会赢得财富

机遇从来都是留给有准备的人,但抓住机遇并迅速做出反应也是很重要的。香港假发大王刘文汉就是一个很典型的例子。刘文汉在与美国朋友的一次偶然交谈中得知假发在美国很有市场,于是心里有了想法。

接着,他立即着手进行市场调研,发现假发市场的发展前景是非常广阔的。于是他开始搜索如何获得原材料,当时的香港人所戴的各种发笠都以印度和印尼的真发为原材料,成本低廉,但是制作成成品后售价却相当高。刘文汉考虑再三,决定在香港开“假发”工厂,目标市场定位于美国。

原材料解决了,制作人员和制作工艺却没有头绪。在一次偶然巧合下,他认识了替粤剧演员化妆制造假胡须假发的师傅,请来当制作师傅,结合传统的假发制作工序,并利用现代化机器进行改造,终于生产出第一批假发。幸运的是,这批新型假发很快在美国市场上得到认同,美国市场的经销商甚至不敢相信这样质量优良的假发来自中国香港的工厂,而不是他们以往所熟知的法国工厂。香港第一家假发工厂就这样诞生了,从此以后,刘文汉公司所生产的假发越来越受到外国公司的青睐,订单越来越多,他很快成了香港富豪,在香港所建立的假发工厂也越来越多。他也当选为香港假发制造商会的主席,被誉为“假发业之父”。

【思考】

上述案例中体现了时间管理意义中的哪方面内容?

项目八

时间管理方法

☞**知识要点**

(1) 了解时间管理的定义。

(2) 掌握时间管理的意义。

(3) 学习时间管理的基本原则。

(4) 掌握时间管理的方法。

☞**关键词**

时间管理　时间管理的历史　时间管理基本原则　时间管理的方法

时间管理理论在过去的100年里发展非常迅速,了解时间管理理论的历史演进,对于学习时间管理以及在时间管理方面的改善是非常有帮助的。在过去很长的一段时间里,人们迫于时间的压力,寻找各种解决方法,包括提高工作效率、追求效能、挖掘个人潜能、平衡工作与生活的时间分配等。这也是前四代时间管理所主张的原则,尽管这些原则在生活的某些时刻,对于缓解时间压力产生了一定的效果,但是,在更多的时间里,我们的生活依然忙乱。

【情境导入】

一个关于时间的小实验

一位教授给学生做讲座,他把一个瓷罐放在桌上。接着他拿来拳头大小的石块,把它们一块块放进去。当石块满到顶部时,他问:满了吗?学生们回答:满了!这时教授又拿出些碎石,把它们倒入罐中,又问道:“满了吗?”学生们肯定的回答“满了”,这时教授又拿出一筒沙子,把它们倒入罐中,沙子填满了石块和碎石的缝隙。他又问:满了吗?学生不语。教授又拿起一桶水,倒入罐子,直到水浸到罐口。他问:我做的说明了什么?一个学生说:这说明不论你的时间有多紧,如果你努力,总能做更多的事。不对,教授说,它并非说明这个观点。它告诉我们,如果你不先把大石块放进去,你就再也没机会把它们放进去了。生活中总有很多琐碎的事情分散你的精力,甚至阻碍你的成功,你能做的就是分清哪些事情是重要的石块,哪些是沙子。同样的事情也发生在我们身上,有些同学甚至会错过报名的时间,有些同学则能在一年这样一个短暂的时间内通过全部考试,这其中区别在哪里?是智力吗?我想不是吧,我觉得这是一个时间管理的问题,这只罐子的最大容量,象征着在一段时间内,一个人的最大工作量。碎石象征着既重要又紧急的事务,例如危机、急迫的问题,或时间限制的工作。石块象征着重要、但不紧急的事务,例如规划考试安排,计划复习进度。细沙象征着紧急、但不重要的事务,临时遇到的问题琐事。水象征着既不重要也不紧急的事务,比如一些可做可不做的事儿,一些业余活动,如果你首先处理碎石类的事儿,会有很强的压迫感,总在处理危机、收拾残局,因此显得心力交瘁。偏重于沙子一类事务的人,通常缺乏自制力、短期行为严重,难以持久,是自考的大忌。偏重于水一类事务的人,不要说自考了,恐怕连生活中一些其他事情都很难处理好。但可能有些同学会问,如果偏重处理石块会不会耽误了碎石呢?因为碎石毕竟来得紧急呀?其实大家可能么没有明白,碎石是如何产生的,它是石块破碎而成的,真正善于处理石块一类事务的人,他的碎石会很少。偏重于碎石一类事务的人,他的碎石会源源不断,这就是人无远虑必有近忧。

【思考】

记得有位管理学家曾经说过,有关时间管理的技巧,大约可以分为高、中、低三个层次。低层次的管理技巧着重利用便条和备忘录,在忙碌中自行调配时间和精力。中层次的管理技巧强调行事历与日程表,反映时间管理已注意到规划的重要性。高层次的管理技巧讲究对事务的分类处理,按轻重缓急进行优先解决。所以针对这个春节,我建议大家先处理石块类的事儿,也就是把一个假期安排做好,这样才能充分利用好春节的假期,下面我给大家提示几点,希望大家能够合理地安排自己的时间,这对自考,甚至今后的工作生活都会受益匪浅。

任务一　时间管理的概述

【至理名言】

时间最不偏私,给任何人都是 24 小时;时间也最偏私,给任何人都不是 24 小时。

——赫胥黎

一、什么是时间管理

时间管理是指通过事先规划和运用一定的技巧、方法与工具实现对时间的灵活以及有效运用,从而实现个人或组织的既定目标,EMBA、MBA 等主流商业管理教育均将时间管理能力作为一项对企业管理者的基本要求涵括在内。

二、时间管理的历史研究

有关时间管理的研究已有相当历史。时间管理理论可分为五代。

(1)第一代的理论着重利用便条与备忘录,在忙碌中调配时间与精力。

(2)第二代强调行事历与日程表,反映出时间管理已注意到规划未来的重要。

(3)第三代是目前正流行、讲求优先顺序的观念。也就是依据轻重缓急设定短、中、长期目标,再逐日制定实现目标的计划,将有限的时间、精力加以分配,争取最高的效率。这种做法有它可取的地方。但也有人发现,过分强调效率,把时间绷得死死的,反而会产生反效果,使人失去增进感情、满足个人需要以及享受意外之喜的机会。于是许多人放弃这种过于死板拘束的时间管理法,恢复到前两代的做法,以维护生活的品质。

(4)又有第四代的理论出现。与以往截然不同之处在于,它根本否定"时间管理"这个名词,主张关键不在于时间管理,而在于个人管理。与其着重于时间与事务的安排,不如把重心放在维持产出与产能的平衡上。

(5)第五代时间管理首先是关系管理,与他人一起共同利用好时间,这是与前四代时间管理的本质区别。因为有效的时间管理必须重视与他人和谐友好的交往。在未来的几年里,在个人的周围环境、性格、信任和人际沟通上的改善,将成为促进时间管理优化的最重要因素。

三、中外学者对时间管理理论的研究

(一)中国学者对时间管理理论的研究

在对时间管理的研究方面,我国学者也有自己的一套理论。我国管理学家周坤在其《第五代时间管理》一书中,巧妙地把时间管理发展的演化以及人类对时间的管理方式分为五种时间管理类型，即第一代“公鸡型”、第二代“仓鼠型”、第三代“北极熊型”、第四代“群狼型”和第五代“熊猫型”。这一研究清晰地展示了我国时间管理理论不断优化和发展的过程。他从效率和效益、个人与社会的角度来思考时间管理的演进与变革方向。在总结了前四代时间管理优缺点的基础上，向我们展示了融合时间效益、个人舒适度、个人利益与社会利益的第五代时间管理，从而促使我们对自身生活质量与人生境界进行反思，也为我们进行有效的时间管理提供了很好的理论基础。

（二）外国学者对时间管理理论的研究

德国管理学学者所著《第五代时间管理》一书，按照理论与实际情况把时间管理的演进进行划分为五个阶段，分别是：第一代时间管理——效率；第二代时间管理——效能；第三代时间管理——潜能导向型；第四代时间管理——工作—生活—平衡；第五代时间管理，是在总结前四代时间管理的基础上，提出“分享—生活—平衡”的原则，主张放弃过去“以自我为中心”的生活模式，将他人纳入自我的时间管理之中，帮助人们全方位平衡人生，从根本上解决对时间的困惑。

小贴士

管理时间小贴士

1.画一个饼图规划理想的时间管理状态

思考你正在做的以及想要完成的任务类型，将他们一一记下来。你的任务列表可能包括战略思考、招聘、人事发展、管理报告、帮助团队成员处理一些紧急的事情，以及其他可能更具体的事务例如客户研究、打销售电话或是完成一个具体的项目。如果你是管理层，你可能想至少预留各15%的时间来进行战略思考以及帮助团队成员。

给你的每项任务标注你理想状态下想分配的百分比。如果你是管理层，你可能想至少预留各15%的时间来进行战略思考以及帮助团队成员。作为领导，你需要积极响应你的团队成员，并且常常思考未来，而非仅仅是你面前的工作。

当你在做计算时，你可能会发现你的百分比加起来会超过100%。这时你需要做一些权衡来设计一个可具体实施的计划，所以你首先要接受的一点就是你无法完成所有的任务。现在你需要做的是对自己的饼图做出一些调整或是移除一些任务类目，直到你对你的饼图感到满意为止。

2.追根溯源查明时间花费在什么地方

为了追踪你的时间实际花在了什么地方，你需要观察两种类型的任务：定期会议和临时的任务。对于定期的会议，你可以这样进行计算：“每三周开一次3小时的会议=每周1小时”。剩下的任务你可以估算一下在一周或两周内需要花费多少的时间来完成。

其中一个估算时间的简单方法就是在日历中添加一些活动事项，并总结在那段时间内你做了什么事。请注意不要过度,将时间精确到几分几秒是没有意义的——整体有一个大概的数值就可以了。

一旦你将自己理想状态和实际状态下的饼图都画出来以后,你可以将它们进行对比,看看哪里的安排不一致。如果看到了很多不一致的地方?这时你需要再次调整你实际的时间安排来使它更接近你的理想状态。

3.提高效率,删除、搁置、委任或缩减

当你没有足够的时间去完成任务时,你有四种办法可以减少在它上面花的时间:删除、暂时搁置、委任他人或是缩减它。

如果你认为删除一项任务对于你和公司来说都是一件好事,而且你不会因为删除了它而遭受不良的情绪干扰的话,很可能这就是一个正确的决定。拒绝(任务)可能是一件令人感到可怕的事情,但是将你不准备做的任务挑出来和把你要完成的任务挑出来一样的重要。如果团队成员交给你了一个任务,而你认为这不是使用你的时间的最佳方式,请确保让他们知道你不会再为他们做更多这样的事情了。(Tips:尝试将你的饼图展示给他们看,并告诉他们为什么你想要删除这项任务,而不是仅仅对他们说“不”。)

如果你只是现在没有时间,那么暂时搁置这项任务是一个方法。你可以在未来的某一个时间段设立一个提醒来完成这项任务。

4.对于仍然需要完成的任务,你可以进行评估,并把它布置给其他的团队成员

全权委托是最有效果的一种委任方式——被你委任的团队成员同时享受着这个项目的无聊和有趣,在完成这项任务时甚至可以感受到成就感。如果你觉得委任他人让你觉得不适应的话,你可以尝试建立一个流程。在Asana,我们会把产品改进的想法集中放在一个地方,然后这些想法会在固定的一周会被工程师们挑选出来(进行修改)。对于内部的工作,我们也会进行相同的流程。当你真的想要靠自己来完成这项任务时,你可以找方法来减少在这项任务上需要花费的时间。定期会议是一个很好的着手点,你可以看一下是否可以取消、缩短、合并或是减少它们的频率。如果你能让成员在会议后发布会议记录的话,那么你即使缺席了会议也能够了解会议的进程。对于其他的工作任务,你可以缩小工作的范围,例如,仅仅完成最高优先级的任务。

5.大石块优先首先完成饼图中的大型任务

一旦你准备开始工作,请记住大石块优先原则:如果你往瓶子里先投入了小石块(代表更小的任务),那么大石块就无法装进去了。你需要先预留时间给最重要的大型任务,然后再来安排细小的任务。在你的日程安排表中为你最重要的任务预留出时间,这能够使你的工作节奏不被打断,从而更好地掌控你的一天。对于不是非常紧急的重要工作,你可以设置一些期限。如果你认为它需要在一个月内完成,你可以设置30天

后为截止日期,这样你就会一直无期限地拖延了一周又一周了。根据你自己的个人偏好,你可以设置一些特定的时间来查收你的邮箱和浏览任务列表中的新任务,而不是时不时地查看一下。当你在查收新需求时,这个办法可以帮助你更快地进行反馈,即使是先告诉他们你可能需要一段时间才能浏览他们的需求。当你的团队成员们知道他们可以得到快速的反馈时,他们会更加地信任你。

如果开始时你没有成功……

你的时间管理技能不需要也不可能在一天内就臻于化境。根据实际情况进行相应的调整,相信你的效率会逐步地提升。

四、学习时间管理的原因

时间管理就是用技巧、技术和工具帮助人们完成工作,实现目标。那么,我们为什么要学习时间管理?

(一)增加给自己充电的时间

中国近几年经济生活中有一种有趣的现象:大量企业短期内兴起,过不了几年,又迅速垮掉,可以说是昙花一现。造成这种局面的一个重要原因是,随着企业规模的增大,老板个人的战略思维能力、经营的能力都有所提高,但个人时间管理的能力却没有增强,表现为老板个人的时间和精力不够用,分身乏术。因此,时间管理方面的“低能”往往成为职业人士事业上进一步发展的瓶颈。学会时间管理可以使管理者能够科学地分配时间,更善于节约时间,把时间用于最重要、最有意义的事,比如去学习或去充电。

(二)时间管理是职业成功的源泉

成功的事业首先得益于成功的时间管理。善于管理时间是成功者的重要素质。许多人虽然在业务上或技术上可以非常的高超或者职业,但是在时间管理上却没有达到相应的水平,就会表现为精力不够用,时间不够用,工作效率极低,从而事业无成,职业失败。

马克·吐温说过:我们计算着每一寸逝去的光阴,我们跟他们分离时所感到的痛苦和悲伤,就像一个守财奴在眼睁睁地看着他的一个子儿、一个子儿地给强盗拿走而没法阻止时所感到的一样。

对于职业经理人来说,时间有时是等同于金钱、投资机会、生命、权利、权益的。有时甚至可以这样说,时间管理其实就是对金钱的管理,对生命的管理,对效益的管理,或者说是对成功的管理。

(三)适应“快鱼吃慢鱼”的社会

中国的经济蓬勃发展,每个人面对的竞争越来越激烈。20世纪80年代竞争的焦点是质量,对于消费者来说,谁的质量好就去买谁的。90年代竞争的焦点主要体现为价格。进入21世纪,竞争的焦点不是质量,也不是价格,而是创新的速度。

创新的目的是什么？就是为了获得竞争的优势。2000年世界经济发生了一件非常轰动的事情：一个非常小的网络公司——美国在线居然吃掉了比他大很多的时代华纳，这个被人们称为“快鱼吃慢鱼”的典型例子告诉我们，21世纪经济的游戏规则已经不是“大鱼吃小鱼”，而是“快鱼吃慢鱼”了。竞争焦点是速度的竞争，谁学习的速度快，谁的创新能力强，谁就能够取得竞争优势。可以说，时间管理能力从某种意义上是企业速度竞争能力中最核心问题。时间管理使管理者适应“快鱼吃慢鱼”为特征的现代经济社会。

(四)增加放松自己的时间

学习时间管理可以使管理者增加休息的时间，减轻心理的压力。现代职业人士承受着过大的工作压力，这些压力大部分是可以通过改善时间管理，增加休息时间，安排更多的休闲和与家人团聚的时间来加以改善的。

任务二　时间管理的方法

一、时间管理的基本原则

(一)计划管理

关于计划，有日计划、周计划、月计划、季度计划、年度计划。时间管理的重点是待办单、日计划、周计划、月计划。

待办单：将你每日要做的一些工作事先列出一份清单，排出优先次序，确认完成时间，以突出工作重点。要避免遗忘就要避免半途而废，尽可能做到今日事今日毕。

待办单主要包括的内容：非日常工作、特殊事项、行动计划中的工作、昨日未完成的事项等。

待办单的使用注意：每天在固定时间制定待办单(一上班就做)、只制定一张待办单、完成一项工作划掉一项、待办单要为应付紧急情况留出时间、最关键的一项，每天坚持。

每年年末做出下一年度工作规划；每季季末做出下季末工作规划；每月月末做出下月工作计划；每周周末做出下周工作计划

(二)时间“四象限”法

著名管理学家科维提出了一个时间管理的理论，把工作按照重要和紧急两个不同的程度进行了划分，基本上可以分为四个“象限”：既紧急又重要(如人事危机、客户投诉、即将到期的任务、财务危机等)、重要但不紧急(如建立人际关系、新的机会、人员培训、制订防范措施等)、紧急但不重要(如电话铃声、不速之客、行政检查、主管部门会议等)、既不紧急也不重要(如客套的闲谈、无聊的信件、个人的爱好等)。时间管理理论的一个重要观念是应有重点地把主要的精力和时间集中地放在处理那些重要但不紧急的工作上,这样可以做到未雨绸缪,防患于未然。在人们的日常工作中,很多时候往往有机会去很好地计划和完成一件事。但常常却又没有及时地去做,随着时间的推移,造成工作质量的下降。因此,应把主要的精力有重点地放在重要但不紧急这个"象限"的事务上是必要的。要把精力主要放在重要但不紧急的事务处理上,需要很好地安排时间。一个好的方法是建立预约。建立了预约,自己的时间才不会被别人所占据,从而有效地开展工作。

二、简单的时间管理的方法

时间管理的方法有很多,以下为四个常用的方法。

(一)帕累托原则

这是由19世纪意大利经济学家帕累托(Pareto)提出的。其核心内容是生活中80%的结果几乎源于20%的活动。比如,是那20%的客户给你带来了80%的业绩,可能创造了80%的利润,世界上80%的财富是被20%的人掌握着,世界上80%的人只分享了20%的财富。因此,要把注意力放在20%的关键事情上。

(二)时间"四象"法

美国著名管理学家科维提出了一个时间管理的理论,把工作按照重要和紧急两个不同的程度进行了划分,基本上可以分为四个"象限"。

(1)重要且紧急(比如救火、抢险等),必须立刻做。

(2)紧急但不重要(比如有人因为打麻将"三缺一"而紧急约你、有人突然打电话请你吃饭等),只有在优先考虑了重要的事情后,再来考虑这类事。人们常犯的毛病是把"紧急"当成优先原则。其实,许多看似很紧急的事,拖一拖,甚至不办,也无关大局。

(3)重要但不紧急(比如学习、做计划、与人谈心、体检等),只要是没有前一类事的压力,应该当成紧急的事去做,而不是拖延。

(4)既不紧急也不重要(比如娱乐、消遣等事情),有闲工夫再说。

(三)麦肯锡30秒电梯理论

麦肯锡公司曾经得到过一次沉痛的教训:该公司曾经为一家重要的大客户做咨询。咨询结束的时候,麦肯锡的项目负责人在电梯间里遇见了对方的董事长,该董事长问麦肯锡的项目负责人:"你能不能说一下现在的结果呢?"由于该项目负责人没有准备,而且即使有准备,也无法在电梯从30层到1层的30秒钟内把结果说清楚。最终,麦肯锡失去了这一重要客户。从此,麦肯锡要求公司员工凡事要在最短的时间内把结果表达清楚,凡事要直奔主题、直奔结果。麦肯锡认为,一般情况下人们最多记得住一二三,记不住四五六,所以凡事要归纳在三条以内。这就是如今在商界流传甚广的"30秒钟电梯理论"或称"电梯演讲"。

(四)莫法特休息法

《圣经新约》的翻译者詹姆斯·莫法特(James Moffat)的书房里有3张桌:第一张摆着他

正在翻译的《圣经》译稿;第二张摆的是他的一篇论文的原稿;第三张摆的是他正在写的一篇侦探小说。

莫法特的休息方法就是从一张书桌搬到另一张书桌,继续工作。

"间作套种"是农业上常用的一种科学种田的方法。人们在实践中发现,连续几季都种相同的作物,土壤的肥力就会下降很多,因为同一种作物吸收的是同一类养分,长此以往,地力就会枯竭。人的脑力和体力也是这样,如果每隔一段时间就变换不同的工作内容,就会产生新的优势兴奋灶,而原来的兴奋灶则得到抑制,这样人的脑力和体力就可以得到有效的调剂和放松。具体方法如下。

(1)有计划地利用时间。不会计划时间的人,等于计划失败。

(2)目标明确。目标要具体、具有可实现性。

(3)将要做的事情根据优先程度分先后顺序。80%的事情只需要20%的努力。而20%的事情是值得做的,应当享有优先权。因此要善于区分这20%的有价值的事情,然后根据价值大小,分配时间。

(4)将一天从早到晚要做的事情进行罗列。

(5)要具有灵活性。一般来说,只将时间的50%计划好,其余的50%应当属于灵活时间,用来应对各种打扰和无法预期的事情。

(6)遵循你的生物钟。你办事效率最佳的时间是什么时候?将优先办的事情放在最佳时间里。

(7)做好的事情要比把事情做好更重要。做好的事情,是有效果;把事情做好仅仅是有效率。首先考虑效果,然后才考虑效率。

(8)区分紧急事务与重要事务。紧急事务往往是短期性的,重要事务往往是长期性的。给所有罗列出来的事情定一个完成期限。

(9)对所有没有意义的事情采用有意忽略的技巧。将罗列的事情中没有任何意义的事情删除掉。

(10)不要想成为完美主义者。不要追求完美,而要追求办事效果。

(11) 巧妙地拖延。如果一件事情,你不想做,可以将这件事情细分为很小的部分,只做其中一个小的部分就可以了,或者对其中最主要的部分最多花费15分钟时间去做。

(12)学会说"不"。一旦确定了哪些事情是重要的,对那些不重要的事情就应当说"不"。

(13)奖赏自己。即使一个小小的成功,也应该庆祝一下。可以事先给自己许下一个奖赏诺言,事情成功之后一定要履行诺言。

三、80/20时间管理法则

(一)二八定律

二八定律又名80/20定律、帕列托法则(定律)也叫巴莱特定律、最省力的法则、不平衡原则等,被广泛应用于社会学及企业管理学等。它是1897年,意大利经济学者帕累托偶然注意到19世纪英国人的财富和收益模式。在调查取样中,发现大部分的财富流向了少数人手里。同时,他还从早期的资料中发现,在其他的国家,都发现有这种微妙关系一再出现,而且在数学上呈现出一种稳定的关系。于是,帕累托从大量具体的事实中发现:社会上20%的人占有80%的社会财富,即财富在人口中的分配是不均衡的。

同时,人们还发现生活中存在许多不均衡的现象。因此,二八定律成了这种不平等关系的简称,不管结果是不是恰好为80%和20%(从统计学上来说,精确的80%和20%出现的概率很小)。习惯上,二八定律讨论的是顶端的20%,而非底部的80%。人们所采用的二八定律,是一种量化的实证法,用以计量投入和产出之间可能存在的关系。

(二)分析方法

80/20分析法可以检验两组类似数据之间的关系,并用来改变它们所描述的关系。一个主要用途是去发现该关系的关键起因——20%的投入就有80%的产出,并在取得最佳业绩的同时减少资源损耗。

假如20%喝啤酒的人喝掉70%的啤酒,那么这部分人应该是啤酒制造商注意的对象。尽可能争取这20%的人来买,最好能进一步增加他们的啤酒消费。啤酒制造商出于实际理由,可能会忽视其余80%喝啤酒的人,因为他们的消费量只占30%。

同样的,当一家公司发现自己80%的利润来自于20%的顾客时,就该努力让那20%的顾客乐意扩展与它的合作。这样做,不但比把注意力平均分散给所有的顾客更容易,也更值得。再者,如果公司发现80%的利润来自于20%的产品,那么这家公司应该全力来销售那些高利润的产品。

80/20分析法的第二个主要用途是对80%的投入只产出20%的生产状况进行改进,使之发挥有效作用。

不同于线性思维,我们应该系统并谨慎地应用80/20分析法,因为线性思维会导致对80/20原则的误解,也可能会导致滥用。"不要轻易地认为某一变量是关键的原因是其他每个人都会关注,这就是线性思维。80/20分析法赋予的最有价值的洞察力总是检验别人都忽视的非线性关系。"

(三)二八现象

(1)管理学。通常一个企业80%的利润来自它20%的项目;这个80/20定律被一再推而广之,经济学家说,20%的人手里掌握着80%的财富。有这样两种人,第一种占了80%,拥有20%的财富;第二种只占20%,却掌握80%的财富,如图8-1所示。

(2)心理学。20%的人身上集中了人类80%的智慧,他们一出生就鹤立鸡群。大智出有大伪,朴素的力量同样托起了蓝天。

(3)日常生活中的"二八法则"。以下是二八定律在生活中的体现。

①20%的重要软件需要80%的时间去测试。

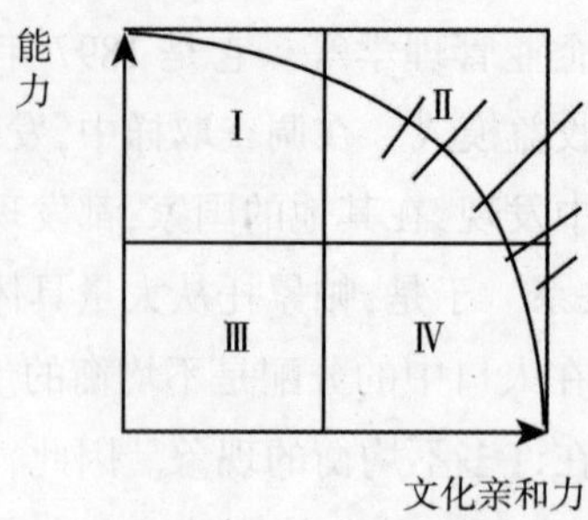

图 8-1 二八定律图示

②20%的人成功,80%的人不成功,唯成功论近似于唯利是图,没有大众默默无闻忍辱负重怎么凸显"人上人"。

③20%的人用脖子以上赚钱,80%的人脖子以下赚钱。

④20%的人正面思考,80%的人负面思考。

⑤20%的人买时间,80%的人卖时间。

⑥20%的人找一个好员工,80%的人找一份好工作。

⑦20%的人支配别人,80%的人受人支配。

⑧20%的人做事业,80%的人做事情。

⑨20%的人重视经验,80%的人重视学历。

⑩20%的人认为行动才有结果,80%的人认为知识就是力量。

⑪20%的人我要怎么做才有钱,80%的人我要有钱我就怎么做。

⑫20%的人爱投资,80%的人爱购物。

⑬20%的人有目标,80%的人爱瞎想。

⑭20%的人在问题中找答案,80%的人在答案中找问题。

⑮20%的人在放眼长远,80%的人只顾眼前。

⑯20%的人把握机会,80%的人错失机会。

⑰20%的人计划未来,80%的人早上起来才想今天干嘛。

⑱20%的人按成功经验行事,80%的人按自己的意愿行事。

⑲20%的人做简单的事情,80%的人不愿意做简单的事情。

⑳20%的人明天的事情今天做,80%的人今天的事情明天做。

㉑20%的人如何能办到,80%的人不可能办到。

㉒20%的人记笔记,80%的人忘性好。

㉓20%的人受成功人的影响,80%的人受失败人的影响。

㉔20%的人状态很好,80%的人态度不好。

㉕20%的人相信自己会成功,80%的人不愿改变环境。

㉖20%的人永远赞美、鼓励,80%的人永远谩骂、批评。

㉗20%的人会坚持,80%的人会放弃。

㉘20%的人敢于面对困难，80%的人逃避现实。

㉙20%的人认为他们应该满足以上的80%，80%的人觉得上面说的我有20%就好。

㉚20%的罪犯的罪行占所有犯罪行为的80%。

㉛20%的汽车狂人，引起80%的交通事故。

㉜20%的已婚者，占离婚人口的80%（那些不断离婚的人，扭曲了统计数字）。

㉝世界上大约80%的资源，是由世界上20%的人口所消耗。

㉞世界财富的80% 为20%的人所拥有。

㉟80%的能源浪费在燃烧上，只有其中的20%可以应用到车辆中，而这20%的投入，却回报以100%的产出；在一个国家的医疗体系中，20%的人口与20%的疾病，会消耗80%的医疗资源。20%的产品或20%的客户，为企业赚得约80%的销售额；总而言之，在原因和结果、投入和产出、努力和报酬之间存在的这种不平衡关系，可以分为两种不同类型：多数，它们只能造成少许的影响；少数，它们造成主要的、重大的影响。

（4）相关理论

“长尾理论”被认为是对传统的“二八定律”的彻底叛逆。典型的情况是只有少数产品销量较高，其余多数产品销量很低。传统的二八定律（或称20/80定律）关注其中红色部分，认为20%的品种带来了80%的销量，所以应该只保留这一部分，其余的都应舍弃。长尾理论则关注蓝色的长尾巴，认为这部分积少成多，可以积累成足够大，甚至超过红色部分的市场份额。但也有很多失败者并没有真正理解长尾理论的实现条件。

四、ABC时间管理法则

（一）ABC管理法则简介

ABC时间管理法，就是以事务的重要程度为依据，将待办的事项按照由重到轻的顺序划分为ABC三个等级，然后按照事项的重要等级依据完成任务的做事方法。

ABC时间管理法可谓事务优先顺序法的“鼻祖”，它不但屡屡为时间管理专家们所称道，还被许多热衷于规划生活的人们所采用。这种方法可以有效地解决因日常事务异常繁乱而陷入混乱的状况，使学习、工作和生活等活动在有条不紊中进行。

（二）ABC管理法则学习方法

要想学会使用ABC时间管理法，可以按照以下步骤和原则进行。

1.划分事务级别

根据事务的重要性来规定优先顺序，对每一项工作做如下考虑：“这件事是不是有助于达到我的长期目标或短期目标？”做出判断之后，再根据判断确定事物的级别划分标准：①A级事务。如果非常有助于达到目标，即为最重要的事项，将其标注为A，即必须做的事，是指与实现自己的目标相关的关键事务，比如管理性指导、重要的客户约见、重要的期限临近、能带来领先优势或成功的机会。A级事物都是必须在短期内完成的任务。一旦完成，A级事务就会产生显著的效果。而如果事务未完成,那么严重的、令人沮丧的,甚至是灾难性的后果就有可能发生。A 级事务的关键是需要立刻行动起来去做。②B 级事务。如果对于达到目标具有一般的意义,即为次重要的事项,将其标注为 B,即应该做的事,是指具有中等价值的事务,这类事务有助于提高个人或组织业绩,但不是关键性的。B 级事务是应该在短期内完成的任务。虽说不如 A 级事务那样一样紧迫,但它仍然很重要。这些工作可以在一定期限内相应地推迟。若规定的完成期限较短,就应该将它们很快提升为 A 级。③C 级事务。如果对达到目标起的作用不大,即为不重要的事项,将其标注为 C,即可以做的事,是指价值较低的一类事务,无论这些事务多么有趣后紧急,都应该拖后处理。

C 级事务是可以推迟,但不会造成严重后果的工作。该事务中的有些工作甚至可以无限期地推迟。但其他一些事务,尤其是那些有较长时间限制的事务,也会随着完成期限的临近最终转变为 A 级别或 B 级别。

2.各级事务所占的比例及价值,而不是看其在的整体中所占的百分比

总体来说,ABC 三级事务在事务总量中所占的比例及价值是这样的:

A 级事务约占任务和工作总量的 15%,这是你必须集中精力完成的事务。对所有达到的目标而言,它真正的价值高达 65%, B 级事务约占事务与工作总量的 20%,你完成事务的价值也就是 20%。C 级事务占事务总量的 65%,你完成这级事务的价值仅为 15%。

3.灵活运用“ABC 时间管理法”

(1)增加级别 。如果你认为以上三个级别不足以涵盖你的具体情况,你也可以再加一个级别,即 D 级事务。D 级事务上指那些理论上甚至不需要完成的工作。它们没有最后期限,如果完成这些事固然很好,但完不成也没关系。因为你可以完全无视这些事的存在,它们不会给你带来任何不利或严重的影响。不过,从事这些 D 级事务也有一定的好处,它们往往可以让你有意外的收获。比如,阅读一本旧杂志时恰巧有一篇很有意义的文章;购买一盏台灯完全改善了你的工作环境;在文具店闲逛时,发现一种简化文件归档的使用工具;重新阅读你的手机使用说明时找到一些你从未发现过的新功能等。

(2) 细分级别 。对于一些人来说,把任务只分成 ABC 级还是远远不够,或者这样分下来同时会有太多的 A 级或 C 级任务。为了解决这一个问题,你可以将各个级别进一步划分,比如在 A 中分为 A1、A2、A3;B 分为 B1、B2、B3……当然,A1 要比 A2 更重要一些,A2 也比 A3 更重要一些;B 级事务也是如此。举个例子来说,比如你明天想完成六项事务,其中有两项 A 级事务,而在这两项中又有一项最重要,那么就把它成为 A1,另一项则称为 A2;如果 B 级中也有几项事务,也可以按照这种方法划分。

ABC 时间管理法的优点在于,它剔除了我们对每项任务附带的个人情绪,可以让我们理清思路,知道优先做什么,重要在哪里,不至于一味按照自己的喜好来做事或者不知从何下手。

五、时间管理优先矩阵

时间管理优先矩阵是一种新一代的时间管理理论，把时间按其紧迫性和重要性分成ABCD四类，形成时间管理的优先矩阵。紧迫性是指必须立即处理的事情，不能拖延。

（一）主要内容

当有很多事情不重要，又不紧迫，如琐碎的杂事，无聊的谈话等。不同类的事情要如何去安排，时间如何加以调整，加以运用，这些事情让你去做一个什么样的人，有以下ABCD四种可以参考，如表8-1所示。注重哪一类事务，你就成为哪一类人。

表8-1　时间管理矩阵

	紧急	不紧急
重要	A：马上要做 危机，急迫的问题， 有限期的任务、会议、准备事项。	B：不急着做 准备及预防工作、计划 有条不紊地进行培训、授权、创新。
不重要	C：可以不做 不速之客的干扰，一些电话， 一些会议，一些报告，一些紧急的事件，凑热闹受欢迎的活动。	D：不需要做 细琐的工作，浪费时间的闲聊，无关紧要的信件，看太多电视。

（二）选择执行象限的结果

1.偏重第一象限内的事务

结果可能是：压力、精疲力尽、危机处理、忙于收拾残局。

由于第一象限内的事务是既紧迫而又重要的，它也是人们经常会碰到的，但如果仅仅是专注这一类的事情，最终可能被事情缠住，无法脱身。所以这一类人最终会通过做一些无关紧要的事情来逃避。

2.偏重第二象限的事务

结果可能是：有远见、有理想、平衡、纪律、自制、少有危机。

对这一象限内的事务很偏重的人是对于自己的未来有规划的人，如建立人际关系、规划长期目标和防患于未然等事务，这些事务处理适当将会让自己在未来受益，当然现实中很多人却认为这些事情尚未迫在眉睫而没有予以足够的重视。

3.偏重第三象限内的事务

结果可能是：短视近利、缺乏自制力、怪罪他人、危机处理、轻视目标与计划。

这一类人由于只看到了事情的紧迫性，缺乏长期的战略性的考虑，导致他们把大量的时间都用在第三象限内的事务上，而这类事务通常是对于别人来讲比较重要而不是自己，所以也会因此而埋怨他人。

4.偏重第四象限内的事务

结果可能是:全无责任感、依赖他人或社会机构维生、危机处理、忙于收拾残局。

这个象限内的事务都是不重要的事情,其中有许多都是要被舍弃的。良好的时间管理者应该投入更多的时间在第二象限内的事情上,因为这是重要的眼前尚且不太紧要的事情,对于第一象限内的事务虽然也应该引起重视,但也要节制,避免让自己陷入精疲力尽的地步。

六、时间管理金律

1.要和自己的价值观相吻合

自己一定要确立个人的价值观,假如价值观不明确,你就很难知道什么对自己最重要,当你价值观不明确,时间分配一定不好。时间管理的重点不在于管理时间,而在于如何分配时间。你永远没有时间做每件事,但你永远有时间做对自己来说最重要的事。

2.设立明确的目标

成功等于目标,时间管理的目的是让自己在最短时间内实现更多想要实现的目标;你必须把4~10个目标写出来,找出一个核心目标,并依次排列重要性,依照目标设定一些详细的计划,然后依照计划进行。

3.改变自己的想法

美国心理学之父威廉·詹姆士(William James)对时间行为学的研究发现这样两种对待时间的态度:“这件工作必须完成,它实在讨厌,所以我能拖便尽量拖”和“这不是件令人愉快的工作,但它必须完成,所以我得马上动手,好让自己能早些摆脱它”。当你有了动机,迅速地踏出第一步是很重要的。不要想立刻推翻自己的整个习惯,只需强迫自己现在就去做你所拖延的某件事。

4.遵循20/80定律

生活中肯定会有一些突发和迫不及待需要解决的问题,如果你发现自己天天都在处理这些事情,那表示你的时间管理并不理想。成功者花最多时间在做最重要的事,而不是最紧急的事情,然而一般人都是做紧急但不重要的事。

5.安排“不被干扰”时间

每天至少要有半小时到一小时的“不被干扰”时间。假如你能有一个小时完全不受任何人干扰,把自己关在自己的空间里面思考或者工作,这一个小时可以抵过你一天的工作效率,甚至有时候这一小时比你3天工作的效率还要好。

6.严格规定完成期限

帕金森(c-NoarthcoteParkinson)在其所著的《帕金森法则》(Parkinsons Law)中,写下这段话:“你有多少时间完成工作,工作就会自动变成需要那么多时间。”如果你有一整天的时间可以做某项工作,你就会花一天的时间去做它。而如果你只有一小时的时间可以做这项工作,你就会更迅速有效地在一小时内做完它。

7.做好时间日志

你花了多少时间在做哪些事情,把它详细地记录下来,早上出门(包括洗漱、换衣、早餐等)花了多少时间,搭车花了多少时间,出去拜访客户花了多少时间……把每天花的时间一一记录下来,你会清晰地发现浪费了哪些时间。这和记账是一个道理,当你找到浪费时间的根源,你才有办法改变。

8.理解时间大于金钱

用你的金钱去换取别人的成功经验,一定要抓住一切机会向顶尖人士学习。仔细选择你接触的对象,因为这会节省你很多时间。假设与一个成功者在一起,他花了40年时间成功,你跟10个这样的人交往,你不是就浓缩了400年的经验?

9.学会列清单

把自己要做的每一件事情都写下来,这样做首先能让你随时都明确自己手头上的任务。不要轻信自己可以用脑子把每件事情都记住,而当你看到自己长长的list时,也会产生紧迫感。

10.同一类事情最好一次性做完

假如你在做纸上作业,那段时间都做纸上作业;假如你是在思考,用一段时间只做思考;打电话的话,最好把电话累积到某一时间一次把它打完。当你重复做一件事情时,你会熟能生巧,效率一定会提高。

11.每1分每1秒做最有效率的事情

你必须思考一下要做好一份工作,到底哪几件事情是对你最有效率的,列下来,分配时间把它做好。

资料链接

会改变一生的柳比歇夫时间管理法

1.审视时间

在时间面前,众生平等,它无时不在,贯穿我们一生。然而面对这最重要的财富,我们却往往视而不见或弃之如敝屣。想要过好这一生,我们就必须学会管理时间,改变自我就从审视时间开始。

梁实秋:最令人触目惊心的一件事,是看着钟表上的秒针一下一下地移动,每移动一下就是表示我们的寿命已经缩短了一部分。再看看墙上挂着的可以一张张撕下的日历,每撕下一张就表示我们的寿命又缩短了一天。

2.古人的思维足迹

自从人类文明诞生起,如何追上时间的脚步便一直困扰我们。从古至今,每一个有识之士都在探寻如何掌控时间,我们先看看古人在面对时间流逝时的思维足迹。

无能为力,一声叹息

孔子:逝者如斯夫,不舍昼夜。

庄子:人生天地之间,若白驹之过隙,忽然而已。

长歌行:百川东到海,何时复西归。

关汉卿:急急流年,滔滔逝水。

时不我待,喊喊口号

长歌行:少壮不努力,老大徒伤悲!

岳飞:莫等闲,白了少年头,空悲切!

颜真卿:三更灯火五更鸡,正是男儿读书时。黑发不知勤学早,白首方悔读书迟。

时间就是金钱

王贞白:一寸光阴一寸金。

《西洋记》:寸金难买寸光阴。

初步方法论

欧阳修:余平生所作文章,多在三上,乃马上,枕上,厕上也。

鲁迅:我只不过把别人喝咖啡的时间用在了学习上。

鲁迅:时间就像海绵里的水,只要愿挤,总还是有的。

这样的例子有太多了,我们可以发现,在将近几千年的岁月里,一直没有科学有效的方法来管理时间,掌控时间一直是极少数人才有的能力。

3.凡人的困惑

那为什么古时候有的人就可以掌控时间呢,他和我们的区别在哪里?我们仔细分析就会发现,他们大多拥有一项特质:超强的自我控制力,所以他们可以做到破除心魔,并能和时间做朋友。

梁实秋:我自己就是浪费了很多时间的一个人。我不打麻将,我不经常听戏看电影,几年中难得一次,我不长时间看电视,通常只看半个小时,我也不串门子闲聊天。有人问我:“那么你大部分时间都做了些什么呢?”我痛自反省,我发现,除了职务上的必须及人情上所不能免的活动之外,我的时间大部分都浪费了。

著名作家梁实秋先生说出了我们的心声。让我们将视线离开屏幕,抬头沉思三秒钟,就会不无悲哀地发现:我们的时间大部分确确实实都浪费了。我们最终会成为什么样的人,完全取决于我们的时间安排。我们都认识到时间的重要性,也听过很多口号,下过很多决心,可是还是抓不住时间,难道只有依靠极强的毅力才能掌控时间吗?这就是我们凡人的困惑。那么就没有什么办法了吗?当然有,请往下看。

4.柳比歇夫拯救凡人

亚历山大·亚历山德罗维奇·柳比歇夫(1890 年 4 月 5 日—1972 年 8 月 31 日),苏联的昆虫学家、哲学家、数学家。一生发表了 70 余部学术著作,一共写了一万二千五百张打字稿，即使以专业作家而论，这也是个庞大的数字。他在26岁时独创了一种“时间统计法”，通过记录每个事件的花费时间，通过统计和分析，进行月小结和年终总结，以此来改进工作方法、计划未来事务，从而提高对时间的利用效率。期间他不断完善这一统计方法，并一直沿用了56年直到逝世。通过做这样的记录，柳比歇夫获得了精确感知时间的能力。

大神柳比歇夫的伟大创举在于使时间管理走下神坛，它不再只属于少数人。仅仅只需纸和笔，我们凡人就都能掌握时间管理，后世无数时间管理流派也莫不源于此。这种方法建立在数学统计的基础之上，重点是对消耗时间的记录进行分析，使人们能正确认识自己的时间利用状况，并养成管理自己时间的习惯。简单地说，柳比歇夫时间管理法就是要记录时间、分析时间、消除时间浪费、重新安排自己的时间。

5.柳比歇夫时间管理法

为什么柳比歇夫时间管理法如此神奇？

首先，人脑短期记忆的缺陷，虽然人类大脑是宇宙中已知的最复杂的事物，但是大多数情况下，你仍然记不清你昨天早上吃了什么、前天晚上几点睡的觉、大前天到底刷了多长时间朋友圈、逛了多长时间淘宝。我们的大脑会自动选择把这些小事彻底遗忘，这其实也是大脑的一种策略，因为大脑这样才能腾出空间思考更有价值的事情。可是问题来了，你也同样记不清你花费在有价值的事情上的时间。也许你自我感觉良好，但是人类往往会高估自己在有价值事情上的时间投入，而这些全都无法被检测、被证明，于是最终影响到了我们的成长速度。

其次，量化管理才是提高效率的最佳方式，通过时间记录，我们把不可捉摸的时间片段捕捉起来，笔记本成为我们的“第二大脑”。有了记录，才有可能进行量化管理，于是我们可以精确分析在每个方向上所花的时间。通过不断分析和研究这些时间片段，我们可以精确规划未来的时间走向。从某种意义上来说，我们获得了操纵未来的能力。我们都听过“一万小时”理论，就是在一个领域持续不断投入一万小时，那你就是这个领域的专家。当我们学会了时间记录，是不是离这个梦想更近了点呢？

6.策略

(1)记录时间。准备纸质笔记本，放于桌上，位于视线可及之处，每日记录。为什么不能使用电脑和手机App记录？因为我们的电脑和手机上有无数的软件，你为时间记录开辟的新地盘很快就会被淹没，通常几天后就会忘记它的存在。纸质笔记本有什么优点？首先它是真实客观的一件物体，实体往往有很强的存在感，不像电子产品那么虚无。而且它一直位于视线所及之处，时时提醒我们，从而促使我们坚持记录下去，对于新手来说，帮助非常大。应当记录哪些内容？时间记录并非要记录所有时间开支，那样就太可怕了。记录关键时间，即在有价值事情上的时间开支即可。

(2)找出浪费时间的因素。如果花费在有价值的事情上的时间过少，就说明我们浪费了太多时间。这时就需要仔细分析自己的日常行为，找出浪费时间的因素，并消除掉。

(3)及时调整计划。根据这个阶段的时间开支规律，重新安排下个阶段的计划。

(4)坚持下去。使用纸质笔记本记录一段时间之后，就能很直观地感受到对时间的掌控能力大大增强。哪怕只记录一个星期，也能看到很大的进步。当坚持一段时间养成习惯之后，就可以使用电子设备来记录。

7.时间记录的好处

(1)培养时间危机意识。我们之所以对时间利用率比较低，是因为潜意识里认为时间是无限的，大多数情况下不知不觉就把时间浪费掉了。通过记录的方式，我们惊奇地发现每天用来提升自己的时间并没有那么多，除去睡眠、交通、工作、吃饭、休息之后，竟然只有区区几个小时了。只有当一种想法深深触动了大脑，我们潜意识才会认为这很重要，然后才会开始行动。

(2)获得感知时间的能力。柳比歇夫肯定形成了一种特殊的时间感。在我们机体深处滴答滴答走着的生物表，在他身上已成为一种感觉兼知觉器官。我做出这样推断的根据是：我同他见过两次面，在他日记中都有记载，时间记得十分准确 -“一小时三十五分”“一小时五十分”；然而当时他自然没有看表。我同他一起散步，不慌不忙，我陪着他；他借助于一种内在的注意力感觉得到时针在表面上移动，对他来说，时间的急流是看得见摸得着的，他仿佛置身于这一急流之中，觉得出来光明在冷冰冰地流逝。

当获得这种能力，定会让你终生受用。

知识总结

本章主要介绍了时间管理的内容，时间管理原则，时间管理的基本方法等学习内容。

(1)时间管理是指通过事先规划和运用一定的技巧、方法与工具实现对时间的灵活以及有效运用，从而实现个人或组织的既定目标，EMBA、MBA 等主流商业管理教育均将时间管理能力作为一项对企业管理者的基本要求涵括在内。

(2)时间管理的基本原则包括：计划管理和时间“四象法”这两个原则。

(3)时间管理的四个方法：①帕累托原则；②时间“四象”法；③麦肯锡 30 秒电梯理论；④莫法特休息法。

(4)知名的时间管理方法：80/20 时间管理法，ABC 时间管理法，时间管理优先矩阵。

教学检测

一、名词解释

(1)时间管理

(2)“四象法”

(3)帕累托原则

二、填空题

(1)时间管理的关键是____________。

(2)时间管理是指通过事先规划和运用一定的技巧、方法与工具实现对时间的灵活以及有效运用,从而实现____________,EMBA、MBA 等主流商业管理教育均将时间管理能力作为一项对企业管理者的基本要求涵括在内。

(3)学习时间管理可以使管理者增加休息的时间,减轻心理的压力。现代职业人士承受着过大的工作压力,这些压力大部分是可以通过____________来加以改善的。

(4)著名管理学家科维提出了一个时间管理的理论,把工作按照重要和紧急两个不同的程度进行了划分,基本上可以分为四个“象限”:____________。

三、问答题

(1)时间管理的方法有哪些?

(2)时间管理的基本原则?

(3)学习时间管理的原因是什么?

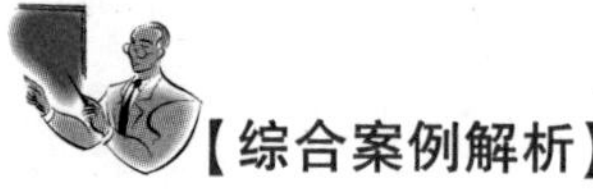

【综合案例解析】

格林的时间管理技巧

格林在一家大型超市担任了 20 多年的总经理,其骄人的销售业绩和利润业绩让其他总经理都非常羡慕,他同时掌握着很多专业的管理技巧,巧妙地应用计划、组织、授权、激励、控制等来管理下属,很多同类公司都邀请他去做相关的讲座,传授管理经验。

格林首先坦言:自己不是管理好,而是时间管理得好。

他认为,真正的管理应该是“同样多的时间内完成更多的工作”,很多人抱怨没有足够的时间去完成所有事情,这只是借口而不是理由,只能说明利用时间的效率不高,没有抓住重点。

格林不是一个凡事亲力亲为的人,他有一位能干的秘书,一切日常琐事都是直接交给秘书做的。如他将工作分为不同等级,“必须完成的”“应该完成的”以及“能够完成的”,每天早上到办公室后,他将整体的工作计划留言给秘书,秘书将留言内容打印出来再送给他,让他可以根据计划一步步进行。“刚开始需要花费一定的时间去训练、指导秘书,这是一个值得花费精力的过程,等到秘书熟悉之后,你的工作会减轻很多,管理就是借助于别人的力量去完成任务。”格林说。他认为授权和训练是同等重要的,管理者要想获得成功,就要学会合理授权,培养下属并进行授权,让他们的能力得以彰显,自己也会减轻很多负担,否则,同样的工作,不懂得授权,还是得由自己一遍又一遍地做。这不是管理者的作风。

【思考】

从格林的时间管理看，他利用授权，让自己从日常工作和琐事当中解脱出来，这就是时间管理的技巧，真正的管理者就是合理利用别人的能力来完成任务。可见，恰当地运用一些时间管理的技巧，就能够在同样的时间条件下，获得比别人更高的时间管理效能！

项目九

时间管理的错误观念方式与艺术

☞**知识要点**

(1)了解一些时间管理中的错误观念。

(2)了解一些时间管理的错误方式。

(3)掌握时间管理的艺术。

☞**关键词**

时间管理的错误认识　拖延习惯　超负荷工作　时间管理的艺术

常听到有人说这样的话:"要是一天还能够多几个小时就好了",或者"真希望明天晚点再来"等。但每个人每天只有24个小时,只是每个人这24小时是完全不同的,我们怎么样让自己的时间再"多"几个小时呢?

理论上,我们是不可能让一天的时间多于24个小时的,但是我们可以利用一些方法,来让我们有多一些实用的时间。下面提供了一些节约时间的方法,只要每天养成这样的习惯,就会发现,时间会逐渐变得很宽裕,即感觉每天会多出几个小时来。

【情境导入】

终日工作、极少乐趣的人生已经让凯特变成了一个满腹怨气的员工，她还因此变得焦虑不安，工作上也更容易出错。凯特是一家小型营销公司的人力资源专员，在她眼中，公司其他员工也已经达到了工作负荷的极限。

凯特说道，自从前些年经济衰退以来，她的工作量已经增加了30%，因为公司虽然扩大了规模，但HR部门却没有增加人手。她说，工作负荷的增加导致她频频出错，甚至压力大到要去看心理医生和服用抗焦虑的药物了。

【思考】

凯特并不是唯一一个因为公司加大工作量而不堪重负的员工。她发现公司的旷工率有所升高，更多的员工要求给他们介绍心理医生，离职率也在不断攀升。

凯特和她的同事们正在经历这个缺乏工作机会的经济复苏期所悄然引发的负面影响，我们称之为“超负荷经济”。许多员工正承担着额外的职责，甚至在某些情况下领一份薪水却被迫身兼二职。越来越多的员工迫于压力而不得不超负荷工作。这一情况威胁的不仅仅是他们的身心健康，更威胁着公司的长远发展。

从长远来看，高压工作环境尤其会对企业的生产力、员工积极性、公司声誉和人才保留造成威胁。

任务一　时间管理的错误观念

【至理名言】

我们不应该把时间看作一种会消耗并毁灭我们的东西，与此相反，我们要把它当成帮助我们成功的法宝。

——安托万·德·圣埃克苏佩里

一、管得了自己管不了别人

我们可能经常会遇到这种情况：早上来到公司就把一天的时间规划的满满的，安排了一堆的事情。但是刚要开始工作的时候，却有个同事过来闲聊，于是就跟同事闲聊一阵子，在不知不觉中时间就这么过去了，发现在计划的时间里要做完的工作都没完成。而原本在工作时间内可以完成的任务一定要加班、赶工才能完成。因此，许多人认为，时间管理仅仅是对个人的时间进行规划和控制，管得了自己管不了别人。即使我们能够使自己按照计划完成工作，也不能保证别人不来打乱计划。定下了的任务时常不能按时完成，时间管理根本就是一纸空谈。

其实,这是时间管理的片面理解。诚然,时间管理的现实意义的确是在于自我管理,但这并不意味着我们对外界的干扰无能为力。在工作时,我们所处的工作环境时常会对我们造成各种各样的影响,使我们精力分散、产生惰性,导致效率低下。而真正高效的时间管理者会主动去改变身边的这种状况,使自己的工作、时间都尽量在自己的掌握中。

二、时间管理是强迫症行为

有些人认为,时间管理实际上就是一种强迫症行为,因为它严格限制了人们的做事方式,久而久之,人们就会形成在固定的时间必须要做固定事情的强迫习惯,稍有变动就会不适应。实际上,这是由于对时间管理以及强迫症的片面理解而产生的一种错误观念。

心理学上认为,强迫症是一种强迫性重复出现缺乏现实意义的、不符合常理的思想、观念或行为的状态。有时,人们会意识到这些想法或行为是非必要的,但就是会不自觉地产生。强迫症主要有强迫思维和强迫行为等,强迫思维是指不能控制地反复想象一些不幸的事会发生,或总是对自己的行动产生疑虑,造成自己紧张、焦虑或恐惧的情绪;强迫行为主要是指强迫自己反复进行某个动作,虽然明知不必要,但仍然无法控制。

在工作中还会出现这样一种倾向,那就是凡事都要尽善尽美,不然就始终耿耿于怀,终日不得安宁。有这种强迫症倾向的员工总是希望能把事情做到最好,这种完美主义使得他们花费大量的时间和精力在手头的工作上,结果导致其他的事情都没有时间打理,工作一团糟,生活也受到影响。

在经济学中对人性有这样一种假设——有限理性。这个假设是说,人的行为是处于完全理性和完全非理性之间的,所以员工在工作当中趋向于寻求“满意解”而不是“最优解”。当完美主义的员工强迫自己竭力去追求“最优解”时,管理者常常以为他们是在“抓紧时间,高效地工作”,而事实却并非如此。

时间管理并不是强迫人们对事件过分关注,有效的时间管理也不是花费大量时间将一项工作做到极致。时间管理的目的是要懂得什么事情该做,什么事情不该做以及以怎样的方式完成。它是通过事先的规划,作为一种提醒与指引,从而更轻松、更有效地完成目标,令单位时间的产出最大化。因此,强迫症与真正有效的时间管理有本质的区别。强迫症会对人们的精神、行为产生一定的不良影响,而有效的时间管理则会提高人们的工作效率,使人们的生活更轻松。把时间管理和强迫症行为区分开来,会有助于我们认识时间管理的本质、选择更适合的时间管理方式,从而更有效地进行时间管理。

三、时间管理泯没创造性和乐趣

一个公司或企业的发展过程中,需要不断创新,这样才能让自己更有竞争力。也许员工的一个突然想法能够为企业带来新的创意,这样有些管理者就认为时间管理扼杀了员工的创造性,把他们都限制在狭小的范围内。这些管理者认为,让员工进行严格的时间管理就是要牢牢地控制住他们的时间,使得他们每天的工作都被条条框框规范起来,无法自由地、创造性地做自己喜欢的事情,生活也毫无乐趣可言。这种想法虽然看上去有一定的道理,但实际上也陷入了对时间管理理解的误区。

创造性的发挥需要人们不拘泥于现有的范围、条件,而时间管理又使人们的行动有所拘泥。那么,是不是时间管理一定会限制人们的创造性呢？事实上,时间管理不会泯灭人的创造性,有效的时间管理反而会更好地激发人的创造性,让人的自发性得到更充分的体现。某些创造性的想法通常是在休闲时间或工作的不经意间产生的,如果没有有效的时间管理,员工每天为日常繁忙的工作所累,几乎连休息的时间都没有,创造性又从何谈起呢？另外,有效的时间管理者对工作、生活掌控得较好,他们会敏锐地捕捉到这些创造性的观点,以及源自该创造性的瞬间惊喜。

同样 ,时间管理也不会扼杀了人们的乐趣。善于管理时间的员工让自己的工作有条不紊,这样就能够安排时间享受生活。他们知道什么时候该紧凑高效,什么时候可以悠闲放松。如果员工连日常的工作的时间都不能合理安排,遇到事情就惊慌失措,常常需要加班才能完成工作,那又如何有时间来享受生活的乐趣呢？一项研究指出,人们的工作效率与其生活质量是相关的。那些没有享受生活乐趣的人的工作效率要远远低于生活多彩的人。而时间管理可以使我们学会分清缓急轻重,处理好工作与生活的时间分配,从而更好地体会生活中的乐趣。

在企业中,员工应该正确认识到时间管理与创新性和乐趣的关系。人们常常为了完成工作或把工作做好而花费许多时间,几乎所有的时间都用在工作上,而实际上,这并不是有效的时间管理,而是扼杀人性乐趣的源头。

在企业中,管理者更需要清楚地认识到时间管理与创造性和乐趣的关系。因为管理者是一个组织的榜样,管理者通常决定着一个组织的工作氛围和工作效率。如果一个管理者非常享受自己的工作,那么他的下属也会更容易在工作中获得满足感,从而提高工作的效率。如果管理者整天表现出精疲力尽的样子,那么他的下属也不会有更多的热情来从事自己的工作,从而使得整个工作环境为消极的情绪所充斥,这对于企业来说是非常危险的。

不论对于管理者还是员工来说,正视时间管理、重视时间管理、有效地利用时间管理都是非常重要的。它能使我们创造更好的工作氛围,更有助于增加工作中的创新和自发性,也更有助于我们享受工作和生活所带来的乐趣。

四、存在万能的时间管理风格

许多人认为,世界上一定存在某种万能的时间管理方式,只要我们找到这种方式,人人都可以很好地管理自己的时间和工作。然而,事实并非如此。如有些人可以一边做饭,一边照顾孩子,同时还跟朋友打电话;而有些人在某一时间只能固定地做一件事。他们都是在合理地利用自己的时间来完成任务或工作。

在不同的文化环境下,人们的时间管理风格大相径庭。如日本人倾向于准时、高效、有条理的时间管理风格;而美国人比较执着、刻板,注重高效率且不顾人情;澳大利亚人则习惯于事先进行规划安排，使每件事情都能有条不紊地展开，而在社交方面，他们的时间又极富有弹性。谁能肯定日本、美国或者澳大利亚三个国家中哪种时间管理风格是最好的呢？

认为存在万能的管理风格的思想是非常可怕的，这会造成人们对时间管理的理解过于简单，认为好的时间管理方法就是万能的，放之四海而皆准的。其实不然，对时间管理的片面认识只会令我们的工作效率持续下降，使我们通往成功的道路总在“施工中”。因此，明确自身的特点并寻找最适合自己的时间管理方式才能实现最高效的时间管理。

寻找最佳的时间管理风格的基本原则是：找到适合自己的。因此，我们需要先弄清楚自身的个性和需要，并调整自己的时间管理风格使之适应自身的生理和心理需要，这样才能实现高效率、高效果的时间管理。

由于世界上并不存在万能的时间管理风格，且我们在工作中经常遇到不同的时间管理方式。因此，了解不同的时间管理观念对于我们认识自己及他人的时间管理风格有着重要的意义，对于我们开展工作也有较大的帮助。如当所处的工作团队有着多元文化时，熟悉他们的时间观念并帮助他们适应当前的文化氛围，一定能有助于团队成员直接的沟通和效率的提升。

对待时间的观念不同，所采取的时间管理风格就会有许多差异，在工作和生活中也就会带来许多的变数。对于我们来说，理解和掌握所有的时间管理风格是不现实的，也是没有意义的。我们所需要做的就是走出万能时间管理风格的误区，了解不同的时间观念并弄清楚自己的特点，从而挖掘最适合自己的时间管理方式。

要找到最适合自己的时间管理方式，首先要对时间管理的常见风格有所了解。通常来说，时间管理的风格主要有以下几种。

（1）直线式。采取这种时间管理方式的人喜欢在连续的时间内固定地完成了一个任务，等这项任务完成之后再进行下一个。这样有助于集中精力全力做好一件事。但在现实生活中，人们常常会被其他的事情打扰，因而就会影响这种方式的工作进度。

（2）交叉式。采取这种时间管理方式的人喜欢在某一段时间同时交叉开展许多任务。这种方式适合那些统揽全局、运筹帷幄的人，由于他们工作量大、任务多，因而在一段时间内并行多项任务就成为在所难免的事情。

（3）断点式。采用这种时间管理方式的人在工作的时候很有干劲和爆发力，但经过这段时间后，他们就会选择彻底放松来犒劳自己。采用这种方式工作的人既可能是直线式时间管理者，也可能是交叉式时间管理者，但无论如何，他都需要一段时间给自己充电。

上面所描述的只是常见的几种时间管理方式，每个人由于自身的特点、需求不同也会产生其他的时间管理方式。每种方式是好是坏、是否高效也只能使根据个人差异而有所不同，谁能断定一种风格一定会比另一种方式好呢？因此，时间管理并不存在所谓的“万能的管理风格”。

五、传统时间管理观念

由于传统的时间管理观念是经过了长时间的实践检验的,所以被很多人认为其是毫无缺陷的,可以长期使用的。然而,随着社会的发展进步,有些传统的时间管理观念已经不能适应这个社会的需要了。我们必须结合现代社会的发展和自身的新情况,树立时间管理的新观念,根据现实中情况的变化来选择和发展适合自己的时间管理方法,这样才能更好地管理好自己的工作、生活,才能更好地与时代相适应。下面对几种传统的时间管理观念进行分析,并指出它们的一些不足之处。

(一)早期可以创造时间

这是流传非常广的一种传统的时间管理观念。它建议管理者通过早起挤出时间,只要早点起床,就能够腾出时间到公司开始新一天的工作。这看起来正确,其实不然。尽管它在过去一段期间内大受欢迎,但它已经不能够适应现代人的需要了。一些专家指出,由于现代人的睡觉时间比 10 年前要晚一个小时到一个半小时,如果还提早起床,那么这一天他很有可能会因为缺乏睡眠而精力不足、无精打采,工作效率也会大打折扣。这样算下来,虽然早起可以增加工作的时间总量,但工作的效果可能还不如精力充沛时所做工作的一半好。所以,有些专家建议,对于那些早起就精神不好的人,适当地睡个懒觉以补充自己的精力和体力是必要的,也有助于更好地开展一天的工作。

(二)早餐速战速决,节省时间

许多企业员工为了多睡一会儿觉或节省吃早饭的时间,常常会买一些熟食放在冰箱里,作为第二天的早餐。也有些人选择在上班的路上解决早饭,认为这样可以节省时间。这种方法也许对一部分人有用,但并不适合大多数人。要知道,为了节约早餐的时间,有时需要付出更大的代价,多少人因此染上胃痛的顽疾,不仅大大影响了工作效率,也使身体健康受损。这样一来,早餐所换来的时间其实是得不偿失的。

实际上,早餐对人来说非常重要。许多营养学家都强调了早餐的重要性。如果能够坐下来慢慢品尝早餐,而不是急急忙忙、敷衍了事,那么对身体的益处是不言而喻的。同时也使人能够保持心情愉快,精力充沛地开始一天的工作。

(三)过度在意工作环境

许多管理者认为,干净整洁的工作环境能使人迅速地进入到高效率的工作状态。因此,许多人喜欢把办公桌整理得井井有条,创造一个干净舒适的工作环境,使自己保持较高的工作效率。这有一定的道理,但误区就在于,许多人把工作环境当作是高效工作的必要条件,必须在这样的环境下才能安心开展工作。其实,在工作中,我们不必把所有文件都严格地按照顺序摆放整齐,把电脑屏幕擦得一尘不染,把桌子擦得干干净净。因为这样做会浪费很多的时间,而且这也是强迫症的一种表现。其实,工作环境只要看起来整洁、舒服就好了。当我们完成了任务或者有空余的时间时,再来整理也不算晚。甚至有时候人们随意地摆放一些文件、书籍和杂志,有一点杂乱的环境有助于人们发散思维,可以沉浸在自己的思维当中不受干扰,有时也会促使人们产生创造性的思维。

(四)"头悬梁,锥刺股"

"头悬梁,锥刺股"这个故事被人们看作是刻苦学习的典范,直到现在,人们还在延续着这种精神。如有些人认为熬夜能够提高学习成绩,常常学习到深夜,实在困的时候就拧一下大腿或喝很浓的咖啡来驱走睡意;还有人放弃中午的午休时间来学习或工作,再困再累也要勉强打起精神。这些虽然比不上古代的"头悬梁,锥刺股"夸张,但也毫不逊色。但这种方法真的能起到作用吗?

实际上,不顾疲劳而挤时间来工作或学习的观念也是非常不可取的。正如大家熟知的"过劳死",这其实就是由于人体的过度损耗而引发的一种综合病症。当然,我们并不是反对额外工作,而是提醒人们要懂得如何分配工作与休息的时间。人的精力是有限的,当感到疲劳时,适当的休息对于缓和紧张的神经、恢复体力有重要的作用。等精力充沛时再去工作,效果可能会事半功倍。

(五)慢跑时听随身听

慢跑时听随身听可以说是大多数人在锻炼时都会做的事,因为这样既可以锻炼身体,又可以娱乐,一举两得,但实际上这样做的效果也是因人而异。俗话说:"一心不可二用。"既然要去锻炼,就应该专心致志地去做,将全部身心打开来锻炼,而不是又锻炼又娱乐,搞得"四不像",锻炼也达不到应有的效果。

总之,传统的时间管理方法并非对每个人都有效。生活中有些东西是我们无法掌控的。因此,在进行时间管理时,我们不能因循守旧,不能盲目地照搬传统的观念,而是应该根据自身需要制定一种最适合的时间管理方法,这样才能实现最有效的时间管理。

任务二　时间管理的错误方式

【至理名言】

不要把今天能做的事推到明天。因为如果今天做得痛快,明天还可以再做一次。

——米楔那

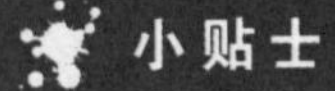

十个安排时间的小方法

1.定制生活目标,按照重要程度排序

为你的生活制定目标,如果你一直漫无目的地过生活,那现在至少该想一个了。目标对有效的时间管理是很有用的,就像是大海中的航行方向,确定你生活地走向。如果你有太多的目标,那就认真地管理它们。你生活中的每一个领域都需要目标。比如工作,健康等。

2.集中精力完成最重要的任务

有了目标后,就要制定完成目标的任务。如果你的目标是健康,那你就要每天尽早锻炼身体。

3.每时每刻铭记你的最重要的目标

如果你的目标过多,那么就每天优先完成最重要的五个目标。最好将这五个列一个优先顺序表。

4.用金钱衡量时间

如果你知道你的一小时值多少钱,时间管理就变得容易得多。如果一小时值600美元,那么你就知道了在脸书上浪费的30分钟相当于300美金。

5.不要太执着于完美

你想把每一件事都做得完美无缺。但是,完美只能浪费时间。在适当的时候放手不是一件坏事。

6.为每个任务设置一个时限

如果通常要花三个小时完成一个任务,那么,你可以将时限设置成三小时。你会惊奇地发现,你在时限内完成了所给任务。

7.试着为每天的工作制定时间表

每天早上上班前,或者每天晚上睡觉前,专为每天的工作制定时间表,这样你会更快地完成工作。

8.将大的目标转换成几个任务分别完成

你可以将每个目标分成几个步骤完成,并且给每个步骤制定时限。这样你就可以很快地完成目标。

9.可以将某项任务交给别人

比如像浏览邮件等工作,不是很重要,又费时,何不将它将交付给别人呢。

10.给每个步骤制定时限

工作时限很重要。如果一个工作任务下达时,上司没有给你规定时限,你自己也应该设定一个时限。

一、拖延的习惯

有人将拖延时间的行为生动地比喻为“追赶昨天的艺术”,如果再加上半句,那就是:“逃避今天的法宝”。这两句话放在一起,就变成了拖延时间的“妙用”。

工作中,有些事情是上司要求去做的,有事情是自己想做的。然而无论是想做或不想做,都会或多或少地存在着拖延。由于懒惰或某些性格上的因素,有些员工总是喜欢将需要完成的工作推迟。当下不做,而是拖延到“明天”,直到最后期限前才不得不手忙脚乱地应对。拖延的习惯可以使人们存在一个“缓冲区域”,避免人们马上采取行动,同时人们还会安慰自己,我并不是不做,只是放到将来去做罢了。

生活中人们常常有拖延的习惯,如学生经常会考试前“临时抱佛脚”;许多人总不是喜欢把计划中的事情拖到接近最后期限时才开始着手,但事情越多越不知道先做哪个。拖拉的人总是为自己找借口,把行动寄托在“下一刻”“明天”或者“以后”。这也说明了这样一种现象:人们的行为模式更多地关注于短期或者即将发生的事情,而对于长期的事情却容易忽视,非得等到临近最后期限时,才感觉到压力。

拖延是一种恶习,它往往让人失去生命中所追求的东西,并使人的时间、精力和情感在无谓的浪费中变得一文不值。拖延使人们要处理的问题越积越多,最终让人焦虑烦躁,产生自责或迁怒于周围的环境;拖延会使人们遭受心理挫折,对自己越来越失去信心;拖延还会使人们前途黯淡,万事等明日,即使等到白发苍苍,也仍然是一事无成。同样,在企业中,一个办事拖拉的下属永远也不会得到领导的垂青,因而在事业上成功的总是那些锐意进取、积极向上的人。

(一)拖延的类型

人们通常有以下三种类型的拖延习惯。

1.拖延不愉快的事情

这种情形主要是因为对某项待处理的工作具有敌意而故意抵制,如父母交代孩子去做一件不是他们心甘情愿的事情,孩子就不会积极去做;学生对某个老师有偏见,就会故意将那位老师布置的作业拖到最后一刻或干脆不做;或是上级总是布置一些最繁重最困难的工作,下属心里不乐意,就会故意拖延来敷衍抵制。

2.拖延困难的事情

通常人们在遇到下面几种情况的时候,会采用拖延时间的办法来逃避工作:①认为任务太难了,没有信心完成;②认为工作太耗时间了,不值得去做;③担心自己没有相关的知识技能,无法胜任这项工作;④完美主义者,希望所有事情都能一次做好,并且做到极致,不愿意匆匆忙忙开始,要万事俱备才行。

3.拖延难以决定的事情

对于那些难以做决定的事情,人们也会倾向于用拖延方针来应对。就像鸵鸟,对不愉快的事情不理睬,只会把头埋进沙滩里。这种心态使我们在面临选择时,总是会出现消极拖沓的行动。而且,它会使我们的恐惧和担忧更加严重。因为拖延、犹豫不决是容易的,但拖延下来的工作,终究还是要去做的。犹豫不决只会让人无法集中精力、无法创新,还会成为逃避其他问题的根源。所以碰到难以做决定的事情时,千万不要给自己拖延的机会,尽快做出决定,并下定决心先完成手头的工作,这才是解决问题的关键。

(二)影响因素

拖延形成的具体原因尚不清楚,一种观点认为,拖延是由一种或数种相对稳定的人格特征造成的,个体在各种不同的环境和条件下都可能拖延;另一种观点认为,拖延多是由环境决定的不稳定因素造成。

1.环境因素

拖延者的拖延行为与完成任务所受的时间压力和来自外界的娱乐方面的诱惑有关。拖延者往往难以抵制外界的诱惑尤其是娱乐方面的诱惑,从而导致了拖延行为。

2.任务特征

(1)任务难度。任务的难易程度会影响个体拖延行为的发生,任务越复杂,人们越容易拖延,当个体认为某项任务超出自己的能力时,由于缺乏对成功的控制感,通常会采用拖延的方式推迟或逃避执行该项任务

(2)奖惩时限。任务的奖惩时限也影响任务的完成。如果任奖赏及时,会减少任务完成时间的拖延。

(3)任务的厌恶程度。对于可能带来令人乏味、产生挫败感和怨恨的任务,人们会首先选择回避,如果不能回避,就会尽可能地推迟面对。

3.个体差异

(1)非理性的观念。如果个体认为回避失败动机高于追求成功动机时,个体将倾向于以拖延的方式逃避可能的失败。

(2)低自我效能感和自尊。从心理层面分析,部分人对工作能力不自信是导致拖延行为的一个重要原因。工作上曾遭遇过重大挫败,对自己不够自信的人,容易产生逃避心理,不断地推迟完成任务。

(3)自我设阻 。拖延者从事某任务时,经常会因为某些外界刺激因素推迟开始任务的时间;在执行任务的过程中,也更容易出现中断该任务去进行其他活动的情况,并且不断地推迟任务的继续。

(4)焦虑。在远离期限时,拖延可以让个体焦虑减少,但随着任务期限的临近,拖延者会体验到更多的焦虑。

(5)冲动。冲动有时可以激励人们追求一些东西,但是过分活跃可能导致做决定太快、注意范围缩小的情况,这些将导致个体拖延行为。由于冲动让人更多关注即时激励,而忽略长期责任,因而冲动的人们更可能拖延。

(6)完美主义 。完美主义倾向与拖延之间存在正相关。完美主义可分为积极完美主义和消极完美主义,积极完美主义者会积极寻找方法完成学习任务以达到理想的成绩,而消极完美主义者则更多采用拖延来逃避失败。

(三)克服拖延的习惯

事实表明,不是时间不够、事情太多,而是我们总在找借口,或者在不知不觉中拖延,浪

费了很多时间。所以,拖延可以说是导致无效的时间管理最主要的元凶。

为了克服拖延这一不良习惯,我们应从拖延的原因出发,找出引起自身拖延习惯的根本原因,再对症下药。如果是内因引起的 ,那么我们就要认真地审视自己,并克服性格上的弱点,如果是外因造成的,我们就需要对外部环境进行调整和重塑,以摆脱拖延的恶习。我们可以从以下几个方面入手。

(1)讨厌的事情先去做。每天去做自己最不愿意做的事情,将讨厌的事情安排在自己每天精力最旺盛的时间里,不要拖延到一天快要结束,眼看要睡觉休息了,你会给自己找借口说:“没关系,这事儿可以明天做”。一定要把自己每天厌倦的事情工作提前做,感兴趣的放后面。

(2)与朋友互相约定。找个关系不错的朋友,帮你克服拖延的习惯。每天早起与对方联系,告诉对方今天你要完成的事,在一天结束是告诉对方这件事你已经顺利完成。

(3) 遵循 24 小时的时间规则。收到的信件、邮件、电话、询问等,必须在当天做出初步的的回复,最好立即处理完成,这样就避免了烦人的事情越积累越多耽误了事儿。

(4)想象完成之后的成就感。不要去想这件事很烦人,很苦逼,要想象你做完这件事心理有多轻松,想象越真实,越有行动力

(5) 宣布完成期限。对于不喜欢的工作,宣布自己什么时候动手做,什么时候完成的期限。

(6)分割工作。将困难的复杂的工作合理地分割,每天按计划完成一小部分,即提高质量,又不会太累。

(7)要求更详细的资料,比如你是推销员,你的上司或客户交代的事情。你一再拖延,很可能会造成提供的信息不够,让你的工作无法继续,如果你不清楚工作的目标或性质那就一定要问清楚。

(8)面对恐惧。拖延还有个原因,就是害怕这份工作或任务,不愿意着手去做,因为不好做或怕出错。要知道,每次勇敢面对你恐惧的事情,你就会更坚强,也会增进工作效率。

(9)视为一种游戏。把困难的是当作过关斩将,一点一点地前进,终将胜利。

(10) 学会放下。如果你正在拿着手机聊天,但是自己积压了许多讨厌的事情还没做完,那就一定要放下手机,先去完成这件事直到事情有了显著的进步,再来聊手机。

二、超负荷工作

所谓工作负荷,是指单位时间内人体承受的工作量,包括体力工作负荷和心理工作负荷两个方面。对于上班族来说,合理的工作负荷直接关系到其工作效率。工作负荷体现了工作任务在数量和质量上的共同要求。研究表明,工作负荷与工作倦怠存在高度相关,尤其与情绪衰竭相关度最强。

人体在完成特定任务中的最大瞬间力量或在给定时间内可完成工作的量,又叫工作强度或劳动强度。工作负荷水平常用能量代谢率(RMR)和其他生理指标来表示。能量代谢

率是工作消耗的能量与基础代谢的比率。根据这个比率可将工作分为①最轻工作：坐在椅子上的轻度作业（RMR0～1）；②轻工作：一般事务性工作和轻度体力工作（RMR1～2）；③中度工作：以一般速度进行的不太辛苦的作业（RMR2～4）；④重工作：需要全身肌肉活动的相当辛苦的作业（RMR4～7）；⑤最重工作：如使用大型铁锤那样的重体力劳动（RMR7 以上）。RMR 主要表示伴随肌肉活动的劳动强度。在不伴有体力活动的脑力劳动中 RMR 值就比较低。一般认为，工作负荷既包括工作消耗的能量，也包括工作的难度和复杂性。也就是说广义的工作负荷还应包括心理负荷。

（一）形式

工作负荷包括体力工作负荷和心理工作负荷两个方面。

（1）体力工作负荷又称生理工作负荷，是指人体单位时间内承受的体力工作量的大小，主要表现为动态或静态肌肉用力的工作负荷。工作量越大，人体承受的体力工作负荷强度越大，人体的工作能力是有一定限度的。对操作者承受负荷的状况进行准确评定，既能保证工作量，又能防止操作者在最佳工作负荷水平外超负荷工作，是人机系统设计的一项重要任务。

（2）心理工作负荷则指单位时间内人体承受的心理活动工作量，主要表现为监控、决策、期待等不需要明显体力的工作负荷。

（二）解析

一般情况下，人们把个体在正常环境中连续工作 8 小时且不发生过度疲劳的最大工作负荷值，称为最大可接受工作负荷水平。在确定最大可接受工作负荷水平时，应考虑人们的个体差异和工作性质。一般来说，体力工作负荷以疲劳感、肌肉酸痛感、沉重感等主观体验作为评定手段。脑力劳动者的工作负荷则以情绪状况、睡眠质量、脾气好坏作为最直接的指标。

如果一个人的工作让自己感到力不从心、情绪低落，或者工作效绩下降、差错或事故发生率增加、个人满意感降低，就得考虑工作是否超负荷了。

合理的工作负荷并非就是任务越少越好。如果人们的工作要求远低于工作能力，不仅工作成果少，而且也会出现工作效率降低、不适感增加以及个人成就感降低等现象，这种现象被称之为“工作低负荷”。

在现实生活中，对于工作低负荷者而言，往往出现莫名其妙的空虚惆怅，常常感觉到自己怀才不遇，觉得人生没有价值。他们不明白自己是因为自身的能力没有得到充分发挥而出现的那些症状。这样的人群，可以考虑调换到更具有挑战性的工作岗位上去，或者寻求些兼职来做，以充分发挥自身的能量。

对于工作超负荷者，其工作状况往往不是他们自己能够控制的，因为生活或者其他原因也是自己不能轻易舍弃的，这就需要其进行自我心态和自身工作方式的调整。一般来说，有计划、按步骤地工作，能够让你有条不紊、情绪安定，而把体力和脑力工作交替安排，你的工作效率就会大大提高。

无论工作超负荷还是工作低负荷,都不利于保持人们的高效率。以从事信息工作的人群为例,如果信息呈现速度超出了人的处理能力,就会出现漏失信息或歪曲信号、延迟反应等情况;如果信息呈现的概率很低,较长时间才会出现一种刺激,则信号觉察时间或信号漏报的可能性将大大增加。需要指出的是,当体力工作超负荷时,除了操作效绩不佳外,更严重的是容易引起人员损伤等事故;当心理负荷长期处于失衡状态下,则很容易患上各种职业病或诱发生理系统功能紊乱。

(三)如何应付超负荷工作

(1)停止踌躇观望,主动思考。当任务爆炸袭击你的时候,你很有可能还盘旋踌躇于侵袭的漩涡里,不确定要做什么。天马行空、眉毛胡子一把抓是最糟糕的,很多时候任务背后可能隐藏着致命问题,如果你眉毛胡子一把抓,很有可能错失解决最关键问题的最佳时机。

(2)分析轻重缓急,确定优先顺序。让自己镇静下来后,就该分析评估任务优先顺序了。问问自己:如果时间紧迫不够用,必须要放弃哪些任务呢?另外,不是关键性的任务都要缓一缓放在日程的后面。

(3)即刻行动。一旦你确定了什么是最重要的,就马上开始行动。很多人面对任务爆炸时,习惯于一拖再拖或者只做容易做的事。如果你是这样,那么不要再“明日复明日”和逃避了,计划下一步并即刻行动。

(4)归类交错分解工作负荷。两倍于平常的工作负荷突然袭击时,你是猝不及防的,没有多余的时间让你调整适应。每到此时,可将工作分解到若干个60~90分钟的时间段里,以确保不会过度疲劳。归类交错分解,就是将需要不同知识技能的任务项目交错排列。60分钟的阅读任务完成以后,转向写作或交流等其他任务。这样能保证你工作得更持久更投入。

(5)长期任务爆炸的策略。这个任务大爆炸是暂时的还是一个长期的调整呢?如果你认为这个爆炸或许会对你有长期的冲击,那么,重新评估一下你的生活是一个不错的方法。为了确保生存下来,哪些担子是要卸下来的呢?

(6)有效有用地“偷懒”。如果你的任务爆炸将要持续数星期甚至数月,那么适当休息是很明智的。关键在于:确保你的休息是有效有用。你是不是有过这样的情况:你打算休息放松一下结果却把精力浪费在无谓的琐事上?这种情形的发生的频率是多少?确定到底什么能使你精神振奋能量焕发,把时间花在这些事情上。

(7)一日之计在于晨。如果你预先知道随后几天你的工作负荷堆积如山,那么就早睡早起。早起工作会使你全力投入。而且这种动量会伴你一整天,通常你一天中最重要的任务就会在前半天完成。

(8)饮食清淡。食物消化会耗掉很大一部分的能量。保持你能量水平的好方法就是吃多汁的蔬菜和低脂食物。往嘴里随便塞些汉堡煎炸食品只会降低你的工作效率。

(9)列出要做的每件事。千里之行始于足下,不积跬步无以至千里。列出每一件你要做的事情会增加你处理驾驭这些任务的信心。列清单的过程将模糊的无形琐碎的任务提取出来,并把它们转化为易管理可执行的任务。

(10)切断电源,摈除干扰。如果说任务大爆炸让你遍体鳞伤,那么最终会将你置于死地的是干扰和分心。如果对你执行任务没有用途,拔掉电话、网络或电脑。越多噪声和干扰,越难于集中精力。尽管开始几分钟的无声安静,可能会使你感到很不舒服,但是这样做可以马上让你进入快速高效的进程中。

(11)分工合作,各司其职。如果你效力于一个工作团队,有效的方法是将任务分解为若干子部分,并尽快讨论分配出每个子部分的详细任务。只有在急需的情况下,才允许组员间的交流。如果必须召集大家会面讨论,前提是这样的会面必须有助于保持工作的进展步调,而且确保每个组员都独当一面。

(12)先苦后甜。为自己随后几个工作小时找一个激励。答应自己在完成任务后给自己一些奖励,不需要很大,哪怕是休息20分钟来做自己喜欢做的事情就会很奏效。不要破这个先例:允许自己先尝到奖励的甜头再工作。如果你先自我奖励了,你的心理趋向就很难不去拖延工作了。

(13)寻找省时捷径。如果你能高屋建瓴地观察每件事,每件事都能找到捷径。为尽快达到目标,你通常要找到捷径以便迅速解决问题。诚然,当你有足够时间将精力放在工作"质量"上的时候,我们并不赞成你寻找捷径。但是如果时间紧迫,你就必须寻找通往罗马最省时间的路了。

(14)考虑后果,小不忍则乱大谋。有时候你需要先体验一些小痛苦,为的是避免将来更多的痛苦。仔细考虑一下:如果不能完成每个任务,后果会是什么样的呢?如果是这样,找出让你忍受最小痛苦的任务并放弃它们。在你已经无法有效管理时间的时候,这或许是避免更大损失承受更大痛苦的唯一途径了。

(15)锻炼身体不能舍。很多人遇到超负荷任务爆炸时,首先就是将锻炼身体从日程上裁掉。如果任务爆炸只有一两天,这样做也无妨。但是当你的超负荷工作量要持续数周甚至数月时,这样做无利反害。运动有助于你保持高能量水平来投入工作中,即使每天30分钟的运动也会有帮助。

资料链接

对于工作,一个简单有效的时间管理法

要想发挥工作中对时间的最大价值,必须提前做好两个准备工作:第一是对工作的分解;第二是保证专心。

1.对工作的分解

为什么要分解任务呢?这就像吃蛋糕,一口下去压力太大。比如写一份策划,直接动手肯定不知所措,无处下手。那可以分解为:

(1)搜集他人和网上的相关案例。

(2)阅读并整理。

(3)完成策划初稿。

(4)修改并完善。

做好导航后,才不会走弯路。

2.如何保证专心

其实就是排除干扰,全身心投入工作。

这里推荐一招,iPhone 用户可以将手机设置为勿扰模式,将特定的人加入到“个人收藏”。这样特定的人打电话来是直接拨通,而其他人第一次打来是打不通的,如果有急事,肯定会打第二次,此时便能接通。不过当然,微信什么的这时肯定也收不到。

任务三　时间管理艺术

【至理名言】

善于选择要点就意味着节约时间,而不得要领的瞎忙,却等于乱放空炮。

——培根

一、管理时间的艺术

有关时间名言古而有之,孔子曰:“逝者如斯夫,不舍昼夜”;庄子曰:“人生天地之间,若白驹过隙,忽然而已。”近代,曾国藩有名句:“天可补,海可填,南山可移。日月既往,不可复追”;英国大诗人拜伦也曾说过:“没有方法能使时钏为我敲已过去了的钟点”等。这些名言无非就是告诫我们在每个人有限的一生中时间是多么宝贵,中国人也是世界上最早认识时间管理的重要性的。那在我们工作中怎么才能充分有效率、有效果地利用好我们自己的时间呢?这就是时间管理的艺术。

在工作中我们经常会分不清工作的轻重缓急:先做喜欢的事情,然后再做不喜欢做的事;先做熟悉的事,然后再做不熟悉的事;先做只需要花费少量时间即可做好的事,然后再做需要花费大量时间才能做好的事;先做易于完成的整件事或易于告一段落的事,然后再做难以完成的整件事或难以告一段落的事;先做自己所尊敬的人或关系密切的人所拜托的事,然后再做其他人所拜托的事等,以至于每天忙忙碌碌。可结果往往不能有效率、有效果地完成自己的工作目标。

时间管理不是要把所有事情做完,而是更有效地运用时间。时间管理的目的除了要决定你该做些什么事情之外,另一个很重要的目的也是决定什么事情不应该做;时间管理不是完全的掌控,而是降低变动性,时间管理最重要的功能是通过事先的规划,做为一种提醒与指引。

二、领导者们管理时间的艺术

时间是人类最宝贵的资源,企业管理者对企业的管理,实际上是对时间的管理。企业管理者能否善于运筹时间,有效地管理时间,特别是学会管理自己的时间,直接关系到企业管理的成效。在有限的时间内处理好最重要的事务对企业领导者来说,已经成为一门必须掌握和运用的管理艺术。领导者是怎样来管理自己时间的呢? 其实,答案很简单。他们深谙时间管理之道,懂得怎样运用时间管理艺术。在英国管理大师托尼·莫登(Tony morden)所著的《管理学原理》一书中,详细地介绍了时间管理的原理、影响因素和做好时间管理的重要性。通过这些阐述,我们归纳出企业领导者时间管理的技巧。

(1)设立明确的目标。成功就是目标,时间管理的目的是在最短时间内实现更多想要实现的目标。作为企业的领导者,必须能够理清企业本年度需要实现的4~10个目标,明确一个核心目标,并依次排列重要性,然后依照这些目标设定一些详细的计划,依照计划实施。做好目标分割,企业的领导者需要列一张总清单,把本年度所要实现的目标列出来,并通过以下步骤进行目标切割。

①年度目标切割成季度目标,列出每季度要做哪些事情的清单。

②季度目标切割成月度目标,并在每月初重新再列一遍,碰到有突发事件而更改目标的情形要及时调整。

③每周要排好下周需要完成的每件事;第四,每天晚上把第二天要做的事情列出来。

(2)安排自己的"独处"时间。所谓独处时间,就是企业的领导者每天至少要有半小时到1小时完全不受任何人干扰,自己独自思考一些事情,或是做一些自己认为最重要的事情。考虑到在"独处"的过程中间不能被打断,因为每次被迫中断,都会需要更长的时间才能重新进入深度思考。比尔·盖茨号称每年都会有几周时间处于完全封闭状态,完全脱离日常事务烦扰,从而静心思考一些至关重要的问题。这种时间的安排显然体现了首富先生对时间的敬畏与掌控程度。

(3)符合自己正确的价值观。每个人都有自己独特而唯一的价值判断,价值判断将决定我们采取这种行为而不是那种行为,而不同的行为也必将导致不同的结果。同样的一项打扫卫生的任务,如果分别让一位生性邋遢的和另一位有洁癖的人来做一定会有截然不同的结果,正所谓思想决定行为习惯,有什么样的思想就会有什么样的行为和结果。身为企业的领导者,一定要确立自己正确的价值观,假如价值观不正确,就很难知道什么对自己最重要,就很难做好时间的分配——时间分配是时间管理的重点。

人不可能有足够的时间做好每件事,但永远有时间做好对自己来说最重要的事。做最有效率的事,对企业来讲,效率就是生存的根本所在。制定发展战略需要高效决策,把握市场机会也需要高效决策。一个总是落在时间后面的企业是不会有竞争力和生命力的。

作为企业领导者,应该时刻做最有效率的事情,他们必须懂得思考要做好一份工作,到底哪几件事情是对自己最有效率的,并把这些事情列下来,分配时间将它做好。学会统筹安排,合理调配现有资源。根据统筹学的原理,很多事件进程同步规划的差异会导致完全不同的结果。

作为管理者同时要学会授权,让下属去分担你的部分工作,多点开花,齐头并进,自然有助于提高工作效率。通过学习节省时间。现在很多企业的领导者,需要经常性地参加各种各样的学习培训,去了解别人的成功经验。在参加这种学习培训时,企业的领导者们必须要记得:一定要跟顶尖人士学习,对所学习的对象,千万要仔细选择,因为这样做会节省很多时间。如果学习的对象是一个花了40年时间取得成功、涉猎知识丰富的人士,无形中我们就节省了几十年的时间和学习这些知识的费用。如果跟十个这样的人在一起探讨学习,我们就节省了更多的时间和费用。

《哈佛管理百科全书》把时间管理作为衡量成熟管理者的九项条件之一。"时间就是生命""时间就是金钱""时间就是效益",企业管理者一定要管理好自己的时间!

资料链接

拖延症心理测试

明天就要交季度的工作报告了,你打开文档上,是否文档之内一片空白,没有写上一个字。但是现在的你并不会急躁,只是慢慢地点了一根烟,心想我还有一晚上的时间,先看看电影..... 如果你跟上面的情况类似,那么就不要大意,你可能患上了拖延症。下面是拖延症心理测试,看看你的拖延症有多严重吧!

测试开始:注意下面的问题,选"是"得1分,选"否"不得分。用笔记录下来!

(1)不到最后期限不交活。是 否

(2)上班时间总在网上瞎逛,快到下班才开始忙工作。是 否

(3)没工作计划,不懂时间管理。是 否

(4)总是"伪加班",白天可做完的事,总是拖到下班后加班做。是 否

(5)总是认为时间还有,不急。是 否

(6)懒散,日复一日,总想着明天再做。是 否

(7)每当同事或上司询问工作进展时,经常说"让我再看看"。是 否

(8)办公室里零食一大堆,上班时间经常吃零食。是 否

(9)要做事时,脑子里能冒出各种理由:现在先做别的事,这个稍后。是 否

(10)自我麻痹:还来得及,不行就通宵赶工。是 否

(11)处理问题不分主次,忙了半天,最紧要的事没做。是 否

(12)经常因为时间过于紧迫,草草交差,结果被同事或老板责怪。是　否

(13)厚脸皮,别人怎么催,也定力十足,习以为常了。是　否

(14)从不主动汇报工作。是　否

(15)团队合作时,同事都面露难色,不愿和你合作。是　否

测试结果分析

0~4分:轻度拖延,要当心了,快点找到原因,将它扼杀在萌芽中。

5~11分:中度拖延,它可能已经成为你的一种工作习惯,改变需要时间和耐力。

12~15分:重度拖延,建议重新审视自我,进行职业定位,找一份自己感兴趣和能力特长所在的工作。

如果你有了拖延症,也不用过于担心,下面将介绍几种调整拖延症的方法。

(1)确立一个可操作的目标,而不是那种模糊而抽象的目标。

不是:我要停止拖延。

而是:我要在9月1日之前打扫和整理我的车库。

(2)将你的目标分解成短小具体的迷你目标,每一个迷你目标都要比大目标容易达成,小目标可以累积成大目标。

不是:我打算要写那份报告。

而是:我今晚将花半小时设计表格,明天我将花另外半小时把数据填进去,再接下来一天,我将根据那些数据花一个小时将报告写出来。

3.为困难和挫折做好心理准备。当你遭遇到第一个(或者第二、第三个)困难时,不要放弃。困难只不过是一个需要你去解决的问题,它不是你个人价值或能力的反映。

不是:教授不在办公室,所以我没办法写论文了。

而是:虽然教授不在,但是我可以在他回来之前先列出论文提纲。

4.奖赏你一路上的进步。将奖赏聚焦于你的努力,而不是结果,即便是迈出一小步也是进步。

不是:除非我全部完成,否则我就会感觉哪里不对。

而是:我已经走出了几步,而且我做事非常努力,这感觉很好。

5.留意你的借口。不要习惯性地利用借口来拖延,而要将它看作是再做15分钟的一个信号,或者利用你的借口作为完成一个步骤之后的奖赏。

不是:我累了(饿了/很忙/很烦,等等),我以后再做。

而是:我累了,所以我将只花15分钟写报告,接下来我会小睡片刻。

上面所说的这五个方法,是一种认知调整法,只要你用合理的认知,去调整不合理的认知,那么你的拖延症就会消失!

缓慢也是一种效率,缓慢也有艺术:

(1)沉思,而不是忙碌

(2)路途=目标

(3)减速=放大时间

(4)慢食,而不是快餐

(5)调整状态,改变心情

知识总结

本章主要介绍了时间管理中错误的认知、时间管理中错误的行为方式,以及时间管理的艺术。其中包括:

(1)管得了自己管不了别人、时间管理是强迫症行为、时间管理泯灭创造性和乐趣、存在万能风格以及一些传统的时间管理观念。

(2)两个错误的时间管理方式:拖延的习惯、超负荷工作。

(3)用哲学的方法学习管理时间的艺术。

教学检测

一、名词解释

(1)拖延症

(2)超负荷

二、填空题

(1)人们通常有以下三种类型的拖延习惯:__________。

(2)为了克服拖延的习惯,我们可以从以下十个方面开始手__________________。

(3)所谓工作负荷,是指单位时间内人体承受的工作量,包括__________、__________两个方面。

三、问答题

(1)如何避免拖延症?

(2)如何应付超负荷工作?

【综合案例解析】

若干年前，美国经济学家乔治·阿克洛夫碰到了一个简单的任务：将一箱衣服从他所居住的印度邮递至美国。这些衣服是他的一个朋友兼同事来看过他之后落下的，所以阿克洛夫急着想将它们送回去。但是有一个问题：印度的官僚体系和阿克洛夫自己称作“我在这些事情上的无能”使之成为一件麻烦事——确实，他估计这将会占去一整个工作日的时间。于是他一周又一周地推迟处理这件事情。这样一直持续了八个月之久，直到阿克洛夫自己都快要回国了他才解决了这个问题：另外一个朋友恰好也要寄一些东西回美国，于是阿克洛夫得以将斯蒂格利茨的衣服连带着一同捎回去。考虑到洲际邮件的不稳定性，阿克洛夫很有可能比斯蒂格利茨的衬衫提早到达美国。

这个故事有一点让人感到安慰：就连诺贝尔经济学奖得主都会拖延！很多人的生活都充满着一大堆未完成的任务，或大或小，噬咬着我们的良心。但阿克洛夫将这再熟悉不过的体验看成是一个谜。他真心想把衣服寄回给他的朋友，但是，就像他在1991年的论文《拖延和顺从》中所提到的那样，“八个月里每早醒来我都决定第二天早上去把箱子寄给斯蒂格利兹。”他永远都将要把箱子寄出去，但那一刻从未到来。后来成了行为经济学的中心人物之一的阿克洛夫意识到，拖延可能不仅仅只是一个坏习惯。他认为这揭示了关于理性思维的限度的一些重要问题，并且可能帮助我们理解包括毒品滥用和储蓄习惯在内的形形色色的现象。自从他的论文发表以后，拖延症研究变成了学术界的一个重要领域，哲学家、心理学家和经济学家都争相加入。

【思考】

在我们急着去克服拖延症之前，我们应该想想，有时候我们是否应该留心这样的冲动。哲学家马克·金维尔从存在主义哲学的角度写道：“拖延症最常缘起于一种有太多事情要做的感觉，于是并没有哪个方面的事情特别值得去做。在这种着实古怪的不作为的作为之下，是一个更令人不安的疑问：是否那些事情都值得去做。”从这个意义上说，也许我们应该考虑有两种不同的拖延：那种确确实实的违背最佳判断的结果，和那种告诉你你所应做的事情本质上并没有多少意义的。拖延者所受到的挑战，也许也是哲学家们受到的挑战，是分清哪个是哪个。

项目十

时间管理的应用

☞**知识要点**

(1)了解运筹时间的方法。

(2)了解集中精力法、最适应点法、按质用能法都能提高实践的利用率。

(3)了解如何做好职业规划。

(4)了解合理的应酬的技巧。

☞**关键词**

集中精力法　最适应点法　按质用能法

自我管理的本质就是协调感性的我(充满着各种欲望、情绪等)和理性的我对身体和注意力的控制权。许多人的问题是前者完全控制了它们,后者却无能为力。请注意,我们的目的不是让后者完全控制,那个做不到也没有必要。关键是协调,“堵不如疏,疏不如引”。

时间管理是指通过事先规划和运用一定的技巧、方法与工具实现对时间的灵活以及有效的运用,从而实现个人或组织的既定目标,EMBA、MBA等主流商业管理教育均将时间管理能力作为一项对企业管理者的基本要求涵括在内。

时间管理最重要的功能:是通过事先的规划,作为一种提醒与指引。

【情境导入】

精力分散的佣人

有个农场主在比较忙的时候，为了减轻自己的工作负担雇了一个佣人，并将自己场地的很多活都交给了佣人做，包括浇园子、烤面包、为草地拔草等，还要防止小偷溜到院子里偷东西。佣人为这份得来不易的工作而高兴，相信自己可以将工作完成得很好。

某天，农场主要去市场赶集，临走前叮嘱了佣人，然后匆匆离开了。可当他赶集回来时，却发现家里一团糟，完全不像想象中的那么好。面包已经被烤煳了、园子还没有浇水、草也才拔了一部分，最令他恼火的是，仓库里的门被撬开，一大袋米已经被偷走了。

农场主非常恼火，于是质问佣人。佣人很无辜地说“我已经很努力去做了，烤面包到一半的时候，我发现草还没有拔，于是把面包放下了，等到草开始拔没多久，才发现需要浇园子了，可同时我又怕小偷会进来，就去仓库照看。至于为什么会让小偷有可乘之机，是因为那个时候我正赶回去烤面包。”

【思考】

也许很多人都犯过类似的错误，因为时间有限，自己想要做的事情太多，使自己总是做一件事，却放下另外一件，结果几件事都没有圆满地完成。我们只有合理地运筹自己的时间，才能避免自己陷入这种混乱的局面。

任务一　运筹时间的策略

一、科学管理时间的策略

（一）科学地运筹思考的时间

正所谓“学而不思则罔，思而不学则殆”。思考是创造的源泉，思考能让人更加深邃和更加成熟。如果只懂得埋头苦干，而不懂得科学地运筹思考的时间，那么即使付出了再多的努力，可能也难以做出更大的贡献。

思考能够指引人们向科学进军，让人们勇攀科学的高峰。要想在成功的道路上迈进，就需要科学地运筹思考的时间，在努力工作的同时，留下一些时间来进行思考。

（二）科学地运筹关注的时间

关注也就是指注意力，科学研究表明，注意力是由大脑皮层活动中的一个重要规律来支配的,即“神经过程诱导率”。这个规律指出,当人将注意力集中在某件事情上的时候,他的大脑皮层的某个区域就会兴奋,同时其他相邻的区域就会发生抑制,这样就会出现“一个兴奋、其他抑制”的情形,从而让注意力高度集中。若专心致志地看报纸,那么报纸上的内容就是意识中心,与之相关的区域就处于兴奋状态,其他区域就会抑制,从而抵御外界的干扰;但如果注意力不够集中,那么报纸上的内容并不能让相应区域产生兴奋,而只能是处于意识的边缘,看报纸的效率自然就没有这么高了。

要保持注意力高度集中并不是件容易的事情,需要对所做的事情感兴趣。爱迪生在做研究时,能够待在实验室两天两夜不睡觉,但是当他停下做研究,去听音乐的时候,却很快就睡着了。可见,对于没有兴趣的事情,只能像是一首催眠曲,无法激发乐趣,也难以让注意力高度集中。所以,所做的事情要符合自己的兴趣,这样才能让自己更加集中注意力,从而更有效率。

此外,安静的环境对于注意力集中也是非常重要的,我们可以在闹中取静,也可以闭门谢客,给自己创造一个相对安静的环境,但更需要自己拥有高尚的志趣和顽强的意志,这样就能让自己抵御外界的干扰,将精力集中于自己要做的事情和感兴趣的事情。

(三)科学地运筹业余的时间

如果说工作时间不是属于自己的,那么业余时间就是完完全全属于自己的。在业余时间内做自己喜欢做的事情,不仅让自己身心愉悦,还能对本职工作有帮助,有人甚至把业余爱好比作是“孕育人才的后花园”。由于人的年龄、性格、文化背景等因素都各不相同,自然业余爱好也不同,但要注意的是,一定要培养健康向上的业余爱好,这样才不会给本职工作带来负面影响。其实,保持适当的业余爱好并不会分散你的精力和时间,因为员工从事的工作都需要一定的专业知识和能力,而知识之间就像一张网,是相互连接的。

广阔的知识面能够为你在某个方面的专业技术的精通打下良好的基础,工作能力虽然主要是在本职工作当中锻炼出来的,但是能力的培养方式也可以多种多样,适当的业余活动也是提高能力的一种方式,或许在某个时候,你在工作过程中会从业余爱好所体现出的能力中获益。

总之,不要总是只想到如何做好本职工作,对自己的业余爱好也要有足够的重视。你只需要培养一到两个业余爱好,并在业余时间从事这些你爱好的事情,那么,你就能够在休会到业余时间快乐的同时,让自己的本职工作更加出色。

(四)科学地运筹休息的时间

没有人能够始终精力充沛,作息的时间也需要科学地运筹,只有放松精神,才能恢复体力,以更充沛的状态去工作,有时自己在轻松的时候也能获得一些启发和灵感,为工作的完成提供额外的支持。

休息的方式有很多种,慢跑就是放松身心的一种有效方式。研究表明,人体血液中的含氧量可由每分钟大约 1 000 立方厘米上升到慢跑训练后的每分钟 4 000 立方厘米。含氧量的增加对于提高各个器官的功能都是非常有好处的,因为心脏的跳动、大脑的记忆等都是需要大量含氧的血液来维持的。

小贴士

科学的时间管理小建议

(1)明确目标。目标能最大限度地聚集你的时间，因此只有目标明确才能节约时间。

(2)建立计划。写成清单，相信笔记，不相信记忆，养成“凡事预则立”的习惯。

(3)设定先后顺序，分清轻重缓急，面对每天大大小小，纷繁复杂的事情，成功人士都用分清主次的办法来统筹时间.

(4)遇事马上做，现在就做。这是克服拖延心态的好办法，因为拖延者是“有空再做，明天做”“拖”“等”“研究”“商量”找借口等，这是一种最浪费时间的坏习惯。

(5)第一次做好，次次做好，要100%认真地工作，每次都做好学习，第一次没做好，同时也就浪费了做这件事情的时间。

(6)专心致志，不要有头无尾。学习时浪费时间最多的是时断时续的学习方式，不止停顿下来费时，重新学习时，还需花时间调整情绪，思路和心理状态，才能在停顿的地方接下去干，而有头无尾，更是明显的浪费。

(7)珍惜今天，当日事当日毕。制定每日的学习进度表.每天都有目标，有结果，日清日新。

(8)养成整洁和有条理的习惯。据统计，一般学生每年要把六周时间浪费在寻找乱堆乱放的东西上面，这意味着，每年因不整洁和无条理的习惯，就要损失近20%的时间。

(9)养成快速的节奏感，克服做事缓慢的习惯，调整你的步伐和行动。

(10)设定完成期限。有期限才有紧迫感，也才能珍惜时间。

(11)善用零碎时间。把零碎时间用来从事零碎的学习，从而最大限度地提高学习效率。比如在车上时，在等待时，可用于学习，用于思考，用于简短的计划下一个行动等。充分利用零碎时间，短期内也许没有什么明显的感觉，但日积月累，将会有惊人的成效。

资料链接

珍惜时间的莎士比亚

莎士比亚是400年前文艺复兴时期的英国大戏剧家、大诗人，1564年出生，1616年去世。他24岁时开始写作，在短短20年里，写了37部剧本、2部长诗、154篇十四行诗，给后人留下了丰厚的精神财富。他的剧本全都是享有盛名的大作，400年来在欧洲各国反复上演，近百年来又被多次重拍成电影。在中国，莎士比亚的许多剧作同样也是家喻户晓。为了纪念他,众多国家发行了邮票。

马克思称莎士比亚是"人类最伟大的天才之一"。确实,莎翁很有天赋,口齿伶俐,仪态潇洒,具有表演才能。但是,他的成功更多的是来自他的勤奋。莎士比亚有句名言:"放弃时间的人,时间也放弃他。"他非常珍惜时间,从不放弃点滴空闲。莎翁少年时代在当地的一所"文学学校"学习,学校要求非常严格,因而他受到了很多的基础教育。在校6年,他硬是挤出时间,读完了学校图书馆里的上千册文艺图书,还能背诵大量的诗作和剧本里的精彩对白。

莎士比亚从小喜爱戏剧,他出生在一个富裕家庭,父亲是镇长,喜欢看戏,经常招来一些剧团到镇上演出。每次,莎士比亚都看得非常入迷。镇上没有演出时,他就召集孩子们仿效剧中的人物和情节演戏。他还自编、自导、自演一些镇上发生的事,很小就表现出非凡的戏剧才能。后来,父亲因投资失败而破产,13岁的莎士比亚走上了独自谋生的道路。他当过兵,做过学徒,当过瓦匠,干过小工,还做过贵族的管家和乡村教师。在为养家糊口的奔波中,他对各种各样的人物进行了细致的观察,还记录了他们很有个性的对话,这些都为他日后的创作,积累了素材。莎士比亚22岁时来到伦敦。对戏剧的强烈追求,让他在一家剧场里找到了看门的工作。起初,他只是给看戏的达官贵人们牵马看车。之后,他用挣来的小费转付给一些小孩帮他完成工作,自己他却抓紧时间到剧场里去观看演出。慢慢地,莎士比亚开始在演出中跑跑龙套、当配角。对此,他感到很高兴,因为这样可以使自己能在舞台上更近距离的观摩到演员们的表演。后来,莎士比亚当了"提词"。躲在道具里的他在做好本职工作的同时,还抽空把自己对每个演员演出时的观感记录下来。正当莎士比亚成为正式演员时,欧洲开始流行鼠疫,成千上万的人死去,剧场被迫关门。老板和演员们都出外躲避鼠疫,莎士比亚却选择了留下来看守剧院。在经济极度萧条的两年里,莎士比亚抓紧时间阅读了大量的书籍,整理了自己各个时期的笔记,修改了好几部剧本,并开始了新剧本的创作。等到英国经济复苏、演出重新红火的时候,莎士比亚的剧作一炮打响,他本人也由此成了最杰出的演员。

莎士比亚的成功,在于他懂得珍惜点滴时间进行学习、思索和创作。他的剧作源于生活,高于生活,不仅文字优美、语言丰富、人物个性鲜明,而且对白也极富韵律,使观众很容易从内心里生发出感同身受的情绪。

二、提高时间利用率

提高单位时间的利用率,即通过提高利用时间的质量来赢得时间,可以通过以下几个方法来实现。

(一)集中精力法

集中精力法,就是人们在做事的时候,要集中精力办一件事,不要企图自己把一切想做的事情都做好,分散精力只能是一事无成。

例如:有个青年将他所有的精力都花在了他爱好的事业上面,但总是感觉收效不好,所以他总是为这事情感到困扰,于是向时间管理专家请教。专家对这位青年十分赞许,但也很疑惑“你是一位有志青年,但你是如何安排你的时间的呢?”青年回答“我的爱好非常广泛,我喜欢文学、音乐、美术、舞蹈,同时也热爱科学、计算机,我把所有的时间都花在了这些我喜欢的事情上,但总是感觉时间不够用。”时间管理专家于是把青年叫到室外,拿出一个放大镜,在太阳的照耀下,出现了明亮的白点,对青年说:“你的困扰很容易解决,就像这个放大镜一样,把你的精力聚焦起来吧!”

上面这个案例当中所说的这种方法就是“集中精力法”。我们的时间和精力是有限的,不可能做完所有自己想做的事情,案例中的这个青年,既想从事科学,又想从事文学、音乐和美术,这样就分散了精力,导致一件事情都没有做好。这位青年可以选择把主要精力花在科学上,其他的作为兴趣爱好起到一定的调节作用,这样才能做好自己想做的事情。

(二)最适应点法

所谓最适应点法,就是指根据一个人每天的学习时间和效率的关系来适当安排学习的一种方法,安排的任务量要在自己的能力范围内,也就是在最适应点之内,否则任务量太大,不仅效率低,而且让自己筋疲力尽。

一般而言,一个人如果一天花一个小时工作或者学习,他能够取得一定的成效,如果一天花两个小时,就能够取得更多的成效。但如果这个人每天用连续 10 个小时或者更多的时间来工作或学习,那么他的效率可能会下降,因为这已经超过了他的最佳适应点,使他的负荷过重,收效反而下降。所以,仔细考虑一下自己的工作效率和最佳适应点,在能够接受的范围内工作,如果效率太低,或者过于疲劳,就要适当休息来补充精力了。不要总是开夜车,更不要熬夜,因为这时的效率并不高,这样做只能得不偿失。

(三)按质用能法

所谓按质用能法,就是按照你一天当中的精力状况来安排适当的工作。如有人把一个工作日分为以下三段:第一段是 8~14 点,这段时间用来安排最重要而且较为消耗脑力的工作;第二段是 14~18 点,这段时间用来做比较轻松的工作,如做各种笔记等;第三段是 18~24 点,这段时间用来参加一些会议或者看书。他的这套方法就称为“按质用能法”。

研究表明,人在一天当中,不同的时间里拥有不同的精力状况,因为大脑皮质细胞对于外界刺激的反应能力在不同的时间是不同的。一般 9~13 点这个时间段内,人的大脑皮质的技能状态是最佳的,这时的工作效率最高,所以把重要的工作安排在这个时间段是比较合适的;而这个高峰期过后,人的工作能力会逐渐下降,而到了 16~18 点的时间段又会有所回升,出现第二个高峰期。

资料链接

提高时间利用率的四大原则

1.提高时间利用效率的第一原则:学会舍弃

《学习改变命运》里面在谈到如何处理人际关系的时候说过一句话,叫:“处好人际关系最重要的原则,就是不要试图让所有人都喜欢。”把这句话的思想用在时间管理上,也可以说:“利用好时间的最重要的原则,就是不要试图把所有的事情都做好。”

有很多人谈到时间计划的时候,总是把它和一张排列整齐的时间计划表联系起来。其实,如果忘了这个原则,计划表列得再漂亮也只是一个摆设。人的时间有限,无论怎么挤一天也不可能挤出25个小时出来。但我们要做的事情是无限的,即使仅仅是学习,要看的书是永远看不完的,要做的题目是永远做不完的,要背诵的东西是永远背不完的。这节自习课做了一张数学试卷,就不能再做一张物理试卷。即使计划完美无缺,但是有一天突然感冒发烧要去看医生,那么计划就会被打乱。所以,无论怎么样计划,都不可能把所有要做的事情计划完,无论怎么样计划,都不可能把一切安排得天衣无缝。当有很多事情面临选择的时候,当有些任务实在无法完成的时候,我们该怎么办?只有回答好了这个问题,我们才能真正理解如何管理时间。这个问题的答案就是:只做最重要的事情。

这里,给大家介绍一个经济学上的基础概念——“机会成本”,意指放弃某种机会而造成的潜在损失。比如投资10万元去开一家杂货店,每个月可以赚2 000元,这个事情值不值得做呢?如果单纯从账面的“成本——受益”来看,每个月进货需要1万,卖出去12 000元,收益大于成本,当然值得做。还有一个选择,可以花10万元开一家手机专卖店,每个月可以赚5 000元。这个时候,还会选择去开杂货店吗?显然不会,因为只有10万元,选择了开杂货店,就等于放弃了开手机专卖店,也就是放弃了每个月5 000元的收入。所以,开杂货店的账面成本是每月1万的进货,而实际上还有一个隐藏的“机会成本”,即放弃赚5 000元的“机会”的成本。二者相加是15 000元,大于杂货店每月的收益12 000,成本大于收益。所以,一个明智的商人都不会去开杂货店而去开手机专卖店。

同样,时间有限,选择了做某件事情,就隐含了放弃做别的事情。“做别的事情”就是“机会成本”。所以,做事情的标准,不是“某件事有没有意义”,而是“某件事是不是最有意义”。

真正懂得如何利用时间的高手,一定是懂得如何舍弃的人。中学学习的压力很大,很多人被弄得手忙脚乱。在学习的时候,面前总放着一大堆书,但每次只能拿起一本书,认真阅读,而不是同时拿起十几本书随意浏览——这是一种最浪费时间的学习方法。只有读完一本之后,再去拿起另一本来阅读。那么,该选择哪一本呢?答案很简单:最重要的那本。对第二重要的那本,坚决不看。当你把最重要的那本看完之后,第二重要的,也就变成了最重要的了。

确保自己一直都在做最重要的事情,实际上也就是确保了自己的时间一直都在被高效地利用。如果今天计划做五张试卷,语文、英语、数学、物理、化学各一张。那么,请先做觉得最需要提高的那门科目。即使做完一张之后,突然天花板掉下来砸到脑袋,到医院住了一天院,那么做的这一张试卷对分数的提高仍然是极有帮助的。

2.提高时间利用效率的第二原则:做自己力所能及的事

在有限的时间内寻找最重要的事情来做,要放弃的东西,不仅是那些看起来不太有价值的东西。更重要的是,要学会放弃那些看起来很有价值,但是超过自己能力范围的事。

一道难度极高的题目,总是让人忍不住想去挑战一下。如果在做完高考试卷前面的题目之后,还有充足的时间去解决最后一道难题,这样的难题当然值得去挑战,因为它会给加分。但是,如果前面的题目坐起来都很困难,那么,挑战这样的难题,不仅不会有结果,还会减分——因为没有更多的时间去做那些你本来可以拿分的题目。

我们要保证自己的学习效率,就要多做和自己水平相适应的题目,既有成就感又能提高自己的解题能力。太简单的题目不要去做,太难的题目也不要去做。让高手去做12道难题吧,我们只做12道中等难度的题目就行了。等我们把中等难度的题目做熟练之后,自然会发现,原来很难的题目已经不那么难了。

把做题的思想,用来制定时间计划,也对我们大有启发。有的人喜欢头脑发热地制定时间表,排得密密麻麻的,从计划表上看,连上厕所的时间都挤不出来了。原计划用半小时背一篇英语课文,谁知用了40分钟还没有背完。这才发现时间不够,连忙放下英语课本,拿起数学题做了起来,还没有做几道题,发现背政治的时间又到了……总之一天下来忙了半死,计划的任务还是没有完成。这样就会产生一种挫折感,一来二去的就对自己没了信心,老感觉计划赶不上变化,于是越来越难以按照计划学习,不久又过起了原来那种杂乱无章的生活。

所以,对于那些刚开始制定计划的人来讲,计划应该定得适度得低于而不是高于自己所能完成的水平。比如预计自己复习某一部分的内容需要一个小时,那么可以计划用80分钟。让时间宽裕一些,但尽量保证每天给自己规定的任务都能完成。在一天结束的时候,前一天所计划的事情都做完的成就感是非常爽的,可以给你继续制订和执行计划的信心和动力。这样循序渐进,再慢慢地提高标准,才能真正高效的利用时间。

3.提高时间利用效率的第三原则:根据不同内容的学习特点来安排时间

"没有人能两次踏进同一条河流"——这是古希腊哲学家德谟克利特的名言。那么,我们也可以说:"没有人能两次度过同一个小时。"每一个小时都是很独特的,在每一个小时里面,我们周围的环境、我们自己的生理心理状态,都会发生变化。上课的时间和在家自习的时间,显然是各不相同的。我们不能简单地把24个小时划分成一个一个的小格子，再往里填充内容，然后就管这叫"时间计划"。我们必须学会用让不同的学习内容和不同的时间相契合。

对于那些需要大量的阅读、理解、背诵的东西，就要安排时间比较长、精力比较充沛、不容易受到干扰的时间段来做。为什么呢？因为看书和背书的时候很容易走神。大家往往有这样的体验：眼睛盯着书本，脑子里却不知想到哪里去了，没准还在想着昨天吃的那顿火锅呢。所以如果看书的时候精神比较疲倦，就更容易走神。而且从翻开书本到进入状态需要一个时间，大约5~10分钟的样子。花了十来分钟好不容易开始专心致志了，突然被什么事情打断，比如接个电话之类，然后回到书桌前来看书，又需要花5~10分钟来集中注意力，如此反复被打断，最后感觉看了两个小时的书，实际上真正"看进去"的时间不足一个小时。所以看书的时间最好不要被随便打扰。

所以，对于看书背诵的事情，最好选择精力旺盛不容易受干扰的较长时间段来做。

那么，那些精力不太旺盛，比较容易受干扰的时间用来做什么呢？

用来做题。因为做题的时候需要动笔演算，可以强迫集中注意力，即使周围环境比较吵闹，即使你精力不太好，仍然可以达到练习的效果。比如下课的十分钟，规定自己做十道英语选择题，刚做了五道，突然有同学聊天，思路被打断了，聊了一会儿有提起笔做第六道，到上课的时候只做了八道，就收获了八道题目的知识。如果用来看书，除非有超人的定力，否则恐怕还没有看清书上写的什么就上课了。

4.提高时间利用效率的第四原则：注意适当的休息

前面我们在算一笔初三学习的时间账的时候，虽然说拼命地挤时间能多挤出来60%的时间。但是这个60%的时间实际上是有水分的，因为一个人在睡眠不足的情况下，强行多挤出来的6个小时，是不可能睡得好休息得好的。所以，如果记住了"效率比时间更重要"，那么，也就可以理解：在初三阶段要想把时间利用好，除了要挤时间学习外，还要学习挤时间休息。

任务二　时间管理的应用

【至理名言】

凡事都要脚踏实地地去工作，不驰于空想，不骛于虚声，唯以求真的态度作踏实的工夫。以此态度求学，则真理可明，以此态度做事，则功业可就。

——李大钊

一、学会整理

(一)整理办公桌和资料

在当今社会中,时间概念是十分重要的,对于管理者来说,工作效率越高,就越容易获得成功。管理者要保持自己的高效率,就要整理好自己的办公桌,让它井井有条,这样就可以在第一时间找到自己想要的任何物品。如果随手把文件摊开放在办公桌上或者看到客人来就慌忙地收拾桌子上面的文件,这都说明该管理者并不是一个谨慎、高效的管理者。工作是否有条理,在很大程度上可以看看办公桌是否整洁,这里的整洁并不是过度在意自己的工作环境,而是不可以杂乱无章。适当的随意有时也能让人心情放松,但保持办公桌的井然有序却能让你提高效率。

在多数情况下,办公桌上的东西越多,物件越杂乱无章,越会浪费时间。如果不记得堆积物的下层放的是什么东西,或者突然要紧急使用一些资料,就需要在资料堆里面埋头苦找。这样,时间就浪费在查找这些要用的东西上面了。而且也会因为找不到想要的东西而发怒,影响一天的工作心情。因此,管理者需要让自己的办公室有条理,把桌上的文件减到最少,因为管理者一次只能处理一个文件所以桌太多也是没有用的。如果对文件做了适当的归类时,就能够随时从文件柜里面找出想要的资料。当有新的文件需要存放时,就放在适当的文件夹里面或者档案柜里。

(二)整理办公桌的方法

要做到让办公桌有条有理,需要每天花时间来整理一下,这个时候花半个小时或者一个小时都是值得的。具体的方法如下。

(1)时时清理掉办公桌上那些与手头工作无关的东西。要保证工作效率和效果,一次最好只处理一个文件,将要处理的文件放在办公桌正中央,当然相关的辅助文件可以置于左边或者右边,而其他的则全部都分类放入档案袋或抽屉里。

(2)受到干扰或者疲倦的情况下,可以适当休息一下,但这并不意味着你可以放下目前的工作而去做另外的工作,除非你目前的工作已经完成了。否则,本来办公桌上只有一两个文件,就因为这样反复的中途暂停,使得文件越堆越多。

当然,也会出现实在棘手无法顺利完成的情况,这时可以尽量做到一定阶段,并做好记录,以便下次再做时更容易开始。

(3)一项工作完成后就立即将相关资料收集起来,分门别类地放在相应的位置,不要随意摆放,以便事后核查时更方便查找。

(4)一般办公桌上会有一些书籍或者文件,也要按照重要性和先后顺序排列起来,放置到固定的地方。

清理办公桌并不是隔一段时间进行,或者固定在每周的某个时间进行,每天下班前抽几分钟收拾一下即可,这样告知自己,已经结束了一天的工作,明天又是新的开始了。

(三)书籍资料的整理

办公桌上的书籍资料如何整理从而方便查找呢？如果能够腾出一点时间对书籍进行整理,方便自己查找,这样一旦遇到紧急情况,这些书就会成为你的得力助手。对于专业用书,可以效仿字典的加工方法,具体做法如下:准备一些比书本稍长的小纸条,针对书中不同的内容,简要地记录在小纸条上,并将小纸条夹在书中对应的地方。这样每次需要参考书中哪一块的内容,只要看看书中突出来的小纸条就可以了。

经过这样的处理之后,就再也不用为了找某个信息而翻遍所有的书籍了。即使没有打开书籍,看到这些小纸条,就能够对书籍所涵盖的内容和具体的地方了如指掌了。书籍做了这些处理之后,就可以对它们进行认真细致的整理和归纳。

资料链接

鲁迅争分夺秒

鲁迅,原名周树人,是近代一位出色的文学家。

鲁迅的成功,有一个重要的秘诀,就是珍惜时间。鲁迅 12 岁在绍兴城读私塾的时候,父亲正患着重病,两个弟弟年纪尚幼,鲁迅不仅经常上当铺,跑药店,还得帮助母亲做家务,为免影响学业,他必须作好精确的时间安排。此后,鲁迅几乎每天都在挤时间。他说过:“时间,就像海绵里的水,只要你挤,总是有的。”鲁迅读书的兴趣十分广泛,又喜欢写作,他对于民间艺术,特别是传说、绘画,也深切爱好,正因为他广泛涉猎,多方面学习,所以时间对他来说,实在非常重要。他一生多病,工作条件和生活环境都不好,但他每天都要工作到深夜才肯罢休。

在鲁迅的眼中,时间就如同生命。美国人说,时间就是金钱。但我想:时间就是性命。倘若无端地空耗别人的时间,其实是无异于谋财害命的。因此,鲁迅最讨厌那些成天东家跑跑,西家坐坐,说长道短的人,在他忙于工作的时候,如果有人来找他聊天或闲扯,即使是很要好的朋友,他也会毫不客气地对人家说:“唉,你又来了,就没有别的事好做吗?”

古往今来,有不少人惋惜,时间易逝,于是感叹“时间之快,人生行乐需及时”“黄河之水天上来,奔流到海不复回……”的确,时间的流逝真令人难以估测,无法形容。那么,一个人怎样才能在有生之年生活得更有意义,做出应有的贡献呢?这就应该珍惜属于自己短暂的时间。古人有诗云:“三更灯火五更鸡,正是男儿读书时,黑发不知勤学早,白首方悔读书迟。”“少壮不努力,老大徒伤悲”等诗句都是告诫人们:人生有限,必须惜时如金,切莫把宝贵的光阴虚掷,而要趁青春有为之时多学一点,多做几番事业。

一个人珍惜时间,就是爱护他自己的生命。自古以来,大凡取得成就的人,他们没有一位是不珍惜时间的。大发明家爱迪生,平均三天就有一项发明,正是抓住了分分秒秒的时间进行了仔细的研究,单是寻找用什么材料来做电灯丝就做了 1 000 多个实验。伟大的文学家鲁迅先生有句格言,“哪里有天才,我是把别人喝咖啡的时间都用在工作上。”他为我们留下了 600 多万字的精神财富,正是由于他把别人喝咖啡的时间都用在了写作上的缘故。数学家陈景润,夜以继日,潜心于研究数学难题——哥德巴赫猜想,光是演算的草稿就有几麻袋,但终于证明了这道难题,摘下了数学皇冠上的明珠。世界无产阶级的革命导师马克思,临死前还争分夺秒地写《资本论》。这些事例都生动地说明了:一个人要想在有生之年做点贡献,就必须爱惜时间。

二、使用现代信息工具

随着信息技术的飞速发展,各种信息工具为我们的日常生活带来了极大的便利,如果适当地利用这些信息工具,将会为自己节省大量的时间。

(一)电子邮件

电子邮件是科技进步的产物,它为人类带来无穷的便利,同时也可能让人无所适从。因为如果一个管理者度假回来之后,发现自己的信箱里面有几百封邮件,就会感到难以处理了。你也许会收到大量的垃圾邮件,大多是一些倾销商品的广告,但为了不至于处理这些邮件的时候把重要的邮件也删掉,不得不一封一封地删除。

需要注意的是:没有必要把自己的电子邮件告诉每一个认识的人,如网上购物的时候,如果不是必须要填电子邮件,就尽量不要填,以免以后收到更多的垃圾邮件。

1.使用电子邮件时的错误

(1)主题不明确。由于每个人都会收到垃圾邮件,所以要确保发给对方的邮件不会被认为是垃圾邮件,主题一定要明确,且能够吸引人的注意。如果邮件被对方删除了,不仅浪费了写邮件的时间,而且浪费了等待对方答复的时间。

(2)不适宜的内容。如果需要传达一种不好的、沉重的信息,不要用邮件,这样不合适。此外,在一些谨慎的场合,打电话比发邮件更加合适,如表达感谢、生日祝福、个人邀请等。

(3)过于草率的回复。有时由于情绪不佳,在回复邮件时显得言辞过于偏激,或者回答过于草率,根本没有把问题解释清楚,这样就可能使关系受损,事后还要花更多的时间和精力去修复。

(4)不适当的抄送。把邮件抄送给不适当的人是一种不好的习惯,即使偶尔把邮件给不应该看到的人看到了,也会带来很多不便。

(5)使用新邮件通知。很多管理者会习惯于使用新邮件通知的功能,认为这样可以对一些邮件进行及时处理,实际上这样做是很浪费时间、很容易让人分心的。取消电子邮件通知是一种重大的解脱,因为如果你看到有一封新邮件,邮件通知就会不断地催促你去接收,好奇心就会不断使你问自己:这封邮件重要吗?谁发来的?这时就不得不打开邮件来阅读,但多数时候却让一些垃圾邮件浪费了时间。

2.更合理使用电子邮件的方法

针对上述的一些可能出现的错误,我们可以采取一些方法让自己更加合理地使用电子邮件来为我们的工作服务,方法如下。

(1)言简意赅。每一封电子邮件都应该有一个明确的标题,简明扼要的语句能够很好地显示其重要性。因为人们总是收到潮水般的电子邮件,冗长的信息是不会引起别人的注意的。

(2)定期检查电子邮件,而不是一直检查。根据接收电子邮件的数量和紧急程度,如果每小时查看一次或者一天查看两次就足够了,这时就要关掉邮件通知,不要让新邮件通知一直打扰自己的工作,打断自己的工作进程和思路。

(3)只抄送给必要的人。抄送信件是一件轻而易举的事情,但只需要抄送给必要的人即可,这样不仅可以节省自己的时间,也能节省别人的时间。

(4)严格遵守时间。给每封电子邮件的处理时间设定一个期限,如半个小时或者一个小时,并坚持做下去。不要在那些没有价值的邮件上浪费太多的时间,已经确认是没用的邮件,立即放入垃圾箱中,不要在收件箱中累积太多的未读邮件。同样,如果必须回复,就马上去做。对于那些不太重要但必须回复的邮件,要有回复标准,如"对不起,我没有时间""不,谢谢"等。

三、合理应酬

在工作中,管理者难免需要应酬,这是一件很让人头疼的事情。大多数人都不喜欢应酬,因为需要说很多应酬话,还要赔上自己的时间。管理者可以运用一些管理应酬时间的技巧,让时间安排得更加科学合理。

1.中午是最佳的应酬安排时间

因为一个上午都在办公室工作,人肯定会感觉很沉闷,而中午出去应酬的话,刚好能够出去走走。而且中午的休息时间较短,如果进行商务应酬的话,就可以较快地了结,而如果是晚上下班以后去应酬的话,就要花费很长的时间。

2.事先预订好地点和座位

为了避免等候,无论应酬时间是中午还是晚上,都应提前预订好地点和座位,以节省时间。尤其是中午应酬,最好将时间设定在 11∶45 或者 12∶45,这样可以避开大家午餐的时间,避开高峰期。

3.酌情选择用餐人数

中国人吃饭比较讲求热闹,喜欢高朋满座的场景。但是这样应酬花费的时间比较多,因为人多就要等,而且容易喧宾夺主。所以选择客人很重要,一定要谨慎。此外,应酬的过程当中一定要注意自己的形象,做一个成功的主人,举止要得体,不要哗众取宠。

4.到这时间要合理

如果作为客人去应酬,提前10分钟左右到场即可,不要迟到,若迫不得已,要提前告知,因为迟到会浪费大家的时间,是不礼貌的行为。如果作为主人,就更应提早到达,这样可以预留一点时间做好准备工作。只要主人和主客都到了,就可以开始会餐,边吃边等,从而节省大家的时间。

5.饮酒艺术

在中国的应酬中,喝酒是难免的。通常喝酒的人在一起,花在敬酒的时间比较多,因此吃饭的时间也比较长,不喝酒的人和他们一在起,长时间等待是一种麻烦。作为主人,尽量将会喝酒和不会喝酒的人分开,以避免不会喝酒的人面露尴尬或者不知所措。

6.选择好的话题

应酬当中的话题是非常重要的,有些很重要的事情,往往就是在酒桌上完成的。但如果话题选得不好,就可能会争执不下,甚至结怨吵架,这实在是得不偿失。所以,主人要适当地对话题做一些引导,让它尽量不住一些死胡同里面钻,而且尽量多聊一些轻松的话题,这样可以让气氛更加活跃。当有客人频频看表或有些坐立不安的时候,主人就应该要考虑结束会餐了。

7.懂得开溜

如果参加的应酬花费的时间较长,或者有其他的事情要办,就需要想一些办法让自己提前离开。如有些人在一上菜的时候,就把话题引到自己的家庭上,说家教如何严厉、晚归会有什么后果等,这样博得了大家的同情,就可以提早离席了。还有些人会事先调好自己的手机,在会餐的过程中突然响起,然后接起电话就说:“喂,什么事?……哦,好的,我马上就来。”然后向大家抱歉,急匆匆地离开。这是一种简单的脱身办法,不过这种方法不要用得过多,如果被拆穿的话,也会很尴尬。

8.敢于说“不”

很多人都不太喜欢应酬,尤其是那些纯属浪费时间的应酬,因为这意味着要陪吃、陪喝、陪笑、赔上自己的时间。如果不是万不得已,你就应该要对这些应酬说“不”,但说“不”不是一件容易的事情。

拓展阅读

最新的时间管理概念——GTD

GTD就是Getting Things Done的缩写,翻译过来就是“把事情做完”,GTD的核心理念概括就是必须记录下来要做的事,然后整理安排并使自己一一去执行。GTD的五个核心原则是:收集、整理、组织、回顾、执行。

GTD的核心理念在于清空大脑,然后一步步按照设定的路线去努力执行。

总述:主要原则在于一个人需要通过记录的方式把头脑中的各种任务移出来,通过这样的方式,头脑可以不用塞满各种需要完成的事情,而集中精力在正在完成的事情,是一种消灭压力的高效工作方法。

搜集:把任何需要跟踪或者记住或者做的事情记在 Allen 称之为'水桶'的地方:一个收件箱、电子邮箱、磁带、笔记本、PDA,或者它们的组合。把你脑子里的任何东西都拿出来放到你的搜集设备里,准备好做下一步的处理。每星期所有的水桶都应该被至少清空一次。

处理:处理你的收件箱要遵循一个严格的工作流程。

从最上面开始;一次处理一项;不把任何东西放回收件箱;如果任何一项需要做:做(如果花的时间少于两分钟);委托别人完成;或者把它延期;否则,把它存档以便查询,把它扔掉,或者使它成熟以便下一步的处理。

两分钟原则:任何事情如果花的时间少于两分钟,那么马上就去做。两分钟是一个分水岭,这样的时间和正式地推迟一个动作所花的时间差不多。

组织:Allen 描述了一个建议的列表集合,你可以用来跟踪需要关注的项目。

下一步行动(Next actions),对于每个需要你关注的事项,定好什么是你可以实际采取的下一步行动。例如,如果事项为"写项目报告",下一步行动可能 会是"给 Fred 发邮件开个简短会议",或者"给 Jim 打电话问报告的要求",或者类似的事情。虽然要完成这个事项,可能会 有很多的步骤和行动,但是其中一定会有你需要首先去做的事情,这样的事情就应该被记录在"下一步行动"列表上。较好的 做法是把这些事项根据能够被完成的"环境"整理分类,例如"在办公室""用电话""在商场"。

项目(Projects),每个需要多于一个实际的行动才能达到的生活或者工作中的"开放式回路"就是一个"项目".使用跟踪以及周期性的回顾来确保每个项目 都有一个下一步的行动进行下去。

等待:当你已经指派了一个事项给其他人或者在项目进行下去之前需要等待外部的事件,就应当在你的系统当中跟踪以及定期检查是否已经可 以采取行动或者需要发出一个提醒。

将来/可能:这些事情你需要在某个点去做,但是不是马上。例如:"学习中文",或者"进行一个潜水假期"。

对于跟踪你的预约和委托,一个日历也是重要的;另外,Allen 特别推荐日历应该被用在他所谓的"硬工程"上:必须在某个特定的期限之前完成的事情,或者在约定的时间和地点完成的会议和约会."待办"事项应该用在下一步行动列表当中。

GTD 的最后一个关键组织模块是归档系统。

Getting Things Done 书里说如果要用一个归档系统,那它必须得是简单易用和有趣。即使是一张纸,如果你需要用来记录参考信息,如果不属于你已经有的一个目录,也要有自己的文件组织方式。Allen 的建议是你可以维护一个按照字母顺序组织的归档系统,这样可以比较容易快速的存储和提取你所想要的信息。Google 的 Gmail 的用户可以用创建标签的方式来创建"待办事项"和"项目",这种方式在 Bryan Murdaugh 的 "Getting Things Done with Gmail" 白皮书中有清楚的描述。它保留了很多 GTD 的相同概念,但是是在在线的电子邮件